CAJACITY

SEGREGAÇÃO URBANA E INVENÇÃO DE UM BAIRRO-CIDADE EM SALVADOR-BA (1975-1995)

Catalogação na Fonte
Elaborado por: Dayanne Leal Souza
Bibliotecária CRB 9/2162

S237c
2024
	Santos, Vitor
	    Cajacity: segregação urbana e invenção de um bairro-cidade em Salvador-BA
	(1975-1995) / Vitor Santos. – 1. ed. – Curitiba: Appris, 2024.
	    239 p. : il. ; 23 cm. – (Coleção Ciências Sociais - Seção História).
	
	    Inclui referências.
	    ISBN 978-65-250-6834-3
	
	    1. Cajazeiras. 2. Memória. 3. História das cidades. 4. Salvador. 5. Segregação
	urbana. I. Santos, Vitor. II. Título. III. Série.
	
	                                                                            CDD – 711.981

Livro de acordo com a normalização técnica da ABNT

Appris
editora

Editora e Livraria Appris Ltda.
Av. Manoel Ribas, 2265 – Mercês
Curitiba/PR – CEP: 80810-002
Tel. (41) 3156 - 4731
www.editoraappris.com.br

Printed in Brazil
Impresso no Brasil

Vitor Santos

CAJACITY

SEGREGAÇÃO URBANA E INVENÇÃO DE UM BAIRRO-CIDADE EM SALVADOR-BA (1975-1995)

Appris
editora

Curitiba, PR

2024

FICHA TÉCNICA

Para Lélia, Lavínia e Vinícius.

AGRADECIMENTOS

A Exu, Xangô e Oyá.

À minha mãe, Gildália Barbosa, minha maior incentivadora. Sou grato por ter vindo de você e por todos os dias sentir o amor incondicional que nutre nossa relação.

Ao meu pai, Reinaldo Rangel, por todo o carinho e amor dedicado desde os meus primeiros momentos aqui na Terra.

Ao meu pai, José Carlos Veloso, pelo exemplo e cuidado. Por me ensinar que amor não é feito somente com palavras, mas também com ações.

Às minhas avós, Adália Magalhães e Diva Yolanda Rangel, por toda afetividade que me foi ofertada, por serem lembranças felizes na minha vida.

Aos meus avós, Antônio dos Santos e Ginaldo de Souza, que, apesar de não morarem nas minhas memórias, são, com certeza, parte de mim.

Ao meu tio, Tito Magalhães, por estar sempre do meu lado, no erro e no acerto. Sou grato todos os dias por ter tido a oportunidade de crescer junto a você.

A todas as pessoas da minha família, sem exceção. Cada um de vocês mora no meu coração.

À minha companheira, Tayse Barros, mulher que me inspira todos os dias a ser melhor. Sou grato por todo apoio durante a construção deste trabalho, pelas leituras atentas, pelos puxões de orelha, pelas indicações de leitura e pelo companheirismo nos momentos de ausência de todo o processo. Ainda, por ter carregado em seu ventre nossa menina, o maior presente que já recebi na vida.

Às pessoas que entrevistei para esta pesquisa: d. Naná, d. Sabina, d. Dilza, Tânia Almeida, seu Humberto e seu Sebastião. Sou grato pelo apoio, paciência e colaboração em todo o processo de constituição das entrevistas de história oral.

À Nelma Barbosa, pelo apoio, pelas indicações e, principalmente, pelas entrevistas, que muito contribuíram com este livro.

Ao Instituto Geográfico e Histórico da Bahia, representado pelos seus funcionários Edson, Tiago, Clara, Clarisse, seu Mário, seu Fernando, Fernanda e Hugo. Pessoas que merecem muito respeito e consideração. Deixo ainda um agradecimento especial a Lindijane e Simone, mulheres incríveis que alegraram minhas várias tardes de pesquisa em contexto de tantas incertezas.

À Biblioteca Central da Bahia, representada pelos servidores Ailton, Antônio, Arlete, Luzimagno, Maiana e Sérgio. Ao seu Edgar Menezes sou grato pela gentileza e atendimento sempre muito atencioso.

À Fundação Mário Leal Ferreira, pelo atendimento e digitalização de documentos na pior fase da pandemia, sobretudo às servidoras Lucimar Silva, Luciana Carreiro, Hilda Conceição e Bárbara de Jesus.

Ao Arquivo Público do Estado da Bahia, representado por Bárbara Saldanha, Rita de Cássia Lopes, Nelson Santana e Tayse Barros.

Às pessoas que colaboraram financeiramente com a publicação deste livro: Albérico Barbosa, Aline Nascimento, Alisson Bonsuet, Ana Lúcia Cruz, Camila Correia, Cristiane Lima, Del Rocha, Diego Reis, Diego Novais, Emanuelle Pereira, Fábio Machado, Fernanda Almeida, Flávio Márcio Sacramento, Fredson Silva, Gildália Barbosa, Ginaldo Souza, Iara Anjos, Igor Krug, Isabel Brito, Jacira Primo, Jadson da Hora, Janírio Luciano, Jéssica Paranaguá, Jetro Luz, Lanne Araújo, Mario Brum, Matheus da Silva, Paloma Soares, Patrícia Dantas, Reinaldo Rangel, Rosângela Barbosa, Sandra Conceição, Sandra Pinheiro, Sara Farias, Silvana Oliveira e Taiane Berlink.

Chama-se Cajazeiras
Uma grande guerreira
Em meio à metrópole
Escondida
Longe
Interioriana ou periférica? Não sei.

Sei que és expressão feminina
De uma líder
Cajazeiras é Zeferina
Rainha eterna da raça minha
Que com ginga e malícia
Do tronco
Do cativeiro
Da senzala nos libertou
Formando aqui o quilombo do Urubu ou do Orobó.

Sendo solo de emoções, cultivado por sementes poéticas
Cajazeiras canta
Cajazeiras dança
Cajazeiras luta
Essa menina, essa moça, essa mulher Cajazeiras
Reencontra a fé
Aviva o axé.

Cajazeiras é rainha
Que traz marcas das fugas do passado
Cajazeiras é moça forte, de solo quente, tão envolvente
Mente fértil que traz na boca a balada diversa do seu povo.

(Cristiane Lima)

PREFÁCIO

O que compõe a identidade de um território urbano? Quais elementos incidem sobre os moradores e o território que criam tanto representações, discursos, imagens e sentimentos quanto a relação de pertencimento e as relações que o entorno, a cidade e a sociedade estabelecem com esse lugar?

São com essas questões que Vitor Santos, ex-morador de Cajazeiras, nos guia neste livro, derivado de sua dissertação de mestrado, defendida em 2023, no Programa de Pós-Graduação em História Regional e Local da Universidade do Estado da Bahia, em que ele analisa o surgimento de Cajazeiras, ou "Cajacity", declarado "o maior bairro da América Latina" por movimentos comunitários locais, que apontam ter 1 milhão de habitantes, ou, em contas mais modestas, seriam quase 200 mil, segundo dados, desatualizados, da Prefeitura de Salvador com base no Censo 2010[1]. Projeto de conjuntos habitacionais que produziram uma "cidade dentro de outra cidade", conforme as autoridades à frente desse projeto iniciado ainda nos anos da Ditadura anunciaram.

E essa produção do território se deu com base nestas tão em voga nos tempos da Ditadura Militar, de 1964-1985, políticas públicas habitacionais agregadas às políticas de remodelação urbana, que liberaram terrenos para empreendimentos imobiliários para classes de maior poder aquisitivo e removeram pobres para áreas periféricas da cidade. Processo vivido em várias cidades brasileiras. É nesse contexto, em fins da década de 1970 e início da década de 1980, quando os governos baianos de Roberto Santos e Antônio Carlos Magalhães, por meio da autarquia estadual Habitação e Urbanização da Bahia S/A (Urbis), estabeleceram Cajazeiras como um projeto habitacional para a população pobre e negra de Salvador.

Projeto, como aponta Vitor Santos neste livro, em que

> [...] o viés segregador de classes dos projetos de planejamento aparece de maneira explícita, como uma consequência natural da construção de um centro urbano. Apesar de o quesito raça não ser apontado diretamente, é possível afirmar que essa divisão da cidade também é racial (p. 102).

[1] Disponível em: http://casacivil.salvador.ba.gov.br/orcamentos/PPA_2018_2021/include/files/8-%20REGIO-NALIZA%C7%C3O.pdf. Acesso em: 24 abr. 2024.

A construção de um complexo habitacional segundo diversos conjuntos construídos em série e organizados por setores numerados foi pensada para uma cidade racionalmente planejada e fria, com locais diferentes destinados a moradores diferentes em renda, e em raça também, embora isso não fosse enunciado.

Na sua origem, o Projeto Cajazeiras é de segregação econômica, social e racial, transferindo a população negra historicamente estabelecida nas áreas litorâneas de Salvador para uma área então periférica da cidade de antigas fazendas, e ainda guardando aspectos rurais, e que nas décadas de 1930 e 1940 foi destinada a abrigar um hospital-colônia agrícola destinada às pessoas diagnosticadas com hanseníase, na época em que o tratamento da doença se pautava pelo isolamento em "leprosários" situados em locais distantes da cidade.

Inscreve-se então no território a marca do isolamento, da estigmatização e do abrigo aos indesejados na cidade planejada pelas autoridades, pelos técnicos e pelas elites econômico-intelectuais soteropolitanas e baianas, que constituíram um espaço segregado, destinado a pobres e negros, distantes da Salvador turística, a que os moradores de Cajazeiras só poderiam acessar na qualidade de trabalhadores dos empreendimentos direcionados a turistas e classes mais altas soteropolitanas.

O projeto e a trajetória de Cajazeiras formam um retrato das relações raciais e econômicas da sociedade não apenas soteropolitana, mas brasileira, e as imbricações dessas duas, por tanto tempo desconsideradas na academia, a presente obra não se nega a debater e, ao contrário, aponta como um elemento constitutivo do território.

Por meio dessa obra, Vitor se inscreve numa geração de historiadores que têm se dedicado aos estudos urbanos, e mais especificamente a uma História Urbana que vai ao encontro de um esforço acadêmico em ampliar as fontes e os modos de análise da cidade, para além das perspectivas econômicas e das relações de classe, sem descuidar desses aspectos inscritos na origem do território. Mas buscando fontes diversas, inclusive as produzidas pelos principais interessados: aqueles que habitam o local, que são ouvidos no trabalho de Vitor e servem como elemento fundamental de sua análise.

Quem se aventurar na leitura deste livro encontrará o belo trabalho de um historiador que analisa a formação de Cajazeiras mobilizando farto acervo documental produzido pelo Estado, relatórios, planos, registros de propriedade, além de pesquisa pelo que a imprensa trata sobre Cajazeiras e suas "encarnações" anteriores, como a rural Águas Claras, ao longo de um período de décadas acompanhando as políticas públicas, seus impactos, as transformações no território e as reações, as percepções e os sentidos que moradores e a cidade de Salvador fazem dele. Esse é o primeiro mérito do autor deste livro.

O segundo mérito da presente obra, como apontamos, é que Vitor não se limitou a uma análise fria do território valendo-se de planos, relatórios, noticiário. A voz daqueles que vivenciaram a formação e as transformações do território até dias atuais, entrevistados por ele e também por outros pesquisadores, é parte integrante da análise. Essas vozes dão cor, sentido e vida ao lugar. São memórias dos habitantes que ocupavam o território antes dos projetos habitacionais e narram tempos idílicos de árvores frutíferas e águas limpas que se misturam aos tempos da infância, das festas e da vivência comunitária com aspectos rurais no que então era o bairro de Águas Claras.

Também acompanhamos os planos e expectativas das autoridades por intermédio de uma técnica que acompanhou o projeto e a realidade do que aconteceu, com base em depoimentos de lideranças comunitárias e ativistas de diferentes perfis e formas de engajamento que cresceram em Cajazeiras e nos contam sobre o local, as lutas comunitárias, as dificuldades e as relações da cidade com seus moradores.

A ressignificação de Cajazeiras por seus moradores, suas lutas, suas conquistas e os sentidos que atribuem ao território narrado por suas respectivas vozes, que Vitor chama acertadamente de "reapropriação", apresenta-nos a Cajacity da vida, da luta, do sofrimento, dos percalços, mas também das conquistas, da alegria, da cultura, da vida urbana vivida de modo diferente dos outros bairros mais elitizados e próximo ao mar, de onde muitos moradores de Cajacity vieram, mas que igualmente são modos legítimos de ser e de estar na cidade. O território se apresenta sob múltiplos sentidos que diferentes atores atribuíram, perceberam e com os quais tiveram de lidar por meio dos mais de 40 anos de existência do Projeto Cajazeiras.

Por muito tempo a cidade foi abordada pelas ciências sociais sob modelos pensados para outras realidades, principalmente nos países do capitalismo central. No Brasil, esses modelos eram reaplicados principalmente para Rio de Janeiro e São Paulo, que acabavam por hegemonizar explicações para realidade urbanas distintas no tempo e espaço. De modo que o trabalho de Vitor Santos integra um esforço acadêmico de romper com paradigmas totalizantes que tentam dar conta de realidades distintas por modelos (de modelos) prontos. Dentro desse esforço, a presente obra representa uma significativa contribuição.

Assim, o leitor ou a leitora encontrarão neste livro uma pesquisa dinâmica, atenta, renovada e em sintonia com o esforço de pensar as cidades brasileiras conforme suas dinâmicas locais, sem descuidar do diálogo teórico e com outras experiências urbanas, mas com olhar direcionado ao território, em sintonia com ele e partindo dele.

Por fim, o leitor encontrará uma Salvador menos mostrada nos cartões-postais ou nas imagens, mas feita por pessoas que, segregadas e ocultadas por meio de várias políticas públicas, reapropriaram-se do território e da cidade de Salvador, reinventaram-se em múltiplas formas e sentidos, (re)produzindo de diversas formas os territórios de Cajazeiras e da capital baiana que Vitor, com maestria, consegue trazer com toda força e vida para este livro.

Professor doutor Mario Brum
Departamento de História da
Universidade do Estado do Rio de Janeiro

LISTA DE SIGLAS

Abemac	Associação Beneficente e Esportiva de Águas Claras
ACM	Antônio Carlos Magalhães
Alba	Assembleia Legislativa da Bahia
AMLN	Associação de Moradores do Loteamento Nogueira
Apeb	Arquivo Público do Estado da Bahia
Arena	Aliança Renovadora Nacional
BNDigital	Biblioteca Nacional Digital
BNH	Banco Nacional da Habitação
CAB	Centro Administrativo da Bahia
CDS	Coordenação de Desenvolvimento Social
Cedurb	Companhia de Desenvolvimento Urbano do Estado da Bahia
CIA	Complexo Industrial de Aratu
Codesal	Coordenadoria de Defesa Civil
Conder	Companhia de Desenvolvimento Urbano do Estado da Bahia
Condurb	Conselho de Desenvolvimento Urbano
Copec	Complexo Petroquímico de Camaçari
CTTro	Comunidades Tradicionais de Terreiro
DCE/Ufba	Diretório Central dos Estudantes da Universidade Federal da Bahia
ENE	Estação Nova Esperança
EVA	Estrada Velha do Aeroporto
Fabs	Federação das Associações dos Bairros de Salvador
FGM	Fundação Gregório de Matos
FGV	Fundação Getulio Vargas
FPC	Fundação Pedro Calmon
Flin	Festival Literário Nacional
FMLF	Fundação Mário Leal Filho

IAB	Instituto de Arquitetura da Bahia
IBGE	Instituto Brasileiro de Geografia e Estatística
IGHB	Instituto Geográfico e Histórico da Bahia
Limpurb	Empresa de Limpeza Urbana de Salvador
MDF	Movimento de Defesa do Favelado da Bahia
MNU	Movimento Negro Unificado
MPAS	Ministério da Previdência e Assistência Social
OAB-BA	Ordem dos Advogados do Brasil Seção Bahia
OMS	Organização Mundial da Saúde
PDDU	Plano de Desenvolvimento Urbano
PDS	Partido Democrático Social
Plandurb	Plano de Desenvolvimento Urbano
PM-BA	Polícia Militar da Bahia
PMS	Prefeitura Municipal de Salvador
PMDB	Partido do Movimento Democrático Brasileiro
PP	Partido Popular
PT	Partido dos Trabalhadores
Secult	Secretaria Municipal de Cultura e Turismo
SecultBA	Secretaria de Cultura do Estado da Bahia
Sesi	Serviço Social da Indústria
STU	Secretaria Municipal de Transportes Urbanos
SUS	Sistema Único de Saúde
TEN	Teatro Experimental do Negro
Ufba	Universidade Federal da Bahia
UNE	União Nacional dos Estudantes
Uneb	Universidade do Estado da Bahia
Urbis	Habitação e Urbanização da Bahia S/A

SUMÁRIO

INTRODUÇÃO

Situado na região do "Miolo"[2] da cidade de Salvador, Bahia, "o complexo Habitacional Cajazeiras é constituído dos bairros Cajazeiras II, III, IV, V, VI, VII, VIII, X e XI, as Fazendas Grande I, II, III e IV, Águas Claras e Boca da Mata"[3]. Vejamos como estão distribuídos esses bairros, no mapa a seguir (Figura 1):

Figura 1 – Mapa do atual Complexo Cajazeiras

Fonte: adaptada de Bahia (2016)

---

[2] O "Miolo" é uma das Macrorregiões institucionalizadas pelo Plano de Desenvolvimento Urbano (PDDU) de 1985, está localizada entre os dois principais vetores de expansão urbana de Salvador, a BR-324 e a av. Luiz Viana Filho (paralela). Subdivide-se nas regiões administrativas Cabula, Tancredo Neves, Pau da Lima e Cajazeiras (Salvador, 2009. p. 32).

[3] SILVA, Maria Alice. *Pedra de Xangô*: um lugar sagrado afro-brasileiro na cidade de Salvador. Recife: Liceu, 2019. p. 61.

Sua criação data de 20 de outubro de 1975, quando o Governo do Estado da Bahia emitiu o Decreto 24.922 desapropriando os terrenos em que foram construídos os conjuntos habitacionais. Entretanto, somente em 1977 o Plano Urbanístico Integrado Cajazeira foi oficializado, quando foram apresentados pela Companhia de Desenvolvimento Urbano do Estado da Bahia (Cedurb) planos de sistemas habitacionais considerados integrados ao desenvolvimento urbano[4].

O projeto apresentava a construção de um complexo de sete bairros em uma área de 16 milhões de metros quadrados, pensada para contribuir com a consolidação dos bairros adjacentes, dos recém-implantados Complexo Industrial de Aratu (CIA) e Complexo Petroquímico de Camaçari (Copec) e atrair a população urbana a partir do estabelecimento de centros habitacionais dotados de infraestrutura e serviços públicos, que seriam capazes de organizar e ordenar o crescimento da cidade de Salvador, inibindo as ocupações espontâneas. Afirmava-se que a infraestrutura do complexo iria extrapolar a sua própria área de influência[5].

Uma rápida pesquisa no Google com os termos "Cajazeiras, Salvador" pode indicar como resultado o site Salvador Cultura Todo Dia, criado em 2007 pela Fundação Gregório de Matos (FGM), órgão vinculado à Secretaria Municipal de Cultura e Turismo (Secult) da Prefeitura Municipal de Salvador (PMS)[6]. Na página é possível acessar uma pequena descrição sobre o bairro, quatro depoimentos de lideranças culturais realizadas em um projeto da Universidade Federal da Bahia (Ufba) em 2002 e seis recortes de jornais datados entre 1983 e 2006.

A busca no instrumento de pesquisa on-line foi o primeiro movimento após a definição da temática do nosso estudo, influenciada pela ausência de trabalhos historiográficos concernentes ao Complexo Habitacional Cajazeiras. Entre as fontes disponíveis no website, cinco das seis matérias de jornais foram muito importantes para a constituição da problemática que norteia este livro, visto que traçam, em momentos diferentes, a narrativa de que Cajazeiras seria uma cidade dentro da cidade de Salvador.

---

[4] ALMEIDA, Tania Maria Scofield Souza. *Cajazeira*: planejamento, processos de ocupação e contradições. Um percurso entre os discursos e as práticas que configuraram o território Cajazeira. Dissertação (Mestrado em Arquitetura e Urbanismo) – Universidade Federal da Bahia, Salvador, 2005. p. 15.

[5] *Ibid.*, p. 69-101.

[6] FGM. *Salvador Cultura Todo Dia*. Área Cultural: Cajazeiras. Disponível em: http://www.culturatododia. salvador.ba.gov.br/vivendo-polo.php?cod_area=4&cod_polo=29. Acesso em: 13 ago. 2018.

Em ordem cronológica, a primeira matéria é do jornal *A Tarde* de 6 de outubro de 1983 e descreve as obras da "cidade de 150 mil habitantes que está nascendo em Salvador"[7]. A segunda é da mesma década, publicada na *Tribuna da Bahia* em 20 de março de 1988 sob o título "Cajazeiras, um bairro que virou cidade"[8]. Em seguida temos a reportagem do *Correio da Bahia* de 6 de setembro de 1997, em que se afirma que o bairro seria uma "'Cidade' de médio porte"[9]. Ainda, estão disponíveis duas reportagens do primeiro ano do século XXI, uma de *A Tarde* publicada em 2 de junho de 2001, intitulada "Bucolismo é o que alegra em Cajazeiras"[10]; e outra da *Tribuna da Bahia* de 30 de outubro de 2001, na qual a localidade é descrita como "capital com jeito de interior"[11].

As fontes disponibilizadas constituem uma temporalidade desde a construção e ocupação dos conjuntos habitacionais na década de 1980, passando pelas transformações que ocorreram nos últimos dez anos do século XX e início do XXI, culminando no momento em que a página foi lançada, em 2007. Entretanto, a tentativa do órgão de cultura de construir uma historicidade para o bairro valendo-se das fontes impressas falha, visto que não há nenhum tipo de análise sobre os documentos que estão expostos na página. Logo, temos a possibilidade de afirmar que, apesar da importância da divulgação de registros memoriais em ambientes virtuais, os recortes de jornais seguem no sentido de reforçar estigmas sobre a localidade de Cajazeiras.

As matérias jornalísticas apresentam narrativas muito semelhantes, em que o Estado é apresentado como responsável pela construção do complexo, criado com uma suposta vocação para ser uma cidade. Mas, apesar de todo o ordenamento previsto, a chegada de pessoas que vinham de assentamentos informais, de casas alugadas ou moravam de favor transformou a área em uma localidade cheia de problemas, sobretudo em relação à infraestrutura urbana. É reforçada também a ideia de que mais de 500 mil pessoas habitam no complexo — estatística ainda não comprovada —, comumente afirmada na memória coletiva dos moradores.

Destaca-se uma presumida tendência do bairro para as atividades comerciais, principalmente microempreendedores, que oferecia mais um aspecto de "cidade" à região. Porém, é possível verificar que o aspecto mais

---

[7] *Id. A Tarde*, 6 out. 1983.

[8] *Id. Tribuna da Bahia*, 20 mar. 1988.

[9] *Id. Correio da Bahia*, 6 set. 1997.

[10] *Id. A Tarde*, 2 jun. 2001.

[11] *Id. Tribuna da Bahia*, 30 out. 2001.

repetido nos informes jornalísticos que estão no site é o aparente bucolismo que enquadra o bairro como um lugar com características de interior dentro de uma metrópole. A peculiaridade de Cajazeiras é expressa pela imprensa de diversas formas, na cordialidade e política da boa vizinhança dos moradores, nas áreas verdes que resistiam à urbanização crescente, nos sítios e chácaras que ainda faziam parte da paisagem do bairro e até na velocidade em que o tempo passava, que seria mais lenta.

Pode-se afirmar que são constituídas por meio das narrativas jornalísticas *estratégias* de estereotipização do que seriam os bairros do Complexo Cajazeiras e, por consequência, as pessoas que a habitam. De acordo com Durval Muniz de Albuquerque Júnior,

> O discurso da estereotipia é um discurso assertivo, repetitivo, é uma fala arrogante, uma linguagem que leva à estabilidade acrítica, é fruto de uma voz segura e autossuficiente que se arroga o direito de dizer o que é o outro em poucas palavras. O estereótipo nasce de uma caracterização grosseira e indiscriminada do grupo estranho, em que as multiplicidades e as diferenças individuais são apagadas, em nome de semelhanças superficiais do grupo.[12]

Nesse sentido, destaca-se a importância de questionar: o que é um bairro-cidade? O que levou Cajazeiras a ser inventada dessa forma? Quais intencionalidades por trás do conceito de bairro-cidade? Todos os bairros possuem uma vocação para ser uma cidade? Observa-se na nossa vivência enquanto morador da localidade, e também nas entrevistas realizadas até então, que tais discursos são reproduzidos na memória coletiva e um grande exemplo disso é a forma como a região é chamada pelos próprios moradores: "Cajacity".

Em junho de 2022 ocorreu o segundo Festival Literário Nacional (Flin), promovido pela Fundação Pedro Calmon (FPC), instituição vinculada à Secretaria de Cultura do Estado da Bahia (SecultBA). Assim como na primeira edição do evento, em 2019, o local escolhido para sediar o 2º Flin foi o Complexo Cajazeiras. A programação impressa distribuída durante o festival traz, em uma de suas primeiras páginas, uma imagem aérea da Rótula da Feirinha, localizada em Cajazeiras X, e que representa um dos lugares de memória da localidade acompanhada da palavra "#Cajacity" (Figura 2).

---

[12] ALBUQUERQUE JÚNIOR, Durval Muniz de. *A invenção do Nordeste e outras artes*. 5. ed. São Paulo: Cortez, 2011. p. 30.

Figura 2 – Programação impressa do Flin 2022

Fonte: o autor

O termo também apareceu em títulos de algumas rodas de conversa, no site oficial do evento, nas publicações em redes sociais e em diversos outros momentos. Ainda, dentro da grande estrutura montada no Ginásio Poliesportivo de Cajazeiras, existiam placas com os dizeres "Eu amo Cajacity" (Figura 3). É possível afirmar que o termo foi utilizado de maneira proposital pelo órgão estadual de cultura com a finalidade de evidenciar o sentimento de pertencimento que os habitantes da região nutrem em relação ao complexo. Portanto, é notável que a palavra possui uma importância nos dias atuais, porém torna-se relevante pensar a origem da palavra como resultado de uma reapropriação realizada durante a consolidação dos bairros.

Figura 3 – Placa Flin 2022

Fonte: o autor

Entretanto, é necessário salientar que o nosso objetivo não é formular um discurso contrário às visões estereotipadas com a finalidade de combatê-las, afirmando quem diz a verdade ou a mentira, mas compreender o que tais discursos podem revelar[13]. Para tanto, torna-se fundamental observar a construção do bairro e, por conseguinte, da identidade de seus moradores como resultante de relações de poder[14]. Destarte, apreende-se o poder para além da sua ação repressora, observando-o como uma força que tem a capacidade produzir coisas, saberes, prazeres e discursos. Sendo assim, considera-se o poder como uma cadeia produtiva que perpassa as vivências sociais[15].

Dialogando com Manuella Nazaré[16], é notável a construção de um imaginário sobre o nosso objeto de pesquisa que carece ser problematizado, visto que há um contexto político, econômico e social que intermedia essas invenções. Por isto, é indispensável questionar as verdades que constroem essas significações, responsáveis por criar um sentimento de pertencimento entre as pessoas que fazem parte de determinadas regiões, diferenciando-as das demais. Pensando o contexto urbano que permeia nosso estudo, observa-se que a edificação de estereótipos também contribui na construção de desigualdades no modo como os citadinos vivenciam a urbe.

Michel de Certeau[17] considera essencial, para a operação historiográfica, a premissa de que sem a teoria a escrita da História desemboca em verdades absolutas e dogmatismos. Desta maneira, uma das necessidades do trabalho de historiadoras/es é questionar tudo o que é considerado "natural" pelo senso comum, ou seja, desnaturalizar as construções sociais. Logo, as temporalidades não são apreendidas como algo "dado", mas como um produto de um momento histórico e, por consequência, resultado de disputas que são tecidas cotidianamente[18].

Entretanto, as questões elaboradas por nós não são simples resultados de um "olhar" sobre o passado, visto que há um modo de fazer, uma "operação técnica" que institui e atribui credibilidade ao ofício de historiadoras/es. Por meio das fontes históricas, temos a possibilidade de observar os vestí-

---

[13] *Ibid.*, p. 31.

[14] FOUCAULT, Michel. *Microfísica do poder*. 11. ed. São Paulo: Paz e Terra, 2021. p. 257.

[15] *Ibid.*, p. 45.

[16] NAZARÉ, Manuella Mirna Enéas de. Construindo uma região: imagem e imaginário sobre o Nordeste brasileiro. *Inter Faces*, Rio de Janeiro, v. 1, n. 29, jan./jun. 2019.

[17] CERTEAU, Michel. *A escrita da história*. Tradução de Maria de Lourdes Menezes. 3. ed. Rio de Janeiro: Forense, 2017. p. 46.

[18] *Ibid.*, p. 67-69.

gios de um determinado momento histórico; e, já que a problematização é elaborada no presente, isto não significa um retorno ou reconstrução do passado[19]. Portanto,

> A operação historiográfica tem um efeito duplo. Por um lado, historiciza o atual. Falando mais propriamente, ela presentifica uma situação vivida. Obriga a explicitar a relação da razão reinante como um *lugar* próprio que, por oposição a um "passado", se torna o presente. Uma relação de reciprocidade entre lei e seu limite engendra, simultaneamente, a diferenciação de um presente e de um passado.[20]

Nesse sentido, pensamos a nossa prática enquanto atividade artesanal, como uma bordadeira que costura uma colcha com restos de panos que para muitas pessoas são imprestáveis. Entre o vaivém de um arquivo a outro, seja pessoalmente, seja virtualmente, vamos recolhendo esses fragmentos do passado, que pouco a pouco nos possibilitam construir uma narrativa sobre o passado no presente[21]. Exercício de paciência, persistência e resistência. Trabalho sujo, em que todo cuidado é pouco, já que os pedacinhos de outrora estão se desfazendo hoje. Afirmamos isso pois é comum que as condições de armazenamento de documentos nos arquivos estejam muito longe das ideais, submetendo historiadoras/es ao contato com fungos, bactérias, ácaros e outros microrganismos.

Em tempos de negacionismo, torna-se essencial sujar as nossas mãos — literalmente — para que o esquecimento não dê abrigo às memórias que tanto incomodam e a História não seja ensinada por uma perspectiva revisionista, em que os conhecimentos que não condizem com os pontos de vista conservadores e enfatizam a urgência de mudanças na sociedade atual sejam considerados discursos de vitimização. Sabemos de onde falamos e qual nossa função ao exercer nosso ofício. É deste lugar periférico, favelado, que pensamos nosso objeto de pesquisa, um trabalho de subversão — que utiliza instituições outrora criadas para perpetuar a visão dos "vencedores" — para produzir conhecimentos que buscam questionar a civilização da "ordem e progresso" e apreender saberes outros.

Partimos da perspectiva que compreende o passado como uma *invenção* constituída por um conjunto de práticas discursivas. A palavra "invenção" não é pensada como uma criação mentirosa ou fantasiosa, mas como uma ativi-

---

[19] *Ibid.*, p. 70-72.

[20] *Ibid.*, p. 88.

[21] ALBUQUERQUE JÚNIOR, Durval Muniz de. *O tecelão dos tempos*: novos ensaios de teoria da história. São Paulo: Intermeios, 2019b. p. 28.

dade criativa que busca dar sentido aos acontecimentos[22]. Dessa maneira, na medida em que se questionam os discursos que construíram Cajazeiras como um bairro-cidade, tecemos uma leitura outra sobre a localidade. Em nossas andanças, entre viagens de ônibus e metrô, idas e vindas para o centro da cidade, pensamos e repensamos nossos caminhos de pesquisa, observando as possibilidades, os avanços e recuos necessários durante nosso trabalho ambulante.

Nosso ofício aqui não está voltado a estabelecer a origem do bairro por uma visão tecnocrática reproduzida nos discursos encontrados em documentos oficiais e na imprensa conservadora, pois que, antes mesmo da construção dos conjuntos habitacionais na região estudada, já existiam outras formas de ocupação do espaço. Observa-se o Complexo Habitacional Cajazeiras como um local de resistência construído por mulheres, idosas/os, crianças e homens que desvirtuam as imposições de maneira astuciosa e, muitas vezes, silenciosa. Para isto, seguimos os passos de uma produção do saber histórico que não tem como objetivo validar as ideias já estabelecidas, mas cortá-las[23].

Assim, caminhamos por trilhas que visam rachar as palavras, observando o que está presente nas dinâmicas que constroem o entendimento histórico para constituir modos de compreender o mundo que desnaturalize imagens cristalizadas de outrora. Apoiados neste combate pela história, temos a possibilidade de tecer novas visões sobre o passado dos moradores de periferias e favelas da capital baiana, para além daquela vinculada ao controle e vigilância sobre o que vivem e fazem[24].

Por compreender que as urbes não podem ser estudadas de forma isolada, mas no conjunto com os habitantes e tudo que lhe é agregado[25], este estudo analisará as respectivas vozes daqueles que compõem Cajazeiras, com o intuito de compreender a formação do bairro, pois os moradores são partícipes do processo de constituição das cidades, e, em certa medida, as constroem e reconstroem, mudando, por vezes, as características físicas da localidade. Nesse sentido, o estudo dos bairros é relevante por expressar a relação da população com o espaço e sua noção de pertencimento a este, remodelando os locais que foram projetados pelos poderes públicos para atender determinadas funções na cidade e, por vezes, na sociedade, na medida em que os espaços podem ser delimitadores de grupos e/ou classes sociais.

---

[22] Id. *História*: a arte de inventar o passado (ensaios de teoria da história). Curitiba: Editora Appris, 2019a. p. 65.

[23] FOUCAULT, 2021, p. 73.

[24] MONTENEGRO, Antônio Torres. *História, metodologia, memória*. São Paulo: Contexto, 2010. p. 31-32.

[25] CARPINTERÓ, Marisa Varanda Teixeira; CERASOLI, Josianne Francia. A cidade como história. *História*: Questões & Debates, Curitiba, n. 50, p. 61-101, jan./jun. 2009.

A nossa hipótese é de que *o discurso de que o Complexo Cajazeiras é um bairro-cidade foi construído com vistas a legitimar estratégias de segregação racial e social instituídas pelo Estado durante e após a ditadura militar na capital baiana.* Para tanto, nosso estudo está dividido em cinco capítulos.

No capítulo 2, abordamos o início da urbanização do atual Complexo Habitacional Cajazeiras, que se deu a partir da construção do Hospital Colônia Dom Rodrigo de Menezes — especializado no tratamento da hanseníase —, no bairro de Águas Claras, em 1949. Analisamos alguns aspectos do suposto ar rural atribuído à região antes da construção dos conjuntos habitacionais financiados pelo Banco Nacional da Habitação (BNH) no fim da década de 1970. Diante disso, vamos observar como foram construídas as primeiras memórias que afirmavam a localidade como não pertencente à capital baiana.

No capítulo 3, vamos analisar como as disputas em torno do campo da memória foram tecidas, enfatizando o caráter legitimador do poder público e seus apoiadores que se movimentavam no sentido de promover a institucionalização de uma cidade segregada do ponto de vista de raça e classe social. Por meio de matérias jornalísticas, documentos oficiais e relatos orais, iremos observar como se construiu durante a década de 1980 o que Barbosa[26] chamou de sentimento de não pertencimento a Salvador, "não só pela sua distância física dos centros econômicos, culturais e políticos, mas, sobretudo, pela história de exclusão de sua população em relação à cidade".

No capítulo 4, destacamos o processo de reapropriação realizado pelos moradores do Complexo Cajazeiras pela visão sobre o direito à cidade. Diante da falta ou do acesso deficitário a direitos básicos, observamos a continuidade do processo de segregação descrito no capítulo 3, sobretudo no que diz respeito ao distanciamento em relação ao centro da cidade. Entretanto, serão destacadas as lutas dos moradores, já que uma das principais características dos habitantes do bairro é a sua "intensa mobilização política a favor de políticas públicas que assegurem a seus moradores qualidade de vida e inclusão na cidade"[27]. Logo, apesar da precariedade nas condições de habitação e serviços na primeira metade da década de 1990, sua estrutura física atual é resultado das lutas promovidas pelas organizações sociais do bairro.

---

[26] BARBOSA, 2009, p. 115.

[27] FGM. *Tribuna da Bahia*, 20 mar. 1988.

TEMPOS INICIAIS: ÁGUAS CLARAS

> Em Cajazeiras e seu entorno, conjunto de fazendas na antiga zona rural de Salvador, [...] o verde predominava, os cheiros de mato e de terra exalavam no ar, a brisa forte acariciava as faces dos seus poucos habitantes ou visitantes, agraciados, ainda, com o cantar dos pássaros, numa pura magia. As pitangueiras, os cajueiros, as mangueiras, as cajazeiras convidavam a um piquenique no início da tarde.[28]

É por meio da memória de Maria Alice Silva, escritora do livro sobre a *Pedra de Xangô*, que vivenciou alguns momentos da infância no bairro de Águas Claras (sua família era proprietária do Matadouro Irmãos Apresentação), que se iniciou a tessitura desta trama histórica sobre o atual Complexo Habitacional Cajazeiras. Observam-se alguns aspectos na poética narrativa da autora que irão direcionar este início de caminhada, sobretudo no que diz respeito ao ar rural atribuído à região antes da construção dos conjuntos habitacionais financiados pelo BNH no fim da década de 1970.

Vamos ao primeiro aspecto destacado pela autora: as fazendas. As informações mais remotas acessadas são da segunda metade do século XIX, quando o espaço pesquisado por nós ainda era considerado como pertencente à freguesia de São Bartolomeu de Pirajá. Nele, encontram-se 17 registros de terras lançadas pelo cônego vigário José Joaquim Fernando de Britto, nos quais é possível verificar os nomes das seguintes fazendas: Jaguaripe, Fazendinha, Águas Claras, Cajázeira (*sic*), Palame, Mineiro, Malhada, Fragoso, Burubu, Maciel, Campos e Pedras Prêtas (*sic*)[29].

Uma das fazendas, a Águas Claras, aparece em 1937 como propriedade de Luiz Cavalcanti de Albuquerque de Barros Barretto e Maria Constança Calmon de Barros Barretto, que naquele ano cederam de forma "amigável por utilidade pública" uma área "com superfície de novecentas e quarenta e sete (947) tarefas"[30], onde seria construído um Hospital-Colônia Agrícola

---

[28] SILVA, 2019, p. 14.

[29] Apeb. Acervo Colonial. *Registro eclesiásticos de terras*. Freguesia de São Bartholomeo de Pirajá, 1854-1862. v. 4774.

[30] A área equivaleria a mais de 4 milhões de m².

para tratamento de pacientes com hanseníase. Em troca da cessão, o casal recebera do Governo do Estado da Bahia — então sob governo de Juracy Magalhães — uma quantia de 200:000$000 (duzentos contos de réis)[31].

Doze anos depois, durante as festividades do quarto centenário da cidade de Salvador, "foi inaugurado, na manhã de sábado, o moderno leprosário de Águas Claras". Estavam presentes na solenidade: o governador Octávio Mangabeira, o ministro da Educação e Saúde Clemente Mariani e membros da Sociedade de Combate à Lepra que "percorreram as instalações do leprosário, inclusive as residências dos funcionários"[32]. Conforme mostra a reportagem, a construção do local de tratamento para hansenianos também envolveu uma série de obras no seu entorno em benefício às pessoas que trabalhavam na colônia.

Entre as instalações erguidas para receber os internos que seriam transferidos da antiga sede, localizada na Quinta dos Lázaros, estavam dormitórios que tinham a capacidade de alojar até 28 pacientes (Figura 4), casas geminadas que recebiam casais que tinham a doença descoberta por Hansen (Figura 5), pavilhões dos serviços médicos e enfermaria (Figura 6), além de cozinha e refeitório (Figura 7)[33].

Figura 4 – Pavilhão "Carville" para 28 pessoas

Fonte: Araujo (1948)

[31] Apeb. Acervo Judiciário. *Escrituras*, n° 1421/162. fl 54v-56. 1937.

[32] IGHB. *A Tarde*, 28 mar. 1949.

[33] ARAUJO, Heraclides Cesar de Souza. *História da lepra no Brasil*: período republicano (1889-1946) Álbum das organizações antileprosas. Rio de Janeiro: Imprensa Nacional, 1948. v. 2.

Figura 5 – Casa geminada para dois casais

Fonte: Araujo (1948)

Figura 6 – Pavilhão dos serviços médicos e enfermaria

Fonte: Araujo (1948)

Figura 7 – Cozinha e refeitório gerais

Fonte: Araujo (1948)

Em sua obra, Silva também evidencia uma entrevista concedida pelo tio, Flaviano da Apresentação, um dos proprietários do matadouro citado no trecho destacado anteriormente, na qual relatou:

> *Águas Claras ficava a 3 km da BR – uma ladeira de barro íngreme dificultava-lhe o acesso. Existiam poucas habitações: uma casa colonial portuguesa – pertencente ao Hospital Dom Rodrigues de Meneses [...], algumas casas proletárias e mais adiante a Penitenciária Pedra Preta. Existia uma área destinada aos servidores do hospital e outro destinado ao Preventório [...]. Existiam alguns terreiros.[34]*

O "preventório", como era conhecido o Educandário Eunice Weaver (Figura 8), foi inaugurado seis anos antes da colônia, no dia 10 de novembro de 1943, sendo um dos vários existentes em todo o Brasil, e tinha a responsabilidade por acolher as crianças sadias geradas pelos hansenianos. Como é possível perceber na Figura 9, estas instituições funcionavam como um jardim de infância, na qual as meninas e os meninos tinham atividades de lazer e também recebiam cuidados em relação à saúde[35].

Figura 8 – Edifício principal do Educandário Eunice Weaver em 1945

Fonte: Araujo (1948)

---

[34] SILVA, 2019, p. 59.

[35] ARAUJO, 1948; PAVANI, Elaine Cristina Rossi. *O controle da lepra e o papel dos preventórios*: exclusão social e interações socioespaciais dos egressos do Educandário Alzira Bley no Espírito Santo. Tese (Doutorado em Geografia) – Instituto de Geociências, Universidade Federal do Espírito Santo, Vitória, 2019.

Figura 9 – 1. Recreio; 2. Jardim de infância; 3. Refeitório; 4. Gabinete dentário do Educandário Eunice Weaver em 1945

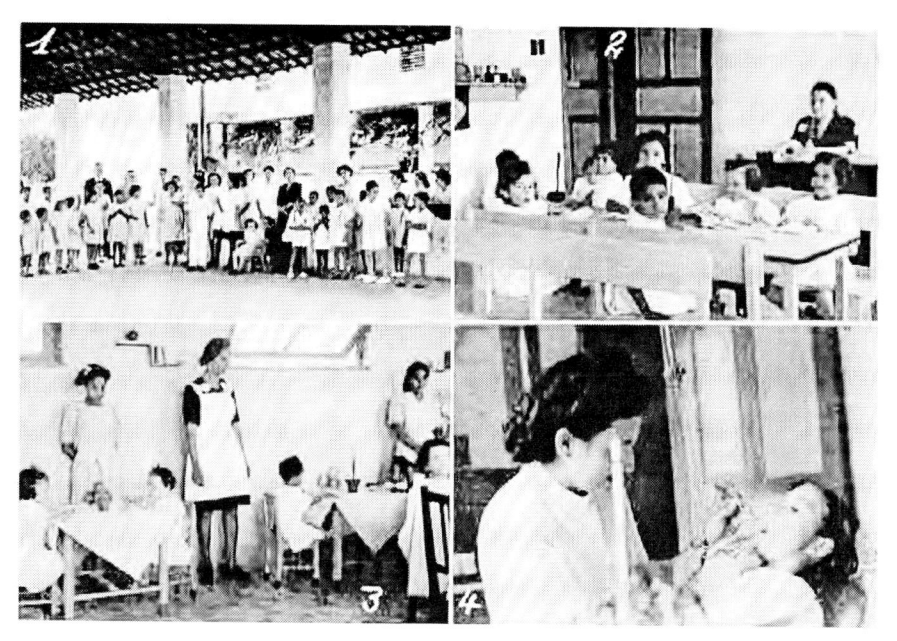

Fonte: Araujo (1948)

A obra *O caminho das águas em Salvador*, ao versar sobre a localidade,
afirma que

> A constituição do bairro está vinculada à instalação do
> Hospital Dom Rodrigo de Menezes [...] quando então foi
> aberta a rua principal. Com a construção de um matadouro
> e de casas para os seus funcionários, o povoamento se
> tornou mais denso, sendo consolidado com a construção
> dos conjuntos habitacionais do Complexo Cajazeiras/
> Fazenda Grande.[36]

Em concordância com a afirmação anterior, considera-se a construção da colônia de tratamento para hansenianos um marco do processo de
constituição de Águas Claras enquanto bairro da capital baiana, visto que
foi o equipamento que iniciou o processo de urbanização da região que é
conhecida atualmente por Complexo Habitacional Cajazeiras.

---

[36] SANTOS, Elisabete *et al.* (org.). *O caminho das águas em Salvador*: bacias hidrográficas, bairros e Fontes.
Salvador: Ciags/Ufba; Sema, 2010. p. 238.

2.1 O cenário urbano da capital baiana em fins da década de 1970

Com base nas considerações de Michel Foucault[37] em que o trabalho historiográfico é visto como uma análise minuciosa dos "restos" que as sociedades deixam, torna-se possível responder às questões que emergem de nossas investigações. Os vestígios são os mais variados possíveis e nos oferecem um repertório vasto de discursos sobre uma mesma problemática, cabendo a nós historiadoras/es vasculhar, assim como faz uma/um arqueóloga/o quando procura os objetos materiais de uma determinada cultura. Porém, os nossos "sítios" são os mais variados possíveis, de instituições públicas a pessoas comuns, que estão vivenciando o cotidiano.

É importante ressaltar que os documentos não são reduzidos a simples relatos sobre o passado, já que a fabricação destes está inserida em um contexto de sociabilidades. Logo, para que haja a viabilidade de observar a memória coletiva presente em tais resíduos, é essencial compreender a conjuntura em que a documentação é produzida, já que esta reflete as relações de força e poder da sociedade que a elabora. Assim, ao apreender sua complexidade e, sobretudo, questionar o documento, torna-se viável conferir cientificidade às nossas análises[38].

Assim, destaca-se a importância da interpretação para o ofício de historiadoras/es, já que

> Interpretar os eventos, interpretar os documentos significa figurar para eles uma inteligibilidade, dar a eles uma forma, torná-los matéria para a construção de uma dada realidade do passado, dotá-los de uma coerência, tramá-los de forma que pareçam desenhar a figura de um passado que emergiria de seu perfil e em sua materialidade. Interpretar o passado é dar vida a suas possíveis figuras, é recontá-lo, revivê-lo, encarnando-o em seus possíveis rostos, em suas possíveis gesticulações, em seus diferentes disfarces e com suas inúmeras astúcias.[39]

Portanto, analisar documentos produzidos pelo Poder Executivo tanto municipal quanto estadual possibilita leituras sobre as construções de benfeitorias no espaço urbano. Carlos Bacellar[40] afirma que as docu-

---

[37] FOUCAULT, 2021.

[38] LE GOFF, Jacques. *História e memória*. Tradução de Bernardo Leitão, Irene Ferreira e Suzana Ferreira Borges. 7. ed. Campinas: Editora da Unicamp, 2013. p. 495.

[39] ALBUQUERQUE JÚNIOR, Durval Muniz de. *História*: a arte de inventar o passado (ensaios de teoria da história). Curitiba: Editora Appris, 2019a. p. 195.

[40] BACELLAR, Carlos. Uso e mau uso dos arquivos. *In*: PINSKY, Carla (org.). *Fontes históricas*. São Paulo: Contexto, 2010. p. 33.

mentações referentes às obras públicas permitem à História "acompanhar todo o investimento feito pelo Estado, desde o Império, para modernizar a economia [e a sociedade], em um esforço que certamente teve padrões diferentes", a depender da região do país que é estudada.

Foram selecionadas também as fontes impressas, que contribuem para pensar a constituição da sociedade ligada à modernidade. Por meio da análise do que é publicado nos jornais, constata-se que há um movimento político no que é publicado, assim como na forma pela qual é divulgado. Apesar de os veículos de imprensa se considerarem imparciais e divulgadores do que "realmente" aconteceu, é perceptível que há a construção de discursos sobre a capital baiana e seus habitantes, sobretudo por se tratar de um período em que o país vivia uma ditadura que censurava e controlava a maior parte das informações que circulavam[41].

Utilizaremos neste capítulo publicações do periódico *A Tarde*, fundado em Salvador em outubro de 1912 pelo político, jornalista e empresário Ernesto Simões Filho, considerado o maior e mais importante jornal do estado baiano[42]. Dentro do contexto político do golpe civil-militar na Bahia, o historiador Simão Tannous[43] aponta que o noticiário se alinhava aos "setores de comunicação conservadores, que acabavam por defender uma política administrativa que preservasse as estruturas sociais, buscando criticar qualquer transformação significativa na sociedade". Dessa maneira, alinhado ao regime militar.

A discussão referente à ocupação e ao uso do solo já não era mais uma novidade, entretanto a falta de uma legislação que ordenasse o processo gerava críticas[44]. De outro modo, a imprensa conservadora publicava frequentemente sobre os migrantes que vinham à Região Metropolitana de Salvador (RMS) buscando melhorias de vida:

> Verdadeiras comunidades clandestinas, criadas ao ar livre, estão surgindo em vários pontos da cidade, formadas por homens, mulheres e crianças, das mais diversas origens, que vêm a Salvador à procura de melhores condições de vida e tornam-se hóspedes das promíscuas moradias, onde chegam e se instalam,

---

[41] LUCA, Tania Regina de. História dos, nos e por meio dos periódicos. *In*: PINSKY, Carla (org.). *Fontes históricas*. São Paulo: Contexto, 2010. p. 137-140.

[42] FGV. SAMPAIO, Consuelo Novais. *A Tarde*. Disponível em: https://www18.fgv.br/cpdoc/acervo/dicionarios/verbete-tematico/tarde-a. Acesso em: 16 jan. 2023.

[43] TANNOUS, Simão Alves. A imprensa baiana do regime constitucional de João Goulart (1963-1964) *In*: ZACHARIADHES, Grimaldo Carneiro (org.). *Ditadura militar na Bahia*: histórias de autoritarismo, conciliação e resistência. Salvador: Edufba, 2014. p. 26.

[44] IGHB. *A Tarde*, 22 set. 1975.

> passando a ter, nesses locais, residências definitivas. Essas moradias não passam de pequenas cabanas, com quatro estacas, cobertas de papelão, que abrigam cerca de 10 a 20 pessoas.[45]

A mídia conservadora baiana afirmava que eram em tais localidades que moravam a miséria, a doença e a fome, já que a política habitacional não estava conseguindo resolver a situação que as pessoas mais pobres enfrentavam[46]. Tracejavam-se, nas páginas jornalísticas, visões preconceituosas em relação aos habitantes menos abastados e/ou afrodescendentes, sobretudo os migrantes e/ou que viviam em assentamentos informais.

O periódico *A Tarde* repercutia os debates sobre as questões urbanas nas reuniões do Conselho de Desenvolvimento Urbano (Condurb). Num dos encontros, Rômulo Almeida[47], tomando como parâmetro o Rio de Janeiro, afirma que a proximidade dos considerados bairros nobres às favelas os desvalorizava do ponto de vista da especulação imobiliária. Porém, tornava-se uma alternativa às populações pobres, que eram vistas como prestadoras de serviços às camadas de maior renda:

> É interessante notar como, em uma das últimas reuniões do *Condurb* convergiram para um mesmo e justo enfoque, sobre o problema das "favelas" e das "invasões", tanto o Prof. Rômulo Almeida quanto o Sr. Luiz Pereira de Araújo: a conveniência e a urgência de se enfrentar a questão sob a premissa de que o geral e o particular se conjugam. Um exemplo do Rio de Janeiro foi citado: no Leme a existência de uma "favela" desvaloriza as áreas contíguas o mesmo não acontecendo, porém, em São Conrado. Possivelmente aqui terá ocorrido um fenômeno apontado por Rômulo Almeida, o de que por vezes, "as populações chamadas marginais têm sua chance de meio de vida, prestando serviço às populações de maior renda". É o que acontece, em Salvador, e não se trata de um caso isolado, como a Roça da Sabina, incrustada no aristocrático Morro Ipiranga.[48]

Além disso, debatia-se sobre de que modo as ocupações informais poderiam impactar as questões estéticas da cidade, evidenciando até mesmo a perda da memória e patrimônio cultural, visto que Salvador já era um dos principais polos turísticos do país naquele momento. É perceptível a necessidade da elite

---

[45]   *Ibid.*, 23 dez. 1975.

[46]   *Ibid.*, 25 mar. 1976.

[47]   Influente político, professor, escritor e economista baiano. *Cf.* FGV. CARNEIRO, Alan. *Biografia de Rômulo Barreto de Almeida*. Disponível em: http://www.fgv.br/cpdoc/acervo/dicionarios/verbete-biografico/romulo--barreto-de-almeida. Acesso em: 21 jul. 2022.

[48]   IGHB. *A Tarde*, 11 nov. 1976.

letrada soteropolitana em determinar o que os subalternizados faziam para além das atividades laborais, traduzindo, portanto, um projeto político de determinação do que o ambiente urbano deveria pronunciar em sua dinâmica[49].

As "invasões cabulosas"[50], como foram nomeados os movimentos de ocupação de terrenos pelas matérias do jornal, eram uma constante no cotidiano da capital baiana desde a década de 1940. Antes disto, a prática de se apossar de terrenos vazios não era uma novidade na história da capital baiana, porém as ocupações ocorriam de forma individual, em momentos e locais diferentes. Erivaldo Neves[51] afirma que tal cenário se modifica em meados de 1946, quando ocorre o movimento do Corta-Braço[52] e as ações de posseiros começam a ser organizadas em coletividade. Diante disso, o historiador reitera que, "enquanto conquista do espaço para morar, as invasões desde a sua origem, constituíram-se num movimento social urbano"[53].

Em concordância com o autor supracitado, ainda que o termo "invasão" seja reproduzido e naturalizado nos documentos oficiais, na imprensa e pelas pessoas entrevistadas, trata-se de uma expressão carregada de prejulgamentos. Por conta disto, a palavra será apresentada em nosso estudo acompanhada de aspas, visto que há uma complexidade em tais movimentos sociais que pode ser reduzida de forma a desqualificar ações populares em busca de condições mínimas de vida nos grandes centros urbanos.

Um dos movimentos pela conquista da moradia mais emblemáticos durante a década de 1970 foi o da Baixa do Marotinho, caso estudado pela historiadora Gisele Lima. Em sua obra, a pesquisadora historiciza o episódio que teve grande repercussão à época, apresentando um quadro que expõe 48 ocorrências de ocupações que foram removidas ou erradicadas[54] entre os anos de 1952-1984, e 42 delas foram durante os mandatos militares[55].

---

[49] Id.

[50] Ibid., 25 maio 1977.

[51] NEVES, Erivaldo Fagundes. Invasões em Salvador: um movimento de conquista do espaço para morar (1946-1950). Dissertação (Mestrado em História) – Pontifícia Universidade Católica de São Paulo, São Paulo, 1985. p. 81.

[52] Nome dado ao movimento de luta pelo espaço para morar que originou o atual bairro do Pero Vaz, "uma aglomeração urbana que nasceu ao redor da rua principal e que se expandiu nas terras do italiano Francisco Pelosi, nos idos de 1946. Encravado entre a Liberdade e o IAPI, o bairro nasceu como invasão e, hoje, já conta com melhoramentos urbanos". Disponível em: http://www.culturatododia.salvador.ba.gov.br/vivendo-polo.php?cod_area=7&cod_polo=51. Acesso em: 12 jan. 2023.

[53] NEVES, 1985, p. 82.

[54] É importante destacar que a problemática não é uma discussão existente somente em relação ao século XX, mas uma demanda também no século XXI. A questão das remoções e/ou a das erradicações de ocupações informais são temáticas crescentes na historiografia brasileira, sobretudo os casos ocorridos na cidade do Rio de Janeiro. Cf. GONÇALVES; BRUM; AMOROSO, 2021.

[55] LIMA, Gisele Oliveira de. Movimento Baixa do Marotinho: a luta pela moradia em Salvador (1974-1976). Dissertação (Mestrado em História) – Universidade Federal da Bahia. Salvador, 2009. p. 31.

Por conseguinte, é possível verificar que os governos militares se encarregaram da missão de resolver o "problema sem solução" do setor habitacional, nas palavras do então presidente do BNH, Maurício Schulmann, num evento comemorativo realizado em agosto de 1977, em Salvador[56]. A inflação aparecia como um dos fatores que dificultavam ainda mais a árdua tarefa, pois, além de encarecer o custo da construção de habitações populares, influenciava os "constantes casos de invasões e despejos coletivos"[57]. Pode-se verificar que os próprios representantes dos órgãos públicos voltados à construção de moradias tinham ciência da complexidade da situação habitacional no país, entretanto não foi o suficiente para que os tecnocratas buscassem soluções mais eficazes na contenção da problemática.

Em seus informes, *A Tarde* expunha o contraponto entre aqueles que "realmente" precisavam ocupar terrenos para construir seus respectivos lares e "a especulação dos 'espertos'", na grande maioria das notícias que narravam os diversos casos de ocupação observados no fim da década de 1970, na Grande Salvador. Pode-se afirmar que o recurso na construção das narrativas jornalísticas funcionava como uma maneira de legitimar a urgência da ação policial em tais locais, como força imprescindível para que a cidade fosse ocupada "não de modo anárquico assim como é realizada nas invasões, mas de modo racional e ordenado, respeitadas as conveniências de ordem urbanística, higiênica, sanitária, de modo que surjam bairros e não aglomerados de favelas"[58].

As ações coletivas tomadas por pessoas pobres eram assimiladas pelos setores conservadores como um ataque direto às projeções do que seria a cidade ideal e, consequentemente, os valores que sustentavam tais projetos. É possível notar a constituição do que Manuel Castells[59] chama de "cultura urbana", que, segundo o autor, "está na base de toda uma série de discursos que substituem a análise da evolução social no pensamento das elites dirigentes ocidentais e que, por isto, são amplamente veiculados pelos *mass media* e fazem parte do contexto ideológico cotidiano".

Com riqueza de detalhes, as matérias traziam as falas dos nomeados pela mídia como "flagelados"[60] que se proliferavam em várias regiões da cidade, construindo seus respectivos barracos "até mesmo em lugares

---

[56] IGHB. *A Tarde*, 12 ago. 1977.

[57] *Ibid.*, 27 ago. 1977.

[58] *Ibid.*, 26 jan. 1976.

[59] CASTELLS, Manuel. *A questão urbana*. Tradução de Arlete Caetano. 7. ed. São Paulo: Paz e Terra, 2020. p. 142.

[60] Termo pejorativo utilizado para chamar as pessoas que migravam por conta das secas no sertão baiano e nordestino.

nobres"[61], o que fazia com que tais pessoas fossem vistas e ditas como amea-ças reais aos moradores das áreas mais abastadas da urbe. Logo, é possível inferir que não havia uma interdição às falas dessas pessoas, "mas uma separação e uma rejeição" que, de acordo com Foucault[62], revela também um processo de exclusão.

Os poderes públicos agiam de maneira a reprimir os movimentos de conquista do espaço para morar, e o periódico baiano utilizava-se do seu papel de informante da sociedade para distribuir suas visões sobre as pes-soas que compunham os movimentos de ocupação de terrenos. É comum constar como plano de fundo a história de algumas pessoas que vieram de outras cidades e também alguns que já viviam em Salvador, mas não tinham mais condições de pagar o aluguel:

> Enquanto uns como dona Caçula e José Marcos, que vieram do Interior, na busca de melhores condições de vida aqui na cidade grande, outros queriam apenas se livrar do peso do aluguel da casa, como aconteceu com Nelson de Jesus Souza, que afirma não ter condições para continuar pagando um aluguel de 200 cruzeiros por uma casa em Lobato.[63]

Os veículos de comunicação também informavam que nem todas as pessoas conseguiam participar de tais mobilizações, restando buscar alternativas para improvisar suas respectivas moradas[64]. Percebe-se que as narrativas evidenciam tais situações com vistas a criar um ambiente de tensão aos moradores da urbe, para isto a noção de perigo próximo e constante é repetidamente afirmada.

Das pessoas que habitavam na RMS na década de 1970, de acordo com dados oficiais divulgados, pela prefeitura, cerca de 80% eram naturais de outras cidades da Bahia, logo depois vinham os estados de Sergipe e Pernambuco, com 6,47% e 1,93%, respectivamente[65]. O historiador Charles D'Almeida Santana[66] estudou as migrações que ocorreram de alguns muni-cípios da região do Recôncavo Baiano para Salvador entre as décadas de 1950-1980, concluindo que mudanças nas relações entre latifundiários e

---

[61] IGHB. *A Tarde*, 23 dez. 1975.

[62] FOUCAULT, Michel. *A ordem do discurso*: aula inaugural no Collège de France, pronunciada em 2 de dezembro de 1970. Tradução de Laura Fraga de Almeida Sampaio. 24. ed. São Paulo: Edições Loyola, 2014. p. 10.

[63] IGHB. *A Tarde*, 21 mar. 1977. O bairro do Lobato localiza-se no subúrbio ferroviário da capital baiana, ficou conhecido nacionalmente na década de 40 quando foi descoberto o primeiro poço de petróleo do Brasil.

[64] *Ibid.*, 27 dez. 1977.

[65] FMLF. SALVADOR. Órgão Central de Planejamento. *Plandurb*. Salvador, 1976. v. 29.

[66] SANTANA, Charles D'Almeida. *Fartura e ventura camponesas*: trabalho, cotidiano e migrações – Bahia. 1950-1980. São Paulo: Annablume, 1998.

trabalhadoras/es rurais em torno da terra tornaram a migração "alternativa a uma expressiva parcela da coletividade, especialmente para as novas gerações que se viram sem a perspectiva de encontrar terra para o trabalho"[67].

Nesse sentido, *A Tarde* publicava em suas páginas:

> Declarações de moradores da "invasão" da enseada de Paripe[68] dão bem a medida das suas causas: muitos vêm do Interior e até de outros Estados nordestinos, aqui se somando aos que anseiam por um teto, por mais humilde que seja. Se além dos daqui, outros têm origem diversa, de difícil que é o problema torna-se de complexa solução, pois em grande parte do que está havendo é a falta de elementos de fixação do homem à terra. [...] A corrente migratória do campo e das pequenas cidades para os grandes centros é constante, dir-se-ia diária, e se transforma em compactas multidões quando da deflagração de flagelos [castigos]. Assim, quando as autoridades, com grande esforço e elevadas despesas, concluem algumas centenas de casas destinadas aos moradores de "Alagados", outras invasões vão surgindo, dando a impressão de que o círculo vicioso é muito difícil de ser interrompido [...].[69]

O fato de uma parte significativa da população que compunha os fluxos migratórios daquele período originar-se das cidades do interior da Bahia e de outros estados do Nordeste justificava o uso dos dados pela mídia conservadora para construir narrativas em que as populações periféricas eram vinculadas ao atraso, já que boa parte das pessoas migrantes se alojava nos bairros mais pobres.

As comunidades corresponderiam ao país rural que o Brasil fora até a década de 1940, a antítese da modernidade e civilidade pregada pela política desenvolvimentista daquele momento. Assim, a década de 40 é utilizada como contexto de comparação justamente por conta do "fenômeno da 'explosão' urbana" que ocorreu em todo o país, impulsionado pelo processo de "emergente industrialização periférica" que começaram a atrair os fluxos migratórios, sobretudo das áreas rurais do país[70].

Em artigo de opinião publicado em 11 de novembro de 1976, Neomar Cidade afirma, de maneira preconceituosa, que a presença das pessoas migrantes e pobres no contexto urbano "nos leva a imaginar festivos bois,

---

[67] *Ibid.*, p. 110-111.

[68] Bairro localizado no subúrbio ferroviário de Salvador, destaca-se pelas suas belas praias e costuma ser considerado um refúgio para os ocupantes do cargo de presidente da República, pois há uma residência de veraneio em área restrita da Marinha na localidade.

[69] IGHB. *A Tarde*, 16 mar. 1977.

[70] BAHIA. *A Grande Salvador*: posse e uso da terra. Salvador: Cedurb, 1978.

vacas, cabras, porcos, etc., pastando no Terreiro de Jesus ou no Campo Grande, o que chega a ser um pesadelo..."[71] Ou seja, a chegada de migrantes a Salvador foi apreendida como uma ameaça, na medida em que os que se consideravam urbanos precisariam compartilhar espaços e práticas. Haveria, assim, uma degradação da cultura urbana (concebida pela elite letrada como superior), configurando um movimento de retorno a um estágio já superado e que deveria ser isolado ao esquecimento.

É notória, nos textos publicados no periódico baiano, a constituição de um discurso vinculado ao momento político da época, o regime civil-militar instituído por um golpe de Estado em 1964. Consequentemente, percebe-se que tais narrativas são selecionadas, organizadas e distribuídas com o intuito de conferir quem são os perigosos e, ao mesmo tempo, aqueles que detêm o poder — e o dever — de dominar essas pessoas, que no cotidiano desvirtuavam os princípios daqueles que comandavam a nação naquele momento[72].

Em janeiro de 1980, o então ministro do interior, Mário Andreazza, em entrevista concedida em Brasília, argumentava que "a grande maioria dos delinquentes ou envolvidos em crise, são de outros estados que não aquele onde se encontrava. São, na realidade, migrantes que foram para a cidade grande em busca de uma vida melhor". A origem deles: o Nordeste. Por conta disto, investimentos estariam sendo realizados naquela região do país para "disciplinar a migração", e ainda a solução em curto prazo, de acordo com o Andreazza, seria "a ação policialesca"[73]. É notório que o poder público chancelava leituras discriminatórias sobre a população migrante nordestina, responsabilizando-a por problemas que resultavam, na verdade, da própria incompetência na gestão dos problemas do país.

Segundo Lícia do Prado Valladares[74], é também no Nordeste que se localiza o mito de origem da *favela*. Além da procedência do nome, que veio de uma planta típica do sertão baiano, a partir da narrativa de Euclides da Cunha sobre a guerra em Canudos no fim do século XIX surge a categoria como a construção de

---

[71] IGHB. CIDADE, Neomar. "Invasões" e favela, em debate um tema palpitante. *A Tarde*, 11 nov. 1976. O Largo do Terreiro de Jesus localiza-se no Pelourinho, principal região turística soteropolitana; já o Largo do Campo Grande localiza-se na região da cidade mais valorizada pela especulação imobiliária, próximo ao Teatro Castro Alves e ao Palácio da Aclamação, à época sede do governo do estado.

[72] FOUCAULT, 2014, p. 8-9.

[73] IGHB. *A Tarde*, 7 jan. 1980.

[74] VALLADARES, Lícia do Prado. *A invenção da favela*: do mito de origem a favela.com. Rio de Janeiro: Editora FGV, 2005. p. 36.

"Um outro mundo", muito mais próximo da roça, do sertão, "longe da cidade", onde só se poderia chegar através da "ponte" construída pelo repórter ou cronista, levando o leitor até o alto do morro que ele, membro da classe média ou da elite, não ousava subir.[75]

O historiador Mario Brum[76] amplia ainda mais o conceito e afirma que

A "favela" não pode ser entendida simplesmente como o *lugar* da habitação das classes pobres [e negras] na cidade, nem um mero espaço urbano segregado. Ela é uma formação complexa que surge a partir não só de dinâmicas internas, mas da interação com outros atores, que atribuem a um determinado espaço urbano, a partir de um conjunto de características, em diversos aspectos (ambientais, econômicos, sociais, etc.), a acusação de "destoar" e/ou "degradar" o entorno e, em conjunto, a cidade como um todo.

Assim como no Rio de Janeiro, em Recife os assentamentos das camadas pobres, os chamados mocambos, eram vistos pelas autoridades e pelos meios letrados também dentro da dualidade entre o rural e o urbano:

Os jornais abriram espaço às ciências sociais, interpretando o mocambo como um problema sociológico incorporado a desafios estruturais maiores. A oferta de barracos a preço baixo incentivava a migração rural, esvaziando a economia agrícola do país, acabando com as pretensões de urbanidade do Recife e obrigando as autoridades públicas a desperdiçar em infraestrutura urbana recursos mais bem gastos em desenvolvimento econômico.[77]

De volta à capital baiana, com base nos dados produzidos à época, é possível ter uma noção do que motivava o temor das elites e da classe média letradas soteropolitanas em relação aos migrantes. Observando o Quadro 1, fica explícito que a quantidade de pessoas atraídas para o principal centro urbano da Bahia crescia vertiginosamente. Em termos comparativos, do período referente às décadas de 1940-50 para o das décadas de 1950-60, o aumento foi de 68%, enquanto, entre as décadas de 1950-60 e 1960-70, foi de 21%. Ao comparar os períodos inicial e final da pesquisa, a diferença é ainda maior, perfazendo uma diferença de mais de 104%.

---

[75] *Ibid.*, p. 36.

[76] BRUM, Mario. *Cidade Alta*: história, memórias e estigma de favela num conjunto habitacional do Rio de Janeiro. Rio de Janeiro: Ponteio, 2012. p. 35.

[77] FISCHER, Brodwyn. Do mocambo à favela: estatística e políticas sociais na cidade informal brasileira. *In*: GONÇALVES, Rafael Soares; BRUM, Mario; AMOROSO, Mauro (org.). *Pensando as favelas do Rio de Janeiro*: história e questões urbanas. Rio de Janeiro: Ed. PUC-Rio; Pallas, 2021. p. 102.

Quadro 1 – Saldo migratório Região Metropolitana de Salvador (1940-1970)

Período	Gênero		Total
	Mulheres	Homens	
1940-50	53.699	46.664	100.363
1950-60	92.537	76.090	168.627
1960-70	110.993	94.634	205.627

Fonte: Salvador (1976)

Junto ao fluxo migratório crescente, a defasagem na quantidade de habitações era outro problema considerado grave, constatado mediante os dados que demonstravam que,

> [...] para eliminar o déficit habitacional seria necessário, considerando o número médio ideal de 5 pessoas por domicílio e a necessidade de substituir os domicílios, improvisados, rústicos e precários a construção de 76.637 novas moradias, sendo que 64.965 destas em Salvador.

A capital baiana apresentava, naquele momento, a maior taxa de déficit habitacional da RMS, já que concentrava 87% da população e dos domicílios da área[78].

Desta maneira, estava desenhado um cenário propício a conflitos: população urbana que crescia cada vez mais; conjuntura política repressora que possuía pouco prestígio popular; fortalecimento dos movimentos sociais que ampliavam suas reivindicações; agravamento da crise financeira resultante de dívidas internacionais e má gestão do dinheiro público; aumento da concentração de renda e, consequentemente, das desigualdades sociais; pressão popular pela abertura política; entre outros problemas.

A seguir veremos trecho de editorial publicado em 2 de março de 1978 no *A Tarde*:

> Em verdade, de todos os problemas que afligem o povo e que importam, em última análise, na sua sobrevivência, o da habitação vem em primeiro lugar, porque é o único que não admite soluções paliativas. [...]

---

[78] FMLF. BAHIA. Secretaria do Trabalho e Bem-Estar Social. *Política habitacional do estado da Bahia*: programa governamental para o quadriênio 79/83. Salvador, 1979. p. 4.

> De um lado a explosão demográfica, de outro o aumento crescente do fluxo migratório dos campos para as cidades, ampliaram até um ponto intolerável a faixa da população marginalizada nas grandes cidades. E invasões, favelas e mocambos, longe de desaparecerem, passaram a brotar como cogumelos. [...]
>
> A questão virou um caso de polícia. Periodicamente registra-se a ação policial destinada a desalojar invasores, tangidos daqui para ali, ou retornando, como moscas, aos locais de onde os tangeram. [...]
>
> O problema é complexo, mas por isto mesmo, deve ser atacado com firmeza. Já é tempo de estabelecer-se uma estratégia global e viável que abra caminho às desejadas soluções. Das quais muito dependem a paz social e o nosso destino como nação.[79]

Diante disto, justificava-se a necessidade de medidas que contemplassem a pacificação de conflitos por habitação na capital baiana, já que os planos anunciados até então haviam falhado. Portanto, a questão da construção de habitações era tratada como uma arma para mudar aquele cenário, considerado caótico, declarando guerra aos assentamentos informais e seus habitantes. Novamente, pode-se verificar discursos que constroem um ambiente de temor nas páginas do periódico, utilizando-se de leitura maniqueísta em que as pessoas pobres e/ou negras figuram como perigosas; e o Estado repressor, como garantidor da paz.

As notícias seguiam um roteiro muito parecido, reduzindo uma problemática complexa: a princípio afirmava-se o desenvolvimento industrial que a RMS atingiu por conta da construção de CIA e Copec, fator que atraiu muitas pessoas do Norte e do Nordeste do país. A ausência de "um organismo que funcione com eficiência na triagem e seleção dos migrantes, além de orientá-los no sentido de capacitação para disputa no mercado" era apontada como um dos causadores da marginalização de tais pessoas, que sustentavam suas famílias submetendo-se a subempregos. Com isto, "sem emprego e local para morar, ele passa a invadir terrenos e com isso surgem as favelas que se constituem em um grave problema social"[80]. Naturalizam-se, assim, as distorções sociais promovidas por um processo de industrialização tardia que não levou em conta as necessidades físicas e humanas da Grande Salvador[81].

---

[79] IGHB. *A Tarde*, 2 mar. 1978.

[80] *Ibid.*, 22 jul. 1978; 9 abr. 1979.

[81] GARCIA, Antonia dos Santos. *Desigualdades sociais e segregação urbana em antigas capitais*: Salvador, cidade D'Oxum e Rio de Janeiro, cidade de Ogum. Rio de Janeiro: Garamond; Faperj, 2009. p. 158.

Portanto, pode-se afirmar que havia um ambiente hostil às populações pobres e/ou negras que chegavam a Salvador em busca de melhores condições de vida e se juntavam às massas que já viviam na soterópolis, mas não possuíam moradia própria, ou estavam em locais com péssimas condições de habitabilidade. A estas pessoas era atribuído o estigma de favelado, invasor, flagelado, entre outros. Dentro desta lógica,

> [...] o favelado é sempre o outro. O que serve, ao ser comparado, para o acusador se autodefinir como superior, em detrimento do que foi rebaixado por sua identidade estigmatizada. A comparação reforça hierarquias, estabelece parâmetros de comportamentos e define o que é "normal" na cidade.[82]

Um dos sentidos atribuídos ao termo "favela" é observado na publicação de *A Tarde* em 6 de agosto de 1981 sob o título: "Areial viveu momentos de favela". O redator descreve que a rua Areial de Baixo, localizada "em pleno centro de Salvador", enfrentava alguns problemas por conta da falta d'água, que obrigou os moradores a formarem longas filas munidos de baldes, latas e bacias. Logo, pode-se afirmar que o estigma de favelado foi atribuído às pessoas por conta de uma prática comum em localidades pobres e/ou distantes da centralidade urbana, ou seja, o simples fato de carregarem água de um caminhão-pipa foi suficiente para a comunidade ter "seus momentos de favela"[83].

Na política habitacional baiana para os anos de 1979-83, as moradias das pessoas menos abastadas eram colocadas em evidência, já que, "para 1970, em toda a RMS 25,57% dos domicílios particulares ocupados são rústicos". Ainda se afirmava que os números mantinham "estreita relação com a existência de, aproximadamente, 25% da população com renda familiar mensal abaixo de 1,5 salários mínimos". Dentro deste universo, Salvador era colocada como foco, já que concentrava 80% dos domicílios da RMS considerados pelos poderes públicos como "rústicos"[84].

Apesar de o documento não estabelecer quais seriam as características dessas residências nomeadas "rústicas", pode-se afirmar que possivelmente eram as que não tinham acesso à infraestrutura urbana, ou que a possuísse de maneira precária, já que logo depois o texto relata tal problemática. De

---

[82] BRUM, 2012, p. 46.

[83] IGHB. *A Tarde*, 6 ago. 1981.

[84] FMLF. BAHIA. Secretaria do Trabalho e Bem-Estar Social. *Política habitacional do estado da Bahia*: programa governamental para o quadriênio 79/83. Salvador, 1979. p. 3.

acordo com as informações apresentadas, "para o total da RMS em 1970, 185.418 domicílios, ou seja 90,20%, não estavam ligados à rede geral de esgotos". Outro "ponto crítico" seria "a deficiência dos serviços de abastecimento d'água potável. Mais da metade – 51,71% dos domicílios da RMS, não têm este benefício. Salvador apresenta 30,18% (81.082) dos seus domicílios sem abastecimento d'água"[85]. Segundo Jolivaldo Freitas, os dados faziam com que Salvador ostentasse o título de "maior cidade do mundo ocidental sem esgotamento sanitário"[86].

Um dos maiores exemplos da problemática na cidade de Salvador foi a localidade conhecida pelo nome de Alagados[87], que atraía à época atenção nacional, tanto que foi um dos lugares visitados pelo então mandatário da nação, João Figueiredo, em setembro de 1979. A respeito da visita, um editorial de *A Tarde* afirmava a necessidade de "acabar com as favelas":

> Certo, que o presidente tem todo o direito, como cidadão, de acreditar que pode acabar com favelas. E quando ele fala de Alagados, Alagados se nos apresenta como um símbolo de todas as favelas do país. Donde concluímos que o nosso João pretende *mesmo* acabar com as favelas brasileiras. Mas, que métodos utilizará o presidente para curar essa *doença de morar*, que tomou conta da população? [...]
> Urbanizar uma favela representa colocar-se uma gota d'água no oceano. Geralmente, quando termina o trabalho de "assistência social" numa favela, outras tantas já nasceram e cresceram nas proximidades, em outros pontos da cidade, em outros municípios, em outros estados.
> A população desgraçadamente cresce. E se não existe trabalho para todos, ela cresce marginalizada. E com ela crescem as favelas, os aglomerados urbanos a *la vonté*, a subvida geral.[88]

Nota-se que o autor do editorial tece uma crítica ao processo de urbanização de assentamentos informais, colocando a alternativa da erradicação de favelas como a mais viável do ponto de vista da elite sotero-

---

[85] *Ibid.*, p. 3.

[86] IGHB. FREITAS, Jolivaldo. Esgotos sanitários só atendem a 10 por cento da população. *A Tarde*, 23 ago. 1979.

[87] Nome dado ao movimento de conquista do espaço para morar realizado na década de 1940 entre os bairros do Uruguai e Massaranduba, ambos localizados na Península de Itapagipe. A origem da nomenclatura está na construção das moradias em palafitas sobre o mangue, nos anos seguintes foram realizadas obras de urbanização no local, mas as precárias condições de habitação continuaram sendo uma marca da localidade. Sobre o processo de ocupação da região, *cf.* Neves (1985).

[88] IGHB. *A Tarde*, 29 set. 1979, grifo do autor.

politana. Mais do que uma questão habitacional, o problema da moradia informal é enquadrado como uma doença, que deveria ser tratada com a finalidade de higienizar a cidade e sua população, que, "desgraçadamente", crescia. Portanto, é possível afirmar que as condições de habitabilidade eram enunciadas como ponto determinante na constituição dos indivíduos e da sociedade como um todo, pensamento que, segundo Castells[89], é absolutamente equivocado.

De acordo com Ângela Gordilho Souza[90], havia na ocasião uma necessidade explícita de combate àquilo que se considerava desordem, que só seria possível por meio do afloramento de uma sociedade moderna e desenvolvida que teria sua base na industrialização. Como resultado disto, a pobreza seria eliminada e os problemas de habitação seriam resolvidos, estabelecendo-se um modelo de vida ideal, assim como nos países de primeiro mundo.

Em face do exposto, é verificável que Salvador e, por consequência, o bairro de Águas Claras estavam inseridos em uma conjuntura conflituosa, comum aos grandes centros urbanos. Nesse cenário, contrastavam os diversos discursos que circulavam em torno da e na urbe, refletindo os interesses daqueles que governavam e detinham o controle dos meios de formação de opinião. Logo, a industrialização aparecia como um fator que significava progresso, mas ao mesmo tempo agravava os problemas sociais, amplificava a pobreza urbana e acirrava os combates pela história e memória[91] da cidade.

2.2 "Disciplinar" a cidade para evitar "que ela se desumanize"

Um dia após a cidade de Salvador completar 429 anos de fundação, *A Tarde* noticiava "grandes núcleos: a solução viável para áreas superpopulosas", em que informava sobre a apresentação de Herbert Drummond Frank, então diretor-presidente da Cedurb, no Simpósio sobre Barateamento da Construção Habitacional que ocorrera desde o dia 26 daquele ano na capital baiana. Foi justamente no evento de relevância nacional, atraindo especialistas de outros estados e sendo noticiado em alguns periódicos

---

[89] CASTELLS, 2020, p. 170.

[90] SOUZA, Ângela Gordilho. *Limites do habitar*: segregação e exclusão na configuração urbana contemporânea de Salvador e perspectivas no final do século XX. Salvador: Edufba, 2000. p. 38.

[91] MONTENEGRO, Antônio Torres. Combates pela história: história e memória. *Revista História Oral*, v. 10, n. 1, p. 27-42, 2007.

de outras regiões do país[92], que a Cedurb, por meio do financiamento do BNH, lançou o livro *A grande Salvador: posse e uso da terra*, uma das fontes utilizadas neste capítulo.

Coordenado por Cydelmo Teixeira, o livro chama atenção já pela capa com uma foto imponente da estátua em homenagem a Tomé de Souza[93]. Já no prefácio, escrito pelo supracitado diretor-presidente da Cedurb naquele momento, podemos perceber a intencionalidade da obra, que visava problematizar as questões inerentes aos projetos governamentais voltados à questão urbanística, por meio de uma análise histórica que justificasse a configuração da RMS naquele momento, partindo da experiência iniciada pelo sistema de capitanias hereditárias até a explosão urbana que caracterizava aquela época. A análise era considerada essencial, visto que, segundo os autores do livro, menosprezar o percurso vinha conduzindo a erros sucessivos por conta de planejamentos "desastrosos"[94].

É significativo ressaltar que a atuação do BNH não foi voltada somente para o financiamento de obras ligadas à habitação e à infraestrutura urbana, privilegiando também a elaboração de projetos, planos e estudos que ofereciam base a legislações[95]. A historicidade construída durante a obra culmina justamente naquilo que seria a solução para os problemas que iniciaram em 29 de março de 1549 — data em que a cidade fora fundada pelo personagem que aparece na capa do livro, os denominados Projetos Urbanísticos Integrados: Cajazeira, Caji e Narandiba. Assim, é estabelecida "uma visão evolutiva da cidade, do passado ao presente, que se encaminha para o futuro" valendo-se das intervenções dos poderes instituídos[96].

Os projetos recebiam o apoio da imprensa conservadora:

---

[92] BNDigital. *A Luta Democrática*, 31 mar. 1978; *Correio de Notícias*, 24 mar. 1978; *Jornal do Brasil*, 29 mar. 1978; *Módulo Brasil Arquitetura*, jul./ago. 1981.

[93] Tomé de Souza foi um militar português responsável pelo estabelecimento da invasão portuguesa por meio da construção da cidade de São Salvador da Bahia de Todos os Santos em 29 de março de 1549, tornando-se o primeiro governador-geral do que conhecemos atualmente como Brasil. A foto é de um monumento em sua homenagem localizado entre o Elevador Lacerda e o atual prédio da Câmara Municipal de Salvador, no centro histórico da cidade.

[94] BAHIA, 1978.

[95] MARICATO, Ermínia. *Política habitacional no regime militar*: do milagre brasileiro à crise econômica. Petrópolis: Vozes, 1987. p. 33.

[96] HADLER, Maria Sílvia Duarte. Modernização urbana, patrimônio e história: algumas considerações. *In*: ALMEIDA, Juniele Rabêlo de; MENESES, Sônia (org.). *História pública em debate*: patrimônio, educação e mediações do passado. São Paulo: Letra e Voz, 2018b. p. 81.

> A sensibilidade do Governador Roberto Santos, no trato do problema habitacional das populações de baixa renda foi destacada ontem, no palácio da Aclamação, pelo diretor de Operações Sociais do Banco Nacional de Habitação, Sr. Hélio Lopes, durante a solenidade de assinatura de mais 21 contratos destinados à construção de conjuntos, aquisição de áreas, execução de infra-estrutura [sic], na capital e no interior, no valor global de 215 milhões, 555 mil e 593 cruzeiros.
>
> Ressaltou a *"criação de verdadeiras cidades"* referindo-se aos projetos "Caji", "Narandiba" e "Mussurunga" em particular, e à recuperação de Alagados.[97]

Percebe-se um esforço no sentido de comprovar que os poderes públicos ainda detinham "força" para interferir no desenvolvimento urbano das grandes metrópoles brasileiras, por meio da disciplina e da orientação de quais regiões da urbe deveriam ser direcionadas para as pessoas pobres e/ou negras que migravam para a capital baiana. É destacável que os conjuntos habitacionais construídos pelas políticas públicas do BNH na Bahia são pensados como "grandes cidades" dentro da RMS. Os novos "bairros-cidade" projetados para a Grande Salvador foram pensados para informar, por meio de sua ocupação territorial, características diferentes daquelas que as regiões centrais emitiam, já que eram símbolos da "baianidade" vendida por intermédio do turismo[98]. Destarte, observa-se a construção de discursos que apresentam tais regiões como lugares segregados e que refletem o autoritarismo comum aos projetos urbanos desenvolvidos na história recente da soterópolis[99].

Outro editorial publicado por *A Tarde* para elogiar Roberto Santos[100] e suas realizações no setor habitacional é bem significativo para notarmos esse processo:

> Aliviada a Cidade da pressão demográfica, cumpre à sua Prefeitura atentar para a grande responsabilidade que tem de não deixá-la transformar-se em uma metrópole comum,

---

[97] IGHB. *A Tarde*, 3 maio 1977, grifo nosso.

[98] *Ibid.*, 7 abr. 1977.

[99] GARCIA, Antonia dos Santos. *Mulheres da cidade d'Oxum*: relações de gênero, raça e classe e organização espacial dos movimentos de bairro em Salvador. Salvador: Edufba, 2006. p. 83.

[100] Médico, professor e político baiano. Foi eleito indiretamente governador da Bahia para o mandato de 1975-1979. FGV. GUIMARÃES, Maria Beatriz; SOUSA, Márcia Cristina. *Biografia de Roberto Figueira Santos*. Disponível em: http://www.fgv.br/cpdoc/acervo/dicionarios/verbete-biografico/roberto-figueira-santos. Acesso em: 16 jun. 2022.

> idêntica a tantas e tantas outras sem características que as personalizem. [...] Compete-lhe tomar a si, como responsável que é pela Cidade, a tarefa de conservá-la e tratá-la como merece e como nos convêm, restaurando o que deve ser restaurado, construindo o que deve ser construído, zelando-a, aformoseando-a, protegendo não só a sua riqueza material, como, também, o seu patrimônio cultural, expresso, igualmente, nos seus costumes, no seu folclore, nas suas tradições, no seu modo distante de vida, o que a torna uma exceção entre as capitais brasileiras e lhe proporciona as excelências que todos lhe admiram.[101]

O título do texto é bastante sugestivo no sentido de naturalizar a constituição de uma urbe segregada: "As duas cidades". Além disso, utilizava-se a justificativa de que as áreas mais valorizadas pela especulação imobiliária (principalmente a região central) deveriam ser zeladas, aformoseadas, protegidas em sua riqueza material e patrimônio cultural. Ou seja, a perda dos lugares de memória era temida, pois Salvador tornara-se uma capital que tinha suas bases econômicas na exploração da cultura afrodiaspórica presente nas ruas, nas avenidas, nos monumentos e nas pessoas da cidade mais negra fora de África, vendida para os visitantes nacionais e internacionais.

É perceptível uma preocupação das elites letradas da soterópolis em relação ao patrimônio e à memória da cidade. Em vista disso, temos a possibilidade de analisar o papel da imprensa comercial conservadora como apoiadora das intervenções urbanas, já que as publicações analisadas teciam cotidianamente suas visões de história, de tempo e de passado. Nesse sentido, um dos recursos utilizados para construir discursos favoráveis a tais transformações em Salvador foram as propagandas. Além de ser uma importante fonte de renda para os veículos de comunicação, as peças publicitárias são um dispositivo utilizado para legitimar obras de modernização que estavam sendo propostas naquele momento pelo Governo do Estado da Bahia[102].

Em agosto de 1978, *A Tarde* publicou quatro peças publicitárias em edições diferentes, três delas tomavam uma página ímpar inteira, enquanto a última circulou em mais da metade de uma folha par. O tamanho, a lauda e a localização da publicação em um jornal são elementos que conferem relevância àquilo que está sendo divulgado, as páginas ímpares são as mais

---

[101] IGHB. *A Tarde*, 18 jan. 1978.
[102] HADLER, 2018, p. 77.

valorizadas e disputadas, principalmente por anunciantes[103]. Portanto, infere-se que o investimento do mandatário estadual teve um valor (financeiro e discursivo), e bem elevado.

A primeira delas saiu na edição do dia 16 daquele mês, e tinha como título "ocupação". Vê-se uma imagem que simula o que seria o terreno de Salvador: as pessoas — a maioria delas negra e vestida com roupas simples, simulando o que seriam as camadas pobres — estão aglomeradas no espaço mais curto, enquanto a parte maior está vazia e dividida em lotes, definindo o público-alvo daquelas políticas públicas. Abaixo vem a segunda frase destacada: "se você não entende por que 1,5 milhão de pessoas ocupam apenas 30% de toda Salvador, nós vamos explicar". É estabelecida a distinção entre aqueles que detêm o poder de ordenar — o Estado — e aqueles que têm o papel de obedecer — as pessoas pobres. Além disto, apresenta-se uma imagem menor do centro da cidade e ao lado um texto explicando o processo de ocupação da cidade, seguida da expressão em letras maiores: "especulação não, ocupação" (Figura 10)[104].

Naquele momento, verificava-se que, dos 343 km² da cidade soteropolitana, "70% de seu território constituíam um vazio demográfico, em que se [registravam] esporádicas manifestações do processo de ocupação espontânea", também intituladas "invasões"[105]. Além disto, outros obstáculos para a "ocupação ordenada" dessa área seriam a especulação imobiliária, que tinha como um dos seus pilares a prática da terra de engorda[106], fatores que, de acordo com os planejadores urbanos, tornavam a construção de programas habitacionais dedicados às camadas mais pobres da população "absurdamente" cara em seu custo final[107]. Os textos construídos voltavam-se para a constituição daquilo que seria a maneira ideal de ocupação da cidade, salientando a necessidade de imposição da ordem durante o processo.

---

[103] FAUSTO NETO *et al.*, 1994 *apud* AMOROSO, Mauro. *"Nunca é tarde para ser feliz?"*: a imagem das favelas pelas lentes do Correio da Manhã. Curitiba: CRV, 2011. p. 141.

[104] IGHB. *A Tarde*, 16 ago. 1978.

[105] Verifica-se a utilização desse termo tanto nas narrativas dos moradores do bairro quanto nos projetos e publicações nos jornais. Sobre uma discussão mais aprofundada em relação ao uso desse termo, *cf.* Lima (2009).

[106] Terra de engorda é a prática de manter grandes terrenos vazios até que houvesse investimentos em urbanização feitos pelo Estado que valorizassem as terras com a finalidade de comercializar e obter altos lucros.

[107] BAHIA, 1978.

Figura 10 – Propaganda Cedurb 1

Fonte: *A Tarde*. Salvador. p. 9, 16 ago. 1978. IGHB

As questões relacionadas à especulação imobiliária que envolvia uma parcela significativa dos grandes terrenos vazios da cidade, como vimos anteriormente, não eram novidade na história de Salvador. Entretanto, quando falamos sobre memória, precisamos observar também o não dito, aquilo que pode ficar nas entrelinhas, no subliminar. De acordo com o exposto anteriormente, verificamos que era uma *estratégia* comum das mídias utilizar-se do discurso da "indústria das invasões" para deslegitimar a prática das ocupações de terrenos por pessoas necessitadas. Pode-se observar a construção de discursos voltados para a ideia de que aqueles projetos acabariam com a "esperteza" dos que se aproveitavam da pobreza alheia nos movimentos de luta pela moradia[108].

---

[108] IGHB. *A Tarde*, 26 jan. 1976.

Cinco dias depois, a segunda propaganda foi publicada, sob o título "habitação". Observa-se uma fotografia de crianças recém-nascidas em berçários seguida dos seguintes dizeres: "se moradia é problema hoje para Salvador, com 1,5 milhão de pessoas, imagine daqui a 20 anos, quando seremos 4 milhões". Com isso, estabelece-se a ideia de um trabalho voltado para as futuras gerações. Depois são dispostas em lados opostos imagens de conjuntos habitacionais de casas populares e prédios de apartamentos para classe média-alta, afirmando a preocupação não somente com as pessoas pobres, mas também com as mais abastadas. Ao centro temos um texto explicando a importância do planejamento urbano, que é concluído com a sentença: "improvisação não, habitação" (Figura 11)[109].

Figura 11 – Propaganda Cedurb 2

Fonte: *A Tarde*. Salvador. p. 11, 21 ago. 1978. IGHB

---

[109]   *Ibid.*, 21 ago. 1978.

Ademais, a improvisação tanto de habitações como de mercados imobiliários paralelos e outras práticas consideradas degradantes ao ambiente urbano seria encerrada. Ou seja, o fato de haver uma moradia dentro das concepções formais iniciaria um processo de ressignificação daquilo que a urbe pronunciava em suas formas e práticas, já que ela estava sendo projetada para mães e pais daquelas crianças que representavam o futuro. É notável que os órgãos de planejamento urbano partiam da concepção de que as pessoas negras, pobres, e migrantes eram pré-cidadãs que, ao receberem as benesses promovidas por uma morada ordenada, evoluiriam e tornar-se-iam cidadãs plenas[110].

No dia 22, a peça publicitária destacou a "integração" dos projetos em letras garrafais. Desta vez, a ilustração mostrava um trator destruindo o que era considerada uma moradia "rústica" naquele momento, sugerindo uma prática estatal comum até ali. Logo depois, a frase de destaque trazia o seguinte questionamento: "se o nosso problema é construir casas, por que derrubar casas?" O texto afirmava que a realidade agora seria outra, já que "o fantasma da expulsão inexiste", sugerindo uma mudança de postura dos poderes instituídos diante das ocupações informais. Foram posicionadas duas fotografias, novamente nas extremidades, que podem ser lidas como hábitos que seriam assimilados: na primeira, algumas crianças fardadas e bem arrumadas a caminho da escola, representando a educação; na segunda, jovens descalços e sem camisa jogando futebol no que parecia ser uma quadra improvisada, simbolizando o lazer. Ao fim, a afirmação: "deslocação não, integração" (Figura 12)[111].

Enfatizava-se a ideia de que era necessário o desenvolvimento de uma infraestrutura urbana que iria integrar regiões ainda consideradas isoladas da cidade. Por se tratar de uma área em que já existiam alguns bairros, como Águas Claras, Valéria, Palestina, Sete de Abril, Castelo Branco e Pau da Lima, foi considerada pelos planejadores uma das condições "rigorosamente obedecida" a permanência das populações que já viviam na área, mesmo aquelas resultantes de ocupações espontâneas, que iriam usufruir dos melhoramentos introduzidos pela "intervenção governamental"[112]. Portanto, o objetivo de combater o déficit habitacional seria alcançado por meio da integração das populações mais carentes, sem expulsá-las ou deslocá-las das terras ocupadas.

[110] AMOROSO, 2011, p. 112.
[111] IGHB. *A Tarde*, 22 ago. 1978.
[112] BAHIA, 1978.

Figura 12 – Propaganda Cedurb 3

Fonte: *A Tarde*. Salvador. p. 7, 22 ago. 1978. IGHB

A ideia de que a pobreza das pessoas seria solucionada conforme intervenções no espaço foi bastante veiculada durante os processos de remoções de assentamentos informais coordenados pelas políticas do BNH[113]. Entretanto, apesar de o golpe militar de 1964 aumentar a vigilância e a repressão sobre os movimentos de conquista por moradia, sobretudo

---

[113] AMOROSO, 2011, p. 113.

após 1968, na segunda metade da década de 1970, a perseguição do Estado autoritário foi abreviada, seguindo o processo de abertura política que o regime vivenciou. Consequentemente, a deslocação foi repensada, pois causava transtornos sociais e políticos desnecessários naquele momento de retorno lento e gradual à democracia[114].

A quarta e última propaganda dava notoriedade à "urbanização" que os projetos trariam à RMS. O recurso fotográfico mostra tratores trabalhando no que parecia ser uma obra de terraplenagem; posteriormente, a frase conclusiva para o conjunto de anúncios pagos pelo governo estadual: "se o futuro de Salvador já começou para nós, com certeza ele está aqui: Caji, Cajazeira, Narandiba". Nas imagens utilizadas nas extremidades do texto — que versava sobre os equipamentos urbanos desenvolvidos nos três projetos —, estavam de um lado um edifício de uma repartição pública, enquanto do outro aparecia um trabalhador munido de um equipamento topográfico. As máquinas aparecem como expressão do progresso, comandadas por homens que se preocupavam com a construção de um futuro promissor, onde as construções formais seriam uma insígnia da presença dos poderes públicos na vida dos habitantes da urbe. Para encerrar, reiterava-se "desorganização não, urbanização" (Figura 13)[115].

Para que o processo de integração das ocupações informais se efetivasse, já que a política de remoções causara muitos desgastes e conflitos políticos até então, a habitação deixou de ser considerada o eixo central da problemática urbana e passou a ser encarada como "consequência lógica e natural" da urbanização de grandes terrenos, por isto o Estado adotou uma postura voltada para a ordenação do uso do solo. Assim, os órgãos de planejamento priorizaram a construção de uma infraestrutura básica que seria capaz de direcionar os caminhos que o processo de crescimento da cidade iria seguir de forma organizada[116]. Assim, as projeções atenderiam, segundo o discurso oficial, às demandas de todos os setores da urbe, valorizando as qualidades turísticas, impulsionando a recente industrialização e civilizando os citadinos.

---

[114] LIMA, 2009, p. 30.

[115] IGHB. *A Tarde*, 25 ago. 1978.

[116] BAHIA, 1978.

Figura 13 – Propaganda Cedurb 4

Fonte: *A Tarde*. Salvador. p. 6, 25 ago. 1978. IGHB

Destarte, com assento na ideia de ordenamento a Cedurb, objetiva-va-se dar fim à "desorganização", incluindo as populações mais pobres que ocupavam terrenos de maneira ilegal, principalmente porque perfaziam uma parcela significativa de votantes para as eleições que estavam em retomada. Porém, havia a condicionante da região em que o terreno estava localizado.

Caso se tratasse de área de interesse da indústria imobiliária, os posseiros eram removidos para as regiões mais distantes da cidade e, por isto, menos valorizadas, a exemplo de onde seria construído o Projeto Cajazeira[117].

Em seu exercício de análise da função da publicidade e propaganda na difusão de memórias sobre a cidade de Campinas, no estado de São Paulo, a historiadora Maria Sílvia Duarte Hadler[118] afirma que

> As imagens do moderno e do progresso que circulam pelas páginas dos jornais apresentam-se também articuladas às visões de conforto e bem-estar proporcionados aos moradores. A cidade moderna "que se espraia embalada por notável progresso" teria proporcionado a novos bairros que se formam ou se consolidam inúmeros "melhoramentos públicos" relativos à distribuição de água, à rede de esgoto, à remoção do lixo, à iluminação pública e domiciliar, à conservação das vias públicas.

As fotografias também são recursos importantes de serem contemplados, já que estão dispostos de forma a concordar com a ideia que estava sendo transmitida ali. Logo, caso o receptor da informação não lesse os longos textos presentes nas publicidades, as imagens possibilitavam a compreensão daquilo que estava escrito. Não obstante, também é possível interpretar como um recurso apelativo, já que demonstram uma intencionalidade no sentido de atribuir a quem eram direcionados aqueles discursos: pessoas negras, pobres, migrantes, desabrigadas, invasoras, faveladas, desocupadas, trabalhadoras, entre outras. Em suma, gente que precisava apreender as motivações que tornavam aquelas obras indispensáveis para o futuro da RMS.

Por conseguinte, pode-se reparar que, ao mesmo tempo que as peças publicitárias serviam como ferramenta para legitimar as decisões tomadas pelo governo da Bahia, também indicavam quais práticas seriam extintas da RMS. Sendo assim, não é por acaso o que o poder público definia como princípio orientador para sua proposta de ordenamento urbano como título e, ao mesmo tempo, como conclusão das propagandas. Assim, antes de finalizar as problemáticas discutidas, é possível pensar sobre a delimitação dos hábitos que deveriam ser aniquilados: *especulação, improvisação, deslocação e desorganização.*

Os embates seguiam no campo da produção de memórias, porquanto *A Tarde* continuava a veicular com constância matérias sobre as "invasões" que ocorriam na capital baiana. Para compreender os sentidos do embate,

---

[117] LIMA, 2009, p. 32.
[118] HADLER, 2018, p. 83.

voltemos ao processo de surgimento dos primeiros movimentos de conquista pelo espaço para morar em Salvador no fim da década de 1940, que, segundo Neves[119], estava inserida em um contexto de disputas ideológicas, pois naquele momento o Partido Comunista tinha voltado à legalidade. Na conjuntura, o meio de comunicação supracitado era um dos veículos que utilizavam o argumento da infiltração comunista nas ocupações informais para legitimar o direito à propriedade privada.

Portanto, o periódico fundado por Simões Filho mantinha o posicionamento em relação aos movimentos sociais de luta pela moradia nas décadas de 1970 e 1980, agregando-se o fato que, apesar do movimento de abertura política, se vivia num contexto em que o pensamento anticomunista era unanimidade entre as autoridades e dentro das instituições públicas. Por este ângulo, é possível apreender o que levava *A Tarde* a tecer tais memórias em relação às ocupações informais. Ou seja, invasões, favelas, mocambos e todo e qualquer tipo de assentamento de pessoas pobres e/ou negras representavam àquela altura a presença do fantasma do comunismo.

A seção dedicada às opiniões dos leitores de *A Tarde*, um dia antes do 16º aniversário da "Revolução de 64"[120], trazia um escrito intitulado "A grande favela", em que um homem escreveu:

> Infelizmente, Salvador já pode ser considerada a favela que mais cresce no Brasil, com consequências dramáticas para nós da classe média, que sofremos com a criminalidade, insegurança, sujeira etc. As causas do problema social como inflação, ignorância, falta de controle da natalidade, migração descontrolada parecem não sensibilizar o poder público, que realiza obras políticas visando angariar a simpatia e os votos dos cidadãos. Pobre Bahia, pobres baianos e brasileiros que não sabem para onde vamos...[121]

Na narrativa, pode-se apreender o significado que o léxico "favela" (que não difere muito do que se afirmava em relação às "invasões") poderia atribuir a uma localidade. Favela como algo negativo, desqualificado, relacionado à pobreza e associado à criminalização, lugar de favela era sinônimo de lugar de crime. No caso, é possível captar o potencial de influência que as páginas daquele periódico possuíam para sua audiência, ao passo que a problemática urbana que a capital baiana enfrentava foi

---

[119] NEVES, 1985, p. 50.

[120] IGHB. *A Tarde*, 31 mar. 1979.

[121] *Ibid.*, 30 mar. 1980.

simplificada em noções ligadas à insegurança e à criminalidade. Nota-se o resultado de visões preconceituosas tecidas sobre os assentamentos de pessoas pobres e que eram "historicamente vistas como potenciais locais de infiltração comunista, [por isto] o controle do território urbano e principalmente das favelas, também era uma prioridade sob o binômio *desenvolvimento e segurança*"[122].

Percebe-se também como as obras realizadas pelos poderes públicos, ainda que seguissem uma rota de separar as camadas sociais brancas e mais abastadas, segregando e levando as pessoas negras e/ou pobres para as regiões periféricas da cidade, eram compreendidas como medidas que conferiam privilégios para os não ricos. Assim, por mais que as edificações de melhoramentos urbanos contemplassem a expulsão das populações pobres e/ou negras das regiões centrais da capital, ainda não era o suficiente. A migração, a falta de educação, a pobreza (ainda que nas periferias) eram vistas como fatores que degradavam as práticas e, por consequência, a aparência da cidade que estava tornando-se uma "grande favela".

Conforme Milton Santos[123], quando o papel de satisfazer as necessidades coletivas é institucionalizado por meio da organização ou reorganização espacial urbana, ao mesmo tempo que são definidas pelo Estado onde devem ser feitos os investimentos, são constituídas vantagens e desvantagens a determinadas regiões e às pessoas que ali habitam. O processo se apoia na suposta necessidade de traçar um caminho certo que deve ser trilhado para que a cidade possa respirar, no qual é imperativo disciplinar o crescimento da cidade e os corpos que nela circulam[124].

O caminho considerado mais adequado, segundo os discursos oficiais, seria aquele estabelecido pelos gestores do espaço urbano, por meio de um viés tecnocrático, no qual as soluções para as problemáticas que a vida nas grandes metrópoles produzia seriam resolvidas de fora para dentro. Assim, recorrendo às relações de força, instituíam-se aqueles que disciplinavam e também as pessoas que deveriam ser disciplinadas, concepção repetida com frequência nos discursos políticos e midiáticos[125]. Por consequência, sem a participação das pessoas comuns nas tomadas de decisão do Estado,

---

[122] BRUM, 2012, p. 73.

[123] SANTOS, Milton. *Por uma geografia nova*: da crítica da geografia a uma geografia crítica. 6. ed. São Paulo: Editora da Universidade de São Paulo, 2004. p. 227.

[124] IGHB. *A Tarde*, 25 fev. 1975.

[125] CERTEAU, Michel de. *A invenção do cotidiano*. 22. ed. Tradução de Ephraim Ferreira Alves. Petrópolis: Vozes, 2014. v. 1, p. 93.

os infortúnios gerados pelas desigualdades sociais e raciais da urbe eram julgados como problemas de segurança, a fim de comprovar a necessidade de ordem e controle estatal.

2.3 Memórias de um bairro entre o rural e o urbano

Para Pierre Mayol[126], o bairro é um ambiente que está entre o espaço público e o privado, ou seja, é intermediador da relação tecida entre a residência e a cidade. Por ser construído cotidianamente, a noção de localidade possui um caráter dinâmico, isto é, aprendida progressivamente, ao longo do tempo, mediante movimentos e atravessamentos que os corpos que circulam produzem. Essa dinâmica muitas vezes acaba gerando uma "trivialidade cotidiana", compartilhada por todas as pessoas, reduzindo a complexidade cultural que há em tais locais à mera funcionalidade dos espaços urbanos.

Diante disto, o que é denominado como bairro possui uma complexidade, pois está no meio de uma dialética entre o que é entendido como *dentro* (o nosso domicílio, que mais do que uma moradia, pode significar anos de trabalho, esforço e luta) e o que é percebido como *fora* (a cidade, seus equipamentos e os benefícios que podem oferecer-nos); perfazendo assim "uma ampliação do habitáculo; para o usuário, ele se resume à soma das trajetórias inauguradas a partir do seu local de habitação"[127]. O contexto favorece a construção de uma diversidade de memórias sobre o bairro, invenções que são tecidas todos os dias pelas pessoas e pelas instituições que compõem a cidade.

A memória coletiva se sustenta por meio de um conjunto de indivíduos que se lembram enquanto membros de um grupo. Das lembranças que se apoiam umas nas outras, cada indivíduo se recorda com uma intensidade diferente. Logo, é possível afirmar que a memória coletiva é formada por várias memórias individuais, que são influenciadas tanto pelo local que o indivíduo ocupa quanto pelas relações que este mantém com outros meios. Mesmo nossas recordações mais pessoais são produzidas a partir das nossas relações com os ambientes comunitários. Diante disto, as transformações que ocorrem nos meios coletivos afetam diretamente a nossa memória individual[128].

---

[126] MAYOL, Pierre. O bairro. *In*: CERTEAU, Michel de; GIARD, Luce; MAYOL, Pierre. *A invenção do cotidiano*. Tradução de Ephraim F. Alves e Lúcia Endlich Orth. 12. ed. Petrópolis: Vozes, 2013. v. 2, p. 39-40.

[127] *Ibid.,* p. 39-40.

[128] HALBWACHS, Maurice. *A memória coletiva*. São Paulo: Vértice, 1990. p. 51.

Assim, em concordância com a visão que entende a memória como um fenômeno construído consciente e inconscientemente, entende-se que essa seja resultado de um trabalho de organização individual e social que sofre mudanças de acordo com o momento em que é formada. Por isto, consideramos as memórias como parte essencial na construção da identidade e, consequentemente, do sentimento de pertencimento, pois "[...] é um fenômeno que se produz em referência aos outros, em referência aos critérios de aceitabilidade, de admissibilidade, de credibilidade, e que se faz por meio da negociação direta com outros". Isto reflete tanto as preocupações dos indivíduos quanto as da sociedade[129].

Nazaré[130] afirma que as visões sobre uma determinada localidade são construções que devem ser problematizadas, já que essas percepções não estão isoladas, e são influenciadas pelas questões políticas, econômicas e sociais. Para isto, torna-se necessário um movimento de questionamento das verdades que constroem as significações, responsáveis por criar um sentimento de pertencimento entre as pessoas que fazem parte de determinada região ou local, diferenciando-as das demais. Pensando no contexto urbano que permeia nosso estudo, chama atenção que tais significados também contribuem na construção de desigualdades no modo como os citadinos vivenciam, compreendem e são percebidos pelas outras personagens que estão inseridas na urbe.

Desse modo, torna-se relevante ressaltar que

> O bairro, como lugar de reprodução social, expressa bem a diferenciação entre os grupos sociais e a segregação residencial. A grande cidade, altamente diferenciada na ocupação do espaço residencial, com a hierarquia social se exprimindo na hierarquia residencial, parece ser uma constante do mundo moderno. Mas a história de cada país e de cada cidade imprime marcas particulares nessas hierarquias.[131]

O trabalho com a memória ocorre valendo-se da experiência das pessoas, do que faz o indivíduo único em nossa história, alguém que de fato viveu as circunstâncias que dão vida ao acontecido. Já que é impossível reproduzir o passado exatamente como aconteceu, a História trabalha com base em descontinuidades de cenários, eventos e modos de viver para ten-

---

[129] POLLAK, Michael. Memória e identidade social. *Estudos Históricos*, Rio de Janeiro, v. 5, n. 10, 1992. p. 203-204.

[130] NAZARÉ, 2019.

[131] GARCIA, 2009, p. 157.

tar compreender e elucidar o que se passou. As entrevistas de história oral podem ser muito úteis no processo de reconstituição do que se passou, pois "nos revela pedaços do passado, encadeados em um sentido no momento em que são contados e em que perguntamos a respeito. Através desses pedaços temos a sensação de que o passado está presente"[132].

Descrevendo "um mundo de grandes sofrimentos" que seria a Colônia Dom Rodrigo de Menezes, uma reportagem publicada no *A Tarde* de 17 de julho de 1975 explica como era a convivência dos internos com os ambientes externos ao hospital. Falando sobre o isolamento da comunidade, a matéria constrói a imagem da área em que ficava localizado o hospital como um lugar abandonado; mesmo sendo próximo à cidade, sua aparência, "bela no seu conjunto de árvores frondosas", não era devidamente aproveitada. Percebe-se que o esquecimento descrito à região não é construído segundo a visão das pessoas que ali habitavam (nem internos, nem moradores próximos), mas pelo olhar do redator, que considerava o ar bucólico como algo especial e, portanto, utilizado como justificativa para que a localidade se tornasse um equipamento urbano de lazer ou turismo[133].

A instituição se fez presente no cotidiano dos moradores de diversas formas. Revisitando suas memórias, Sebastião de Souza[134] (que se mudou para o bairro no início da década de 1960, quando tinha apenas um ano de idade) nos contou que suas primeiras recordações são de quando estudava no preventório: *"eu tenho uma lembrança boa, né? Da amizade do pessoal de lá, dos filhos dos internados"*[135]. O preventório, além de servir como alojamento para as/os filhas/os das pessoas internadas na Colônia, funcionou como escola para as crianças do bairro: *"fui estudar lá, depois de uns seis anos em diante, estudava lá mesmo"*[136]. Logo, é possível afirmar que havia relações entre as pessoas que moravam próximo ao hospital e os internos, ainda que fosse dentro de um distanciamento que, à época, se acreditava ser necessário[137].

---

[132] ALBERTI, Verena. *Ouvir contar*: textos em história oral. Rio de Janeiro: FGV, 2004. p. 13-15.

[133] IGHB. *A Tarde*, 17 jul. 1975.

[134] É um homem negro, profissão de pedreiro e no dia de realização da entrevista contava com 60 anos de idade. Seus pais eram naturais do Sul da Bahia e moravam no Paraná durante o seu nascimento. Com 1 ano chegou a Salvador junto à família, residindo até os dias atuais no bairro de Águas Claras.

[135] Entrevista com Sebastião de Souza, realizada em 22 maio 2021 por Vitor Santos em Salvador.

[136] *Id.*

[137] É importante destacar que a memória de Sebastião pode ser considerada positiva na situação, pois ele não tinha envolvimento familiar com as pessoas internadas no Hospital D. Rodrigo de Menezes. Portanto, as/os filhas/os de pessoas que estavam internadas podem ter memórias traumáticas em relação à estadia nos preventórios. Para uma análise historiográfica sobre a hanseníase, *cf.* Maciel (2007).

Ao falar das amizades da infância, vêm à tona também memórias de quando o verde dava o tom em Águas Claras: *"tinha muitas frutas também, né? A gente juntava a turminha e ia passear, aí tinha fruta nas fazendas, a gente ia até na dez, ia por dentro. Dez, onze... Tem rio também. Rio, peixe"*. O passado e o presente se misturam, as coordenadas do passeio são dadas pela divisão atual do complexo, as nascentes e os peixes que são uma raridade hoje em dia voltam a existir, o adulto volta a ser criança por meio das (re)lembranças: *"A gente juntava uns seis, sete [meninos] e saía de manhã. Andava na seis, na sete, na dez. Aí voltava pela oito, de tarde, trazendo frutas também"*[138].

O tom idílico que é constatado nos escritos de Maria Alice Silva que estão no início do capítulo e na matéria de *A Tarde* é desenhado também na narrativa de Sebastião, tempos em que *"não tinha nada [...], só mato e fazenda"*; o acesso era possível somente por uma rua de barro e se caminhava por meio de trilhas por dentro da mata fechada em busca de frutas e aventuras. Verifica-se a descrição de um lugar com aspectos rurais, em que as moradas eram *"umas casinhas salteadas, uma ou outra assim, a maioria de taipa e de palha"*[139]. Na rua da Palha (nome popular da rua Lourival Costa), como até hoje é chamado o caminho único que ligava a região à BR-324, não havia cercas, muito menos muros.

Vejamos uma outra memória sobre a região:

> Já o Senhor Miguel Borges, relembra que muitos moradores trabalhavam no Curtume Bragança, em Pirajá, transportando o couro de bois da Rua do Matadouro para o curtume, a fim de serem vendidos para fábricas de sapatos e outros artefatos. Fala ainda que era morador da chamada Rua da Palha, hoje conhecida como Rua Lourival Costa. Essa rua possuía esse nome, pois as casas eram todas feitas de palha mesmo.[140]

Destaca-se dessas memórias que os moradores mais antigos trazem em suas recordações os momentos mais remotos em que a paisagem do bairro ainda refletia poucos sinais de urbanização, mesmo localizando-se na capital da Bahia. Por conta disso, é possível notar que a comparação

---

[138]   Entrevista com Sebastião de Souza, realizada em 22 maio 2021 por Vitor Santos em Salvador.

[139]   *Id.*

[140]   NASCIMENTO, Isa. O bairro de Águas Claras e suas curiosidades. *Bairro de Águas Claras*, Salvador, 29 set. 2011. Disponível em: http://bairroaguasclaras.blogspot.com/2011/09/o-bairro-de-aguas-claras-e-suas.html. Acesso em: 8 dez. 2022.

com o tempo presente do narrador aparece implicitamente, pois atualmente boa parte do bairro conta (ainda que precariamente) com melhoramentos urbanos, a exemplo de asfalto, coleta de lixo, luz elétrica, água e transporte público.

Tânia Almeida[141] foi uma das arquitetas que participaram e acompanharam boa parte do processo de projeção e construção dos conjuntos habitacionais do Projeto Cajazeira; revisitando suas lembranças de quando era funcionária da Habitação e Urbanização da Bahia S/A (Urbis), ela afirmou que *"a única localidade que a gente tinha ali era Águas Claras. A única, que era uma pequena ocupação"*. Ainda sobre a mesma região, ela afirma: *"Era aquela rua principal... Era só aquela rua principal ali e a ocupação era uma ocupação mais rarefeita"*[142].

Um mapeamento feito pela Coordenação de Desenvolvimento Social (CDS) do governo municipal, com base em dados aerofotogramétricos de 1976, apontou uma população estimada em 4.624 habitantes para uma área de 101,50 hectares em Águas Claras. Entre os 58 bairros pesquisados, aparece como o terceiro de menor densidade, com 46 habitantes por hectare, atrás somente de Canabrava (29 hab./ha) e Nova Esperança (45 hab./ha)[143].

Pelos dados e mapa a seguir (Figura 14), é possível afirmar que, durante a década de 1970, a localidade estudada possuía sinais mínimos de urbanização, fator que contrastava com a paisagem da centralidade urbana e também com os ideais desenvolvimentistas da época. Em vista disto, são tecidas visões que flutuam entre significações negativas (arcaico, ultrapassado) e positivas (bucólico, idílico) em que o parâmetro de comparação é a cidade moderna.

---

[141] É uma mulher branca, exerce a profissão de arquiteta e no dia de realização da entrevista estava com 69 anos de idade. Natural do Rio de Janeiro, Tânia mudou-se para Salvador para estudar Arquitetura e Urbanismo na Ufba. Após a graduação, permaneceu na capital baiana e trabalhou alguns anos na Urbis, acompanhando boa parte do processo de construção dos conjuntos habitacionais do Projeto Cajazeira. Atualmente é presidente da FMLF, vinculada à PMS.

[142] Entrevista com Tânia Almeida, realizada em 21 out. 2021 por Vitor Santos em Salvador.

[143] FMLF. SALVADOR. Coordenação de Desenvolvimento Social. *Caderno informativo dos bairros de baixa renda*: dados básicos. Salvador, 1980. p. 7-12.

Figura 14 – Mapa de densidade populacional por região administrativa, Salvador (1970)

Fonte: adaptada de Salvador (2009)

A rua principal citada por Tânia é a conhecida Estrada do Matadouro, batizada com o nome justamente por conta do Matadouro Irmãos Apresentação, o único estabelecimento comercial de grande porte existente na região, que impulsionava o comércio e chamava atenção de algumas pessoas no bairro. Sebastião afirma que, mesmo não tendo nenhuma ligação profissional com o estabelecimento, *"ia lá olhar [...] o movimento. O pessoal vendendo, matando boi. E eu subia lá para olhar o boi, só isso"*. Além de atrair o olhar curioso do jovem, o local de abate dos bovinos atraia outros estabelecimentos para a área, a exemplo da Casa de Tia Zuzu, local de meretrício que atendia principalmente os funcionários da casa de abate. Tais estabelecimentos, junto a pequenas quitandas, botequins e vendas, aparecem nas memórias do pedreiro em conformidade com a construção de um lugar com aparência e ares de rural[144].

---

[144] Entrevista com Sebastião de Souza, realizada em 22 maio 2021 por Vitor Santos em Salvador.

Ao rememorar sua chegada ao bairro, Dilza Farias[145] afirma que se adaptou bem justamente por ter sido *criada praticamente na roça, no interior*"[146]. A entrevistada recorda os primeiros momentos na nova moradia e compara as dificuldades encontradas no bairro com a sua infância em sua cidade natal, afirmando que a situação em Águas Claras era

> *Pior do que o interior! Porque no meu interior, [...] por exemplo, tinha luz, né? E tinha uma água com certa facilidade. Aqui não. Aqui, nós recebíamos água, era um menino que botava o barril [...] no burro e trazia água. A gente botava no tonel para poder receber. [...] Como já tinha luz na rua Lourival Costa [...] e o nosso vizinho tinha conhecimento com o pessoal da rua Lourival Costa, aí o nosso vizinho nos deu um gato. É... Nós aí pegamos o gato e ficamos com a luz.[147]*

É perceptível o resultado de uma descontinuidade comum às pessoas que migram de um espaço para outro. A mudança é um processo difícil, pois provoca rupturas sociais e emocionais, seja para outro país, seja para outra região, cidade ou até mesmo um bairro da mesma cidade. Ao mudar-se, uma pessoa deixa para trás pedaços de si e sua identidade, é forçada a cortar laços de sociabilidade e criar outras relações ao enfrentar o desconhecido. A aparência de "roça" que Águas Claras tinha naquele momento obriga Dilza a romper com a ideia de progresso ligada aos centros urbanos e retornar às práticas rurais de outrora[148].

Passeando pelos caminhos da memória, a professora relembra:

> DILZA FARIAS: *Era aquela relação realmente de amizade. [...] Quase todo mundo que eu conheço aqui em Águas Claras são pessoas daquele tempo, entendeu? Hoje em dia que... explodiu a população, e muita gente eu não conheço. Mas as pessoas que moram daquela época, aí todos se conheciam, eram... muita... A igreja. A igreja era um local de encontro. [...] Essa daqui, a Nossa Senhora das Graças, é. Que era um local de encontro, onde nós fazíamos a festa da padroeira, era uma festa bem... Grande, bonita,*

---

[145] É uma mulher branca, professora aposentada e no dia de realização da entrevista estava com 69 anos de idade. Natural de Terra Nova/BA, mudou-se para Salvador e residiu durante algum tempo no Largo do Tanque. Após casar-se, chegou a Águas Claras com sua família, quando adquiriu terreno no bairro na segunda metade da década de 1970, foi professora no Colégio Estadual Renan Baleeiro, na Escola Clarita Mariani e no Colégio Estadual Santa Rita de Cássia.

[146] Entrevista com Dilza Farias, realizada em 22 maio 2021 por Vitor Santos em Salvador.

[147] *Id.*

[148] LUCENA, Célia Toledo. *Artes de lembrar e de inventar*: (re)lembranças de migrantes. São Paulo: Arte & Ciência, 1999. p. 65.

> *não é? Tinham também quando fazia a festa da padroeira, aí*
> *vinha o parque, trio. Exatamente. Aí fazia aquela festa com as*
> *pessoas mesmo da comunidade, da localidade.*
> VITOR SANTOS: *E... tinha festa de São João, festa de Carnaval...*
> *Quais festas aconteciam aqui?*
> DILZA FARIAS: *Tinha... Tinha sim, festa de São João era mara-*
> *vilha, porque tinha as pessoas faziam quadrilhas, né? Faziam*
> *quadrilhas e ia para a porta de outras casas, aí ligava, por exemplo,*
> *na minha casa mesmo era... Tinha um passeio bem grande, não*
> *é? E aí a gente fazia apresentação de quadrilhas. Quadrilhas que*
> *vinham daqui mesmo, o pessoal, né? Aí fazia aquela quadrilha*
> *e apresentava na época de São João. E fora as fogueiras, né? [...]*
> *Que a gente tinha e saía, saíamos de casa em casa para tomar o*
> *licor de jenipapo, aquela... Um grupo, saía um grupo, né? Saía*
> *andando pelas casas...*[149]

Ao pensar a relação entre festas e poder na zona rural de cidades do Recôncavo Baiano, Santana[150] afirma que naquela região, "no dia de São João, todos eram visitados pelos vizinhos, como em um grande mutirão, de casa em casa. Muito licor e canjica, sanfona, violão e um ramo de árvore transplantado junto à fogueira, no meio do terreiro". Destaca-se a semelhança entre as práticas; logo, pode-se inferir que a aparência de interior atribuída pelos moradores do bairro foi um dos pontos-chave para a construção da noção de coletividade, fazendo-os ressignificar práticas de outrora de maneira positiva para aquela vivência em um centro urbano.

Valendo-nos das lembranças de Sebastião e Dilza, é possível acessar outro festejo promovido pelos moradores da colônia, que era realizado no período do Carnaval, em que *"vinham de lá [...] batendo lata, panela, todo tipo, balde"* até chegarem ao Preventório. *"Aí passavam duas, três horas, depois voltavam pra lá de novo. Mas tinha o responsável na frente, o chefão para trazer eles. Aí eles faziam a festinha, viam os filhos depois voltavam porque os meninos não podiam ir para lá"*. Era um momento aguardado pelas pessoas que habitavam no bairro, que eram avisadas com antecedência e já ficavam esperando o cortejo passar em frente às suas residências[151].

Em contraste com o total esquecimento descrito pela imprensa, tais memórias revelam que, dentro das possibilidades existentes naquele momento, os hansenianos eram considerados como parte da comunidade do

---

[149] Entrevista com Dilza Farias, realizada em 22 maio 2021 por Vitor Santos em Salvador.

[150] SANTANA, 1998, p. 60.

[151] Entrevista com Sebastião de Souza, realizada em 22 maio 2021 por Vitor Santos.

bairro de Águas Claras. É notável que "o bairro periférico de uma metrópole é um espaço especial para o desenvolvimento de sociabilidade espontânea entre moradores"[152].

Ainda, é pertinente dar destaque ao papel que a religiosidade aparece na narrativa de Dilza, apresentando-se como um meio inestimável na construção da sociabilidade dentro do bairro. O registro fotográfico da Figura 15 foi feito durante uma celebração religiosa no espaço em que foi construído alguns anos depois a atual sede da Paróquia Santa Clara, também em Águas Claras. A imagem apresenta algumas pessoas (em sua maioria negras) em torno do padre que celebrava a Missa vestindo branco — podendo ser uma celebração do Natal, uma Quinta-Feira Santa, na Vigília Pascal do Sábado Santo, festa do Senhor ou celebração dos santos. O ângulo e a distância com que o fotógrafo fez o registro revelam a intenção de captar todo o entorno que envolvia o ato religioso, inclusive a paisagem ao fundo, que destaca a aparência considerada rural da região.

Figura 15 – Espaço onde se celebrava Missa antes da construção da Igreja Santa Clara

Fonte: Nascimento (2011)

---

[152] LUCENA, 2019, p. 124.

De acordo com Santana[153], a religiosidade é um dos aspectos que formam a dignidade de pessoas trabalhadoras, sobretudo quando é exercida em caráter festivo, apresentando-se de forma a ressignificar o viés punitivista cristão e tornando a vida um pouco mais leve e feliz, reduzindo os danos que a labuta causa na população pobre e/ou negra. Nesse sentido, apesar do silenciamento de uma de nossas entrevistadas sobre a existência de manifestações religiosas de matriz africana em Águas Claras, é imprescindível afirmar que os terreiros de candomblé e umbanda estavam inseridos na construção das sociabilidades no bairro (Figura 16), principalmente nos festejos que marcam o calendário litúrgico destas religiões:

> VITOR SANTOS: *E qual era a melhor parte, que a senhora gostava mais... dessa região aqui?*
> NANÁ[154]: *Eu fazia festa, aí todo mundo vinha. Fazia festa de Iemanjá, de todos os Orixás. Botava Iaô... Aí o povo tudo vinha. Vinha dia de domingo, passar o domingo todo aqui comigo.*[155]

Figura 16 – Quadro de fotografias do Terreiro Imbanzangola

Fonte: acervo pessoal de Apolônia Gomes

---

[153] SANTANA, 1998, p. 63.

[154] Apolônia Gomes — mais conhecida por Naná — é uma mulher negra, Iyalorixá e no dia de realização da entrevista contava com 92 anos de idade. Nasceu em Salvador e cresceu no bairro da Fazenda Grande do Retiro, onde seu terreiro foi fundado, em 1946. Chegou a Águas Claras na segunda metade da década de 1970, local em que permanece até os dias atuais. Seu terreiro representa um lugar de preservação ambiental, cultural e memorial do bairro.

[155] Entrevista com Apolônia Gomes, realizada em 12 jun. 2021 por Vitor Santos em Salvador.

Sobre a presença das religiões nos tempos iniciais de Águas Claras, Sabina Oliveira[156] afirma:

> VITOR SANTOS: *Como era a convivência das pessoas com esses Candomblés que tinha aqui?*
> SABINA OLIVEIRA: *Olhe, era muito bom. Porque, deixa eu lhe explicar uma coisa: ou era a Igreja Católica ou era o Candomblé. Já tinha o protestante, mas era muito pouco. Qual era a igreja que tinha, que a gente tinha conhecimento aqui. Que não chamam de igreja, chamam de salão, testemunha de Jeová. Aí depois de testemunha de Jeová, aí veio a Deus é Amor, mas era assim muito precária, e a Assembleia de Deus. Tanto que o crescimento da Assembleia de Deus se deu pelas minhas mãos, porque quando eu aceitei Jesus, ali no Loteamento [Nogueira] onde é aquela igreja bonita, perto da sinaleira.*[157]

Pode-se inferir, apesar do esquecimento das práticas religiosas afro-brasileiras, que havia um ambiente de tolerância a tais manifestações na região estudada. Não obstante não tenhamos relatos de conflitos entre a vizinhança e as Comunidades Tradicionais de Terreiro (CTTro) de Águas Claras, é provável que tenham acontecido casos, ainda que com pouca repercussão entre os próprios moradores, pois:

> [...] é inegável que a perseguição às religiões cristãs (católicas, evangélicas e protestantes) está bem distante da estigmatização e da demonização centenária sofrida pelas CTTro. A estratégia mais segura para se evitar a perseguição é a negação da existência dessas tradições. Como mostrado anteriormente, os dados apontam que há uma violência endêmica direcionada aos membros de CTTro de todo o Brasil. Apesar dos processos de invisibilidade e agressões sistêmicas a essas comunidades, muitas de suas lideranças possuem plena consciência da estrutura social racista e dos agentes que promovem a manutenção da intolerância religiosa.[158]

---

[156] É uma mulher negra, funcionária pública aposentada e no dia da realização da entrevista contava com 70 anos de idade. Natural de Conceição do Almeida/BA, mudou-se para Salvador em busca de melhores condições de vida para seus filhos. Chegou a Águas Claras na década de 1970, onde foi uma das lideranças da região militando pela creche comunitária, pela associação de moradores, com reivindicações aos poderes públicos e em outros movimentos populares em busca de melhores condições de habitação. Tem sua trajetória forjada em meio aos movimentos sociais e partidos políticos de esquerda, foi candidata a vereadora por três vezes pelo Partido dos Trabalhadores (PT).

[157] Entrevista com Sabina Oliveira, realizada em 27 maio 2021 por Vitor Santos em Salvador.

[158] NOGUEIRA, Sidnei. *Intolerância religiosa*. São Paulo: Sueli Carneiro; Editora Jandaíra, 2020. p. 84.

Bem próximo da área em que Sebastião e Dilza moravam, estava a Chácara Nogueira, loteamento que pertencia a José Rodrigues Nogueira. Em seu registro no inventário de loteamentos feito pela prefeitura em 1976, a gleba perfazia um total de 1.135.300 m², divididos em 731 lotes de 396 m² cada. No registro consta que apenas 38% dos terrenos estavam ocupados e havia 20 ruas abertas sem nenhum tipo de calçamento[159]. Apesar de há algum tempo a área ser considerada como pertencente a Águas Claras, para Naná *"aqui é o lote, o Loteamento Nogueira. Agora lá é Águas Claras"*[160]. Percebe-se que a entrevistada diferencia as duas localidades, possivelmente por ser a forma pela qual estava dividido o bairro quando chegou.

As entrevistas nos ensinam mais do que uma narrativa do passado, podendo representar significativos pontos de partida para a pesquisa. Isto ocorre quando os acontecimentos no tempo são paralisados em imagens que nos comunicam sobre a realidade, por conta da sua percepção de um conjunto de vários elementos que a formam[161]. Respeitar o valor e a importância de cada indivíduo é essencial na prática da história oral; todas as pessoas que são entrevistadas enriquecem a experiência do pesquisador, já que cada relato é único, diferente de todos os outros[162].

Naná foi uma das compradoras dos lotes da Chácara Nogueira, chegando na década de 1970. De acordo com o Mapeamento dos Terreiros de Salvador, a comunidade tradicional que pertence a ela, o *Terreiro Imbanzangola*, surgiu em 1946[163]. Ela nos conta que iniciou sua casa no bairro de Fazenda Grande do Retiro, *"mas se tornou pequeno para a quantidade de gente, aí eu comprei isso aqui"*. Ainda relembra os primeiros momentos na região, que emerge também como uma área pouco urbanizada em que era necessário ir até o bairro vizinho para acessar estabelecimentos comerciais grandes: *"Era pouca casa, levou muito tempo [...] tinha um caminhozinho estreitinho que a gente descia aqui, subia a ladeira pra fazer compra em Castelo Branco"*[164].

A fotografia a seguir (Figura 17) destaca bem como se constituía a paisagem do Loteamento Chácara Nogueira antes da explosão populacional impulsionada pela construção dos conjuntos habitacionais do Projeto

[159] FMLF. SALVADOR. Órgão Central de Planejamento. *Disponibilidade de terras*: inventário de loteamentos. Salvador, 1977. fl. 4.

[160] Entrevista com Apolônia Gomes, realizada em 12 jun. 2021 por Vitor Santos em Salvador.

[161] ALBERTI, 2004, p. 89.

[162] PORTELLI, Alessandro. Tentando aprender um pouquinho: algumas reflexões sobre a ética na história oral. *Projeto História*, São Paulo, n. 15, p. 13-49, abr. 1997.

[163] SANTOS, 2008 *apud* SILVA, 2019.

[164] Entrevista com Apolônia Gomes, realizada em 12 jun. 2021 por Vitor Santos em Salvador.

Cajazeira na passagem da década de 1970 para 1980. Nota-se, assim como informou Naná, a pouca quantidade de habitações em face da preponderância do verde, os caminhos que ligavam os diversos pontos da região ainda sem asfaltamento ou sinais de urbanização. As cercas de madeira e arame informam sobre o parcelamento do terreno e a existência da propriedade privada na área.

Figura 17 – Entrada do antigo Loteamento Chácara Nogueira

Fonte: Nascimento (2011)

A Iyalorixá se orgulha ao contar a história da sua casa: *"construí aqui de adjutório. De adjutório. Porque foi... quem gastou tudo aqui fui eu. Não tive ajuda nem de filho de santo, de ninguém. De parente só ajuda de mão de obra. Até hoje"*. O mutirão feito pelos familiares, amigos e frequentadores de seu terreiro era regado a feijoada e cerveja, *"fazia panelão. [...] Comprava cerveja, aí pronto. Todo mundo vinha dia de domingo, num instante acabou de construir"*. Trabalho coletivo feito por mulheres, homens e crianças: *"era muita, era muita gente!"*[165] Assim como observado anteriormente em relação à Igreja Católica, a comunidade tradicional de terreiro também aparece como um lugar de construção de coletividade e fortalecimento da identidade na localidade.

---

[165] Entrevista com Apolônia Gomes, realizada em 12 jun. 2021 por Vitor Santos em Salvador.

Sobre a solidariedade existente nas comunidades rurais do Recôncavo Baiano são perceptíveis semelhanças com as práticas informada por nossa entrevistada em Águas Claras:

> Em muitas ocasiões, compadres e não compadres organizavam-se com o intuito de, em um esforço conjunto, acelerar tarefas de interesse imediato de apenas um entre eles: o adjutório na lavoura, na fabricação de tijolos de adobe, na raspa da mandioca, na construção de uma casa, na preparação de uma festa. Quando os lavradores não estavam trabalhando para si ou para os patrões, repetidas vezes participavam de algum adjutório.[166]

A mudança para um espaço maior foi positiva não somente por atender a quantidade de pessoas que frequentavam sua casa, mas também por possibilitar que ela mesma cultivasse seus alimentos: *"já tive horta aqui... Com tudo! Do chuchu ao aipim, lá embaixo"*. Ainda assim, também houve problemas que precisavam ser enfrentados, a exemplo da falta de água encanada, que foi solucionada com a construção de uma fonte: *"eu fiz uma fonte. Com um metro e meio deu água, mas uma água excelente, que eu tenho uns clientes no Rio, quando vinha... Já vinha gritando: 'cadê nossa água boa?' Porque a água era ótima!"*[167]. A entrevistada destaca práticas que podem ser consideradas como rurais, mas que se tornavam necessárias, a despeito da falta de abastecimento de água e da ausência de feiras e estabelecimentos comerciais que oferecessem alimentos frescos no bairro.

Apesar de pessoalmente não enfrentar tal dificuldade por possuir *"um fuscão amarelo"* à época, os problemas em relação ao transporte público fizeram com que Naná recorresse a um caminhão para trazer as pessoas durante a construção do terreiro: *"tinha um rapaz chamado José. Ele é amigo nosso e vizinho. Ele trabalhava no Retiro. [...] Lavava, botava tudo: panela, tempero, tudo... Criança, tudo ia no caminhão, vinha no caminhão"*[168]. Sebastião afirma que, *"antes desses ônibus vir até aqui, a gente esperava lá na BR"*; além da caminhada até o ponto, enfrentavam uma verdadeira viagem para chegar ao centro comercial da capital baiana, *"a gente ia de manhã para a feira e voltava de tarde, perdia o dia inteiro"*[169]. Nota-se que as deficiências no transporte coletivo da região atingiam seus moradores não somente

---

[166] SANTANA, 1998, p. 52.
[167] Entrevista com Apolônia Gomes, realizada em 12 jun. 2021 por Vitor Santos em Salvador.
[168] Id.
[169] Entrevista com Sebastião de Souza, realizada em 22 maio 2021 por Vitor Santos em Salvador.

no acesso a comércio e serviços localizados na centralidade urbana, mas também na recepção de pessoas em suas residências, fosse para um trabalho em mutirão, fosse para uma visita de amigos e/ou familiares.

Os problemas eram recorrentes, já que *"a maioria das vezes furava pneu, dava problema no motor. Aí tinha que esperar outro, era um tempão. A gente saía de manhã, era muita sorte não ter um problema, né? Tudo ônibus velho"*[170]. Dilza afirma que tal situação acontecia com frequência e

> *[...] tinha que esperar. Esperava no ponto de ônibus três, quatro horas até aparecer um outro cheio ou então a gente fazia muito: pegava Valéria e saltava lá embaixo na BR subia a ladeira aí dá Lourival Costa [...] tudo escuro.*[171]

Tais situações aumentavam ainda mais a sensação de isolamento daquelas pessoas, que possivelmente não se sentiam pertencentes a Salvador, pois apresentava-se como um lugar próximo e difícil de ser alcançado ao mesmo tempo.

A Lourival Costa ou rua da Palha foi o único acesso ao bairro por muito tempo. Antes de ser pavimentada, os tempos chuvosos eram complicados, quando chegavam os bois *"para levar lá para o matadouro, na chuva era muita lama, não podia subir os caminhões, aí eles vinham trazendo os animais por lá"*[172]. Caso o trajeto fosse feito a pé, existia outra rota:

> *[...] às vezes quando chovia, você tinha dois caminhos [...] e geralmente nós íamos por dentro do Preventório, que era um local cheio de árvores, né? Apesar de ficar molhado, cheio de poças, não tinha nem buraco, porque na estrada era buraco, e buraco terrível.*[173]

Situações como as descritas anteriormente coadunam-se com a visão de região rural que são verificadas nas memórias dos moradores de Águas Claras; por meio delas, podemos ter noção da exclusão vivenciada em relação à centralidade urbana.

As formas como as pessoas dão sentido ao mundo podem ser observadas por meio dos ritos, manifestações, religiosidade, festejos, valores, costumes. Tudo isso constrói uma noção de comunidade, forjada lentamente durante a passagem de um lugar para o outro. Por se tratar de um bairro formado por migrantes, fosse de outras cidades, fosse de outros bairros,

---

[170] *Id.*

[171] Entrevista com Dilza Farias, realizada em 22 maio 2021 por Vitor Santos em Salvador.

[172] Entrevista com Sebastião de Souza, realizada em 22 maio 2021 por Vitor Santos em Salvador.

[173] Entrevista com Dilza Farias, realizada em 22 maio 2021 por Vitor Santos em Salvador.

essas pessoas construíram outras sociabilidades e que tinham como referência os seus respectivos lugares de origem. Tal processo, ao mesmo tempo
que desvenda diferenças, fortalece as características em comum, criando
uma coesão entre o grupo e facilitando a vida no novo lugar[174]. Portanto,
ao mesmo tempo que as situações de precariedade da vida urbana teciam
uma exclusão em relação àquilo que era considerado como cidade, forta-
leciam o sentimento de coletividade como uma necessidade para superar
as problemáticas cotidianas.

Apesar de todos os problemas e dificuldades, Dilza nos afirma que
morar em Águas Claras *"era maravilhoso, porque todo mundo conhecia todo
mundo"*, o que proporcionava uma sensação de segurança para os moradores,
mesmo muito próximos de uma penitenciária. Ela continua: *"até ladrão era
muito difícil. Quando acontecia de uma casa ser assaltada, aí era... todo mundo
comentava, e se comentava isso durante não sei quanto tempo"*[175]. Já Sebastião
afirma que os problemas de segurança estavam relacionados aos presos,
que *"não podiam ver uma roupa no varal pendurada, eles roubavam tudo"*; ou
muitas vezes, quando encontravam com ele e seus amigos dentro das matas,
"os ladrões da Pedra Preta corria em cima da gente"[176].

Mesmo com a sensação de segurança na região, episódios de violência ocorriam. Em fevereiro de 1976, a página policial do *A Tarde* noticiou:

> Valdecir Bastos Santos, 30 anos, solteiro, pai de dois filhos,
> morador à Rua do Matadouro s/n, *município de Águas Claras*,
> está na iminência de perder a vista esquerda em decorrência de
> violento espancamento que sofreu na tarde domingo próximo
> à sua residência, tendo como autor o seu vizinho João José, que
> estava desconfiado das atitudes de sua amante com a vítima.[177]

Na reportagem é perceptível que o bairro pertencente à cidade de
Salvador é descrito como sendo uma cidade da Bahia. É apreensível que
aquele foi um ato intencional, já que uma outra matéria, publicada quatro
anos depois, utilizava o mesmo juízo de valor, sugerindo às pessoas leitoras
a ideia de que aquela área possuía a aparência de "um município esquecido
no meio do mato"[178]. Portanto, a comparação é utilizada como meio de
produzir leituras enviesadas e preconceituosas por meio da contraposição
das noções de urbano/moderno e rural/arcaico.

---

[174] LUCENA, 1999, p. 78.

[175] Entrevista com Dilza Farias, realizada em 22 maio 2021 por Vitor Santos em Salvador.

[176] Entrevista com Sebastião de Souza, realizada em 22 maio 2021 por Vitor Santos em Salvador.

[177] IGHB. *A Tarde*, 25 fev. 1976, grifo nosso.

[178] *Ibid.*, 27 maio 1980.

Foi excluída a probabilidade de que aquele fora um erro de digitação, já que os jornais, antes de entrar em circulação, passam por processo de revisão. Além disto, quando a escrita errônea persiste, mesmo após a retificação dos textos, era comum publicar erratas nas edições posteriores, caso que também não foi verificado ao longo das nossas pesquisas nas edições das datas subsequentes à da notícia observada.

Diante das narrativas, é perceptível que as memórias relacionadas a tal região da cidade soteropolitana são tecidas de visões que enquadram a localidade como um lugar rural, seja por suas características físicas, seja pelas práticas cotidianas, pelos modos de convivência ou pelas dificuldades encontradas em relação ao acesso a serviços básicos que a vida numa capital pode oferecer. Célia Lucena[179] afirma que, apesar de toda a importância que o bairro possui na construção de sociabilidades entre seus moradores, algumas noções, certas condutas e certos comportamentos não podem ser isolados daquilo que é vivenciado na grande cidade. Assim, torna-se necessário analisar as dizibilidades que estão presentes em mais algumas fontes históricas a fim de ampliar os olhares e leituras sobre o bairro de Águas Claras.

2.4 Por entre as linhas das visões externas

Em setembro de 1979, *A Tarde* publicou uma reportagem sobre Águas Claras, em que foram destacados vários problemas enfrentados pelos moradores do bairro. A matéria, assim como observado em outros textos do mesmo veículo de comunicação, apresenta vários trechos de supostas falas de pessoas que residiam na região, em que cada uma delas destaca alguma deficiência. O redator se propôs a versar sobre as ausências: água encanada, farmácias, escolas, asfaltamento, coleta de lixo, transporte coletivo, iluminação pública, supermercados, policiamento, entre outras. É tecida a imagem do lugar do desamparo e da pobreza, em que imperava o "aspecto desagradável comum aos subúrbios". Destaca-se a classificação da localidade como *subúrbio*, ou seja, enquanto local não urbanizado[180].

Por tratar-se de uma matéria significativa naquela edição do diário, foram apresentadas duas fotografias para ilustrar a intencionalidade da produção jornalística. A primeira delas (Figura 18) traz em primeiro plano algumas pessoas, homens, mulheres e jovens — todos negros e com roupas simples —, com baldes nas mãos ou sobre a cabeça buscando água em um caminhão,

---

[179] LUCENA, 1999, p. 124.
[180] IGHB. *A Tarde*, 15 set. 1979.

que supostamente pertencia a um homem que tinha em sua propriedade uma fonte. Entre olhares curiosos, poses, risos e rostos escondidos, sobressai o cenário que pode ser lido como rural: chão de barro, árvores, mato e cercas. É construído o ambiente da pobreza, com práticas que eram comumente atribuídas às pessoas que moravam em assentamentos informais. Entretanto, um dos moradores citados na matéria afirma não entender a falta de atenção do Estado ao bairro, já que não se tratava de uma "invasão". Assim, o redator atribui à localidade ao menos uma aparência de "invasão", concordando com a tessitura de um lugar que estaria — literalmente — à margem[181].

Figura 18 – Águas Claras em 1979

Fonte: *A Tarde*. Salvador. p. 2, 15 set. 1979. IGHB

A segunda fotografia utilizada (Figura 19) apresenta em primeiro plano duas crianças: uma preta, de cabeça baixa talvez por vergonha, sem camisa, com sandálias nos pés e um pedaço de madeira em cada mão; outra branca, olhando diretamente para a câmera, sem camisa, descalça e com uma caixa em cima da cabeça. Em segundo plano, aparece um monturo de lixo, que possivelmente já estava naquele local havia algum tempo. Ao fundo, percebe-se o que aparenta ser uma estrada, em que três pessoas transitam e um carro está estacionado (possivelmente pertencente ao jornal), formando

---

[181]   *Ibid.*, 15 set. 1979.

um panorama que dispõe todo o destaque para o lixo e para os meninos, já que o enquadramento feito dá a impressão de que estavam caminhando em um local ermo, compondo uma possível leitura de desamparo e atraso.

Figura 19 – Águas Claras em 1979

Fonte: *A Tarde*. Salvador. p. 2, 15 set. 1979. IGHB

Verifica-se uma semelhança com a prática jornalística estudada pelo historiador Mauro Amoroso[182], em que os meios letrados conservadores se utilizavam dos recursos iconográficos (principalmente registros de crianças e mulheres) com a finalidade de expor as problemáticas relacionadas à vivência nas favelas cariocas. De tal modo, são projetadas dizibilidades sobre as camadas mais pobres da população citadina ligadas a deficiência moral, promiscuidade e desconfiança, o que impossibilitaria tais pessoas de participarem de forma positiva na vida urbana.

No segundo mês da década de 1980, a seção "Opinião do leitor" de *A Tarde* trazia o relato de um morador do bairro vizinho, Castelo Branco, no qual os editores fizeram questão de selecionar o fato de que se tratava de um conjunto habitacional logo no título. O autor, narrando em nome dos moradores da localidade, reclamava da deficiência no abastecimento de água, que já havia sido mais eficiente e que naquele momento estava chegando de

---

[182] AMOROSO, 2011, p. 119.

"oito em oito dias". Ainda questionou: "será que as sangrias existentes no Loteamento Nogueira, KM10 da BR-324 (Águas Claras), são responsáveis pelo problema?"[183] Estava pública a denúncia; cabia à mídia, que se autodeclarava defensora da "verdade dos fatos", investigar a fundo a situação. Desta maneira, reforçavam-se dizibilidades que atribuíam uma propensão à marginalidade naquela comunidade, assim como na publicação do ano anterior.

Três meses depois, em "bairros e subúrbios estão esperando obras públicas", reportagem de destaque da página destinada à capital soteropolitana, o periódico fez um resumo sobre as localidades de Paripe, Valéria e Águas Claras. A fotografia (Figura 20) que ilustrava o informe nos mostra à direita uma criança de costas e sem camisa, no centro uma poça d'água que toma uma rua de barro em suas duas extremidades com casas de construção simples e cercas de madeira. Em segundo plano, vê-se outra poça um pouco menor, dois carros estacionados e uma casa de alvenaria. Os elementos que compõem a imagem nos oferecem uma possibilidade de leitura do contraste entre atraso (as poças, a criança e as casas simples) e progresso (os automóveis e a casa de laje).

Figura 20 – Águas Claras em 1980

Fonte: *A Tarde*. Salvador. p. 6, 27 mai. 1980. IGHB

---

[183] IGHB. *A Tarde*, 6 fev. 1980.

As deficiências da habitação são apontadas como causadoras da falta de higiene no bairro, já que o próprio texto atribui que "o problema de educação" seria consequência da falta de escolas, fazendo com que as crianças brincassem "descalças na lama, misturadas ao lixo"[184]. Constituem-se narrativas que atribuem uma vocação à esqualidez por parte das pessoas que habitavam na região, com base na compreensão de que o ambiente seria um fator de influência na formação do caráter da população pobre e, por conseguinte, suas práticas e seus comportamentos[185].

O texto jornalístico continua a descrição do "abandono", a ilustração é utilizada como registro factual que comprova o atraso do local que, assim como na notícia de cinco anos antes, é colocado como um lugar rural:

> Águas Claras, a localidade mais escondida das visitadas, *mais parece um município esquecido no meio do mato*, com todas as suas ruas alagadas pela chuva, sobrevivendo graças à proximidade de outros bairros mais bem dotados, mesmo porque não possui vida comercial, e nem mesmo uma feira existe [...]. A segurança é feita por rondas em viaturas provenientes de locais mais próximos.[186]

Em contraponto aos relatos de Dilza e Sebastião, a segurança é destacada como "prioridade" pela redação, afirmando que os moradores dos bairros (sem especificar qual dos três) alegaram que a medida mais urgente seria a iluminação pública e a construção de postos policiais. São reafirmadas leituras que criminalizam tais localidades, já que se estimava a necessidade de vigilância.

Novamente, no terceiro mês seguinte, o jornal destacou a perniciosidade da localidade do "subúrbio rodoviário do Salvador [que] é um bairro assustado, onde ninguém pode se dar ao luxo de passar das 19 horas nas ruas, sob o risco de vir a ser assaltado ou sofrer algum acidente". Todo o perigo era devido à inexistência de circulação de transporte público na área, já que a última viagem da única linha de ônibus que atendia o bairro saía do Terminal da França, no centro da cidade, naquele horário. A notícia ainda afirmava o medo da população: "todos os dias alguém é assaltado,

---

[184] *Ibid.*, 27 maio 1980.

[185] OAKIM, Juliana; PEDRETTI, Lucas; PESTANA, Marco. As favelas do Rio de Janeiro e a ditadura militar: remoções forçadas, repressão ao associativismo e o controle social. *In*: GONÇALVES, Rafael Soares; BRUM, Mario; AMOROSO, Mauro (org.). *Pensando as favelas do Rio de Janeiro*: história e questões urbanas. Rio de Janeiro: Ed. PUC-Rio; Pallas, 2021. p. 194-195.

[186] IGHB. *A Tarde*, 27 maio 1980, grifo nosso.

notadamente quem trabalha em regime de turno e tem que caminhar alguns quilômetros da entrada da BR-324 até o bairro"[187]. Portanto, a falta e/ou a deficiência de equipamentos urbanos foram utilizadas pela matéria jornalística como comprovação do atraso do bairro.

O recurso imagético é utilizado mais uma vez para ilustrar o que estava escrito na reportagem (Figura 21). Torna-se possível atentar para a repetição do local em que foi realizado o registro, colocando outra vez em primeiro plano a poça de lama que dificultava o acesso de pedestres e veículos, como símbolo do atraso da localidade. Desta vez não são verificadas a presença de pessoas e automóveis, mas é registrada parte de uma grande árvore à esquerda que produz um cenário ainda mais rural ao bairro. Assim como na foto anterior, a casa de laje aparece ao fundo contrastando com os outros elementos e simbolizando um caminho a ser seguido, um destino já traçado.

Figura 21 – Águas Claras em 1980

Fonte: *A Tarde.* Salvador. p. 6, 19 ago. 1980. IGHB

Para concluir, é assinalada a problemática do abastecimento de água, motivação que deu origem à "preocupação" do veículo de imprensa seis meses antes. A produção escrita ironiza:

---

[187] *Ibid.*, 19 ago. 1980.

> Embora o nome desta área da cidade seja Águas Claras, água é uma coisa que ninguém vê há vários anos. Para suprir as deficiências os moradores buscam-na em lençóis freáticos ou simplesmente arrebentam canos de alguns imóveis que são beneficiados [...]. Quem não tem condições de pegar água nas fontes ou lutar para garantir a que sai nas canalizações quebradas, simplesmente é obrigado a pagar um carreto no valor de Cr$25, negociado por aguadeiros.[188]

Em *A invenção do Nordeste e outras artes*, Albuquerque Júnior[189] nos chama atenção:

> Essas figuras, signos, temas que são destacados para preencher a imagem da região, *impõe-se como verdades pela repetição*, o que lhes dá consistência interna e faz com que tal arquivo de imagens e textos possa ser agenciado e vir a compor discursos que partem de paradigmas teóricos os mais diferenciados.

Tomando como análise a concepção *supra*, é possível afirmar que o uso da repetição por parte das publicações do periódico foi um dos principais recursos para construir visões preconceituosas sobre o bairro e sua população. A relação intrínseca entre ambiente e comportamento das pessoas pode ser observada por meio da junção dos textos escritos com os recursos imagéticos, que atuam de maneira intencional e conjunta, oferecendo argumentações que supunham a hostilidade da região, que consequentemente também poderiam ser estendidas aos habitantes.

O uso das imagens de crianças e jovens pode oferecer ao público leitor a perspectiva de algo que estava no início, podendo ser modificado com um trabalho de educação dentro dos parâmetros do que se considerava condizente com o ambiente urbano. Ainda atribui o olhar sobre a ingenuidade, chamando atenção e atingindo emotivamente a audiência. Em contraponto, o recurso textual apresenta supostas falas de pessoas adultas, observando uma credibilidade às informações que estavam sendo transmitidas pela matéria, discurso que concordava com a ideia de que a imprensa trabalhava com a "verdade".

Em sua investigação sobre o processo de urbanização da cidade de Feira de Santana/BA durante a primeira metade do século XX, Clóvis Oliveira[190] nos mostra como os discursos modernizadores divulgados pela

---

[188] *Ibid.*, 19 ago. 1980.

[189] ALBUQUERQUE JÚNIOR, 2011, p. 62, grifo nosso.

[190] OLIVEIRA, Clóvis Ramaiana Moraes. *Canções da cidade amanhecente*: urbanização, memórias e silenciamentos em Feira de Santana, 1920-1960. Salvador: Edufba, 2016. p. 178.

imprensa local estavam vinculados às políticas de Estado. Ambas as esferas da sociedade tinham em comum o objetivo de "regenerar" aquela sociedade e suas práticas ainda predominantemente rurais, urbanizando não somente o espaço físico, mas também a mentalidade dos seus habitantes. Diante disto, imprensa e gestores públicos projetavam roteiros a serem seguidos em direção à civilidade e ao progresso.

Pensando no nosso objeto de estudo, percebem-se práticas semelhantes durante o desenvolvimento da região em que estava sendo construída naquele momento e que viria a ser o Complexo Habitacional Cajazeiras. Como já citado, o primeiro banco de dados feito sobre a região foi construído de materiais datados de 1976 (dois anos antes do início das obras dos primeiros conjuntos)[191] e divulgado naquele ano de 1980. Entretanto, fornecia dados básicos e insuficientes para a execução de um plano de ação dos poderes públicos, afinal não há como solucionar um problema de que não se tem conhecimento e, o mais importante, dados precisos[192].

Os próprios gestores destacavam o caráter integrador dos novos conjuntos habitacionais, que naquele momento materializavam os ideais de ordem e progresso vigentes nas diversas áreas da política no país. Por isto, para atender às demandas de urbanização da cidade, veiculadas como destino irrefutável da nação tanto pelos poderes públicos (sobretudo via publicidade e propaganda)[193] quanto pela imprensa (em editoriais e artigos de intelectuais renomados no cenário baiano)[194], tornou-se patente a necessidade de um levantamento mais aprofundado das regiões com vistas a orientar as ações governamentais[195].

O banco de dados publicado pela CDS em 1983 classifica Águas Claras como um bairro de baixa renda. Na introdução do documento, encontra-se a afirmação da "não existência de um consenso sobre o conceito de 'bairro de baixa renda'". Diante disto, são estabelecidos os

---

[191] IGHB. *A Tarde*, 14 nov. 1978.

[192] FMLF. SALVADOR. Coordenação de Desenvolvimento Social. *Caderno informativo dos bairros de baixa renda*: dados básicos. Salvador, 1980. p. 7-12.

[193] IGHB. *A Tarde*, 22 ago. 1978.

[194] O historiador Thales de Azevedo foi um destes intelectuais que publicaram artigos de opinião a respeito da questão da urbanização em Salvador. De acordo com Reinaldo José de Oliveira (2020, p. 139), Thales fez parte de uma vertente dos estudos urbanos que afirmava existir pouca influência das questões raciais na construção das cidades brasileiras; afirmando, portanto, a segregação urbana como uma prática de separação de classes. *Cf. Ibid.*, 8 out. 1976; 3 fev. 1977; 14 abr. 1978; 8 jun. 1979.

[195] FMLF. SALVADOR. Coordenação de Desenvolvimento Social. *Informações sistematizadas bairros de baixa renda*. Salvador, 1983. v. 1, p. 2-3.

seguintes critérios para que uma localidade fosse assim considerada: 1. renda entre um e cinco salários mínimos; 2. predominância de unidades unidomiciliares (*sic*) e lotes abaixo de 120 m²; 3. densidade populacional na faixa média e alta; 4. ausência de infraestrutura de água e esgoto em mais de dois terços das habitações; 5. 60% dos domicílios sem acesso direto para as vias principais de tráfego[196].

Desta vez com mais informações, é verificado um incremento considerável na quantidade de habitantes: 10.276, de acordo com o Censo do Instituto Brasileiro de Geografia e Estatística (IBGE) de 1980; e 14.503, segundo estimativas da instituição municipal para 1982[197]. Diante disso, é agregado um aumento de quase 10 mil pessoas em apenas seis anos na população residente do bairro, acompanhando o crescimento registrado na soterópolis como um todo. É justamente dentro de tal período que nossas entrevistadas Naná e Dilza passaram a residir no bairro da água boa; ambas vieram de outras localidades da cidade, mas somente a primeira é natural de Salvador[198].

O segundo levantamento, ao contrário do primeiro, também nos informa sobre alguns outros detalhes do bairro. Havia quatro unidades escolares, que atendiam cerca de 2.600 alunas/os: duas estaduais, uma municipal, uma da rede privada e ainda "na ocasião da pesquisa estava sendo construída uma escola estadual com dez [*sic*] salas de aula". Já havia sido construído um "posto periférico" de saúde; existiam cinco templos religiosos, sendo uma capela católica, três igrejas protestantes e um terreiro de candomblé (possivelmente o de Naná); quanto ao item segurança, não tinha nenhum equipamento. O documento ainda afirma a inexistência de sistema de esgotamento sanitário, utilizando-se o sistema de fossas; pavimentação e sistema de drenagem somente nas ruas principais; e abastecimento de água por meio de poços e chafarizes[199].

Um dos itens significativos é o "nível de organização da comunidade", sendo a principal entidade representativa o Centro Social Frei Benjamin, filiação católica que contava com grupo de jovens, grupo de mães, grupo de casais e catequese. De acordo com o documento, as principais reivindi-

---

[196] *Ibid.*, p. 5.

[197] *Ibid.*, p. 7.

[198] Entrevista com Apolônia Gomes, realizada em 12 jun. 2021 por Vitor Santos em Salvador; entrevista com Dilza Farias, realizada em 22 maio 2021 por Vitor Santos em Salvador.

[199] FMLF. SALVADOR. Coordenação de Desenvolvimento Social. *Informações sistematizadas bairros de baixa renda.* Salvador, 1983. v. 1, p. 15-17.

cações eram: implantação da rede de água, aumento da frota de transporte coletivo, pavimentação das ruas e obras de saneamento básico. Por último é citada a situação fundiária da região, em que, "segundo informações obtidas junto à população, a área do leprosário pertence ao Estado e há terras de propriedade da empresa Viana Braga S/A"[200].

Pode-se pensar que o poder público municipal tentou dar uma resposta às demandas reivindicadas pela opinião pública das elites e dos setores médios da sociedade soteropolitana divulgada por meio das páginas do *A Tarde*. Em sua apresentação, o documento afirma que

> [...] a elaboração do trabalho, portanto, prendeu-se à necessidade de se minimizar os efeitos de decisões, voltadas para esses bairros, não pautadas em conteúdos reais, que não representam o cotidiano das populações que habitam esses assentamentos.[201]

Assim, em concordância com Hadler[202] sobre o estudo do processo de urbanização da cidade de Campinas/SP, é possível inferir que

> Nossa relação com o espaço urbano, com a sociedade, está mediada pelos diversos meios de comunicação, sejam jornais, revistas, peças publicitárias, imagens fotográficas, programas televisivos, filmes ou as diversas tecnologias da informação e da comunicação. Essas diferentes formas de mediação entre os indivíduos e a sociedade delineiam os contornos da percepção do mundo, contribuem para direcionar o olhar, educam as sensibilidades.

Seja por meio dos documentos oficiais, da imprensa ou dos relatos das pessoas comuns, a memória cumpre um papel significativo no estabelecimento de referências, visto que mantém a coesão interna. Entretanto, por trás da concepção do quadro de referências há um contexto de disputa de memórias, em que se torna necessária a análise da função destas. Como visto anteriormente, a construção do sentimento de pertencimento é essencial para a formação da identidade. Essa sensação é constituída e reforçada pela memória coletiva, que sofre um processo de seleção do que deve ou não ser lembrado, com base nos acontecimentos e interpretações do passado[203].

---

[200] *Ibid.*, p. 15-17.

[201] *Ibid.*, p. 2.

[202] HADLER, 2018a, p. 77.

[203] POLLAK, Michael. Memória, esquecimento, silêncio. *Estudos Históricos*, Rio de Janeiro, v. 2 n. 3, 1989, p. 9.

2.5 Encruzilhando narrativas: as disputas pela cidade

Para compreender os discursos produzidos sobre a localidade de Águas Claras, tais narrativas são posicionadas em uma encruzilhada, visto que essas visões são múltiplas e nos oferecem inúmeras possibilidades de interpretação. Desta maneira, pode-se ir além das percepções atribuídas pela imprensa conservadora, que se considerava como divulgadora de verdades inquestionáveis, utilizando-se da observação das fronteiras, dos vazios, das dobras da linguagem e saindo dos limites que são impostos por razões totalitárias. Por tal perspectiva, "emergem outras formas de dizer que reivindicam outro senso", já que "a encruzilhada, símbolo pluriversal, atravessa todo e qualquer conhecimento que se reivindica como único"[204].

Portanto, é do conceito de *rolê epistemológico*[205] que se observam as dizibilidades fundadas nas memórias apresentadas[206]. Ao entrecruzar as reminiscências, torna-se possível verificar que as características atribuídas à região (sobretudo o aspecto rural) não estão presentes somente nas narrativas apresentadas pelos discursos oficiais e/ou da imprensa. As memórias das pessoas comuns estão inseridas em um contexto social e são influenciadas, direta ou indiretamente, pelas informações que circulam, seja nos noticiários, seja no "disse que me disse".

Neste sentido, pode-se pensar a perspectiva descrita por Antônio Montenegro[207] em que a História é constituída de um combate de narrativas, na qual não há uma verdade a ser alcançada e se prioriza a investigação

> [...] das formas de elaboração do passado de parcelas da população ou do grupo social em que o entrevistado se encontra inserido. A diversidade das fontes - orais, escritas, iconográficas - amplia as possibilidades que enriquecem o trabalho historiográfico.

Conforme observado nas matérias de *A Tarde* apresentadas anteriormente, a localidade estudada foi narrada duas vezes como sendo um município da Bahia, e não um bairro da cidade de Salvador. Além disto, verifica-se que as fotografias utilizadas pelo jornal colaboraram no sentido

---

[204] RUFINO, Luis. *Pedagogia das encruzilhadas*. Rio de Janeiro: Mórula Editorial, 2019. p. 81-86.

[205] De acordo com Luiz Rufino, "esta noção se configura como a fuga, o giro, a não apreensão de um modo de saber por outro que se reivindica único" (Rufino, 2019, p. 89).

[206] *Ibid.*, p. 89.

[207] MONTENEGRO, 2007, p. 29-30.

de construir discursos que atribuíam uma ruralidade à região por meio da ausência de equipamentos urbanos e os benefícios que trariam, ou seja, concordavam com a ideia de que Águas Claras destoava e/ou degradava a soterópolis. Entretanto, considerando-se que seja relevante também verificar como o Estado classificava o bairro, iremos analisar alguns documentos que nos oferecem narrativas dos poderes públicos.

De acordo com o IBGE, durante a construção do Censo de 1970 foram consideradas como urbanos os domicílios das "áreas correspondentes às cidades (sedes municipais) ou às Vilas (sedes distritais)". Já zona rural seriam aquelas em que as residências estivessem na "área situada fora dos limites das cidades e Vilas"[208].

Antes da década de 1970, ocorreram algumas disputas territoriais entre os municípios de Lauro de Freitas e Salvador, uma das áreas contestadas como não pertencentes à cidade soteropolitana era o subdistrito de Pirajá, da qual Águas Claras fazia parte. O imbróglio judicial foi resolvido pela Lei Estadual 2.712/1969, que definiu *a região como sendo pertencente à zona urbana da primeira capital do Brasil*[209].

O levantamento feito pelo CDS publicado no início da década de 1980 classifica Águas Claras como um bairro de baixa renda. O documento afirma que "optou por trabalhar com a Unidade Bairro já enraizada no consenso da população e aceita pela Prefeitura", considerando até mesmo "como unidades as áreas de invasões já consolidadas e os bolsões sub-normais [*sic*] existentes na área urbana contínua"[210]. Ou seja, além do indício apresentado anteriormente, há mais uma indicação de que a região fazia parte da urbe soteropolitana. Assim, torna-se possível afirmar que *a localidade não pertencia à zona rural da capital baiana*.

Ao atravessar os textos examinados, constata-se que, apesar dos redatores considerarem, em alguns momentos de suas ponderações, Águas Claras como uma área pertencente a Salvador, emerge um esforço em colocá-la como uma região inferior às outras dessa capital. Tais pontos de vistas são embasados em percepções do que seria a cidade ideal, interpretações essas que eram tracejadas pelas páginas do periódico, fosse nos informes que versavam sobre os problemas urbanos, fosse nas discussões sobre projetos de governo, nos artigos de opinião de intelectuais renomados e leitores comuns,

---

[208] IBGE. *Censo demográfico*: Bahia. 1970. Série Regional, v. 1, t. 13, p. 23.

[209] APEB. Acervo Judiciário. *Escrituras*, n° 3599/826. fl 93-95.

[210] FMLF. SALVADOR. Coordenação de Desenvolvimento Social. *Caderno informativo dos bairros de baixa renda*: dados básicos. Salvador, 1980. grifo nosso.

nos cadernos e matérias especiais sobre urbanização, nos classificados e até mesmo em propagandas. Por meio de tais discursos, delineava-se o que a cidade deveria pronunciar em suas práticas.

A partir do momento em que a RMS entra em processo de industrialização, tardiamente em paralelo a outras capitais, começam a despontar demandas para que Salvador se integrasse à nova realidade, já que a primeira metade do século XX se caracterizou como um período de estagnação populacional, urbana e econômica, muito estudada e definida como "enigma baiano"[211]. Dentro de uma conjuntura de mudanças, a explosão urbana causada pelo êxodo rural revela não somente a insuficiência de infraestrutura e habitações que a cidade possuía, mas também a incapacidade dos poderes públicos em corrigir as distorções que surgiam das adversidades.

Este momento inusitado da história baiana pode ser observado mediante os dados referentes ao número de migrantes na RMS expostos no início do capítulo, que, encruzada às narrativas jornalísticas, possibilita constatar que as transformações não se davam somente no campo das estatísticas, mas também na praxe cotidiana. Em sintonia com Lucena[212], valendo-se dos novos usos do ambiente urbano,

> A cidade recebe as marcas dos grupos e estes recebem as marcas da cidade. Entender a cidade sobre a ótica [das pessoas migrantes] é buscar os significados das respectivas imagens dos leitores. A imagem de um determinado local varia de acordo com os significados subjetivos atribuídos pelo olhar dos sujeitos.

Revisitando os escritos de Clóvis Oliveira[213] sobre a modernização da segunda maior cidade da Bahia, percebe-se no nosso lócus também uma "implementação de novas sociabilidades e a interdição de outras, partindo da ideia de que a sociabilização das modernidades tecnológicas" era uma possibilidade de civilização não somente da urbe, mas também das pessoas que viviam nela. Portanto, todas as práticas que destoavam do modelo civilizatório que fora considerado padrão deveriam ser higienizadas, remodeladas ou até mesmo extintas do ambiente soteropolitano.

---

[211] De acordo com Gisele Lima (2009, p. 17), o enigma baiano "seria um mascaramento de uma grande concentração de riqueza, de uma sociedade fortemente estratificada, com divisões sociais embasadas na lógica aristocrática e de uma economia essencialmente agrária. O 'enigma' é a justificativa, sem resposta, para a estagnação, ou melhor, é o não desvendar o porquê do não desenvolvimento econômico e social baiano em comparação aos estados de São Paulo e Rio de Janeiro".

[212] LUCENA, 1999, p. 56.

[213] C. R. M. OLIVEIRA, 2016, p. 33.

Em conformidade com tal ideia, submergiam, nas águas da civilidade, aqueles que deveriam ser engolidos pela profundidade do oceano: "o outro". Retomando o conceito fundado por Brum[214], as pessoas que habitam em assentamentos informais deveriam ser apagadas da história construída pelas publicações dos membros da imprensa que se autonomeavam como defensores da "verdade dos fatos". Em tal enquadramento, os moradores dos bairros pobres apareciam na mídia impressa (ainda que suas supostas falas apareçam nas linhas noticiadas) sob o estigma de favelados, invasores, flagelados, entre outros adjetivos que os desqualificavam.

Retornando a ideia de favela evidenciada por Valladares[215], em que sua origem se dá na Guerra de Canudos, pode-se encontrar possíveis respostas para entendermos algumas das motivações das visões preconceituosas em relação às localidades que abrigavam pessoas de baixa renda. Diante da leitura, observa-se a necessidade de atribuir visibilidades e dizibilidades sobre as populações vinculadas à desordem, fator que legitimava a imposição de medidas de segurança pelos poderes institucionalizados em favor da família, da propriedade privada e dos bons costumes.

No cruzamento das memórias sobre o bairro de Águas Claras, observa-se a vinculação da localidade com a ideia de insegurança. É interessante atentar como as narrativas jornalísticas vão de encontro com os relatos das pessoas que ali habitavam, já que, ao passo em que uma das reportagens constrói a noção de um local inseguro e próprio para a ação de "marginais", as falas dos moradores nos trazem uma visão totalmente inversa. É possível afirmar que existia uma preocupação dos meios letrados em relação à ausência do poder público, constatada, em tal caso, por meio da deficiência na segurança.

Entretanto, torna-se imprescindível ressaltar que as leituras dos moradores nas entrevistas de história oral são feitas no presente[216]. Ou seja, a situação atual do bairro, que, assim como grande parte das periferias urbanas, está inserido em uma conjuntura na qual a violência — seja policial, seja do tráfico de drogas — que é vivenciada todos os dias influencia a leitura sobre o passado.

Isto ocorre porque a memória só se torna concreta quando é mentalizada ou verbalizada pelos indivíduos, é um processo particular que ocorre em um meio social, que utiliza de instrumentos criados e compartilhados

---

[214] BRUM, 2012, p. 46.
[215] VALLADARES, 2005, p. 36.
[216] ALBERTI, 2004, p. 40.

socialmente. Por conta disto, as lembranças podem ser contraditórias, sobrepostas ou semelhantes[217]. Neste sentido, as memórias, quando tratadas como um objeto de análise histórica, permitem a compreensão de como as pessoas assimilam o passado, o modo como associam a experiência individual e o contexto social, de que maneira o passado realiza o presente e a forma pela qual indivíduos entendem a própria vida e o mundo em que vivem[218].

Outro encruzamento significativo diz respeito à noção de organização social no bairro, que aparece nas nossas três fontes de informações. Uma das reportagens destaca: "os problemas de Águas Claras estão levando a população a formar grupos de ação comunitária, na tentativa de que alguma coisa seja modificada e as reivindicações venham a ser atendidas"[219]. Conforme demonstrado anteriormente, os movimentos sociais estavam envolvidos dentro do contexto religioso, em que o Centro Social Frei Benjamin se tornou o local de encontro dos habitantes da área, fosse para planejar os festejos que ocorriam, fosse para discutir as ações necessárias ao melhoramento das condições de moradia da localidade. Assim, são notáveis processos de reconstrução de sociabilidades e também de politização por meio da instituição católica, uma tática que também é observada em outros bairros pobres da capital baiana durante nossas pesquisas em periódicos, possivelmente por conta da perseguição às organizações influenciadas pela Teologia da Libertação durante os governos militares.

Verificam-se muitas contradições, já que, ao mesmo tempo que a imprensa atribuía uma desordem à comunidade (pronunciada por meio da falta de segurança, de transporte, de saúde, entre outros equipamentos urbanos), também é apurada a união dos seus habitantes em prol da conquista desses equipamentos e demais necessidades da vida em sociedade. Torna-se possível atribuir tal situação ao papel de validador da verdade que a imprensa designava a si mesma. Ou seja, a despeito da organização dos moradores do bairro para reivindicar seus direitos, suas demandas só eram legítimas a partir do momento em que contavam com o suporte da "vontade de verdade" dos veículos de comunicação[220].

---

[217] PORTELLI, 1997, p. 16.

[218] THOMSON, Alistair. Aos cinquenta anos: uma perspectiva internacional da história oral. *In*: FERREIRA, Marieta de Moraes; FERNANDES, Tania Maria; ALBERTI, Verena (org.). *História oral*: desafios para o século XXI. Rio de Janeiro: Fiocruz/Casa de Oswaldo Cruz/CPDOC – FGV, 2000. p. 53.

[219] IGHB. *A Tarde*, 19 ago. 1980.

[220] FOUCAULT, 2014, p. 18.

Isso ocorre justamente por conta da pressão e do poder de coerção que os meios possuíam em relação ao Estado e vice-versa, já que havia ali um "acordo" de mútuo apoio entre essas duas instâncias sociais[221]. Logo, os representantes dos poderes institucionalizados precisavam da cooperação da opinião pública para legitimar seus projetos do que seria "o melhor" para a cidade, assim como a imprensa necessitava do apoio governamental para manter-se funcionando, principalmente por questões econômicas, visto que parte considerável das receitas dos jornais vinha de publicidade e propaganda.

Assim, é nas relações humanas que se cristalizam os discursos vinculados ao atraso, à rebeldia, àquilo que destoa do que deveria ser a cidade, ao idílico ou até mesmo o lugar de amizades sinceras que se observa nas narrativas apresentadas. A noção de que Águas Claras *"era pior do que o interior"*[222] ou a de que *"havia uma pura magia"*[223] são consolidadas pela memória coletiva, que atribui uma ruralidade ao local, que, como verificado, também pertencia à área urbana da cidade de Salvador. Tais leituras são construídas de práticas que são vinculadas ao retrógrado e à pobreza e que, por isto, destoam do que é percebido como urbano, moderno e civilizado.

Em vista disso, retomando a concepção de que o bairro é tecido por meio da dialética entre o dentro e o fora[224], concluímos: *o que faz dessa localidade uma região lida e dita como rural são as práticas que não são consideradas condizentes com o ideal de urbanidade*. Conclui-se que o ponto de encontro entre as diversas memórias analisadas são a carência ou insuficiência de água encanada, esgotamento sanitário, luz elétrica, calçamento, transporte público, equipamentos de saúde, escolas, policiamento, grandes estabelecimentos comerciais, vias de acesso, entre outros.

---

[221] LIMA, 2009.

[222] Entrevista com Dilza Farias, realizada em 22 maio 2021 por Vitor Santos em Salvador.

[223] SILVA, 2019, p. 14.

[224] MAYOL, 2013, p. 39-40.

3

COMPLEXO HABITACIONAL CAJAZEIRAS: DISCURSOS, CONFLITOS E RESISTÊNCIAS

Olha pra cima, respira e grita,
esse é meu gueto, é minha favela, é Cajacity.
(Vitória Vidal)

Antes da inauguração dos seus primeiros conjuntos em 1981, Cajazeiras já era reconhecida como exemplo de bairro formal, mas sua ocupação veio com o processo de reapropriação e logo os moradores começaram a modificar o modelo estatal. Neste contexto, as ocupações espontâneas se expandiram no bairro, desafiando os discursos oficiais, visto que o seu período de implantação coincide com o crescimento do número de "invasões", refutando o seu objetivo principal e configurando um conflito entre a cidade legalmente projetada e a cidade apropriada, a propriedade privada e a habitação como direito social[225].

O desenvolvimento da região reflete as contradições das políticas públicas brasileiras, demonstrando a incapacidade do poder público em suprir as demandas urbanas[226]. Todo o processo de constituição de Cajazeiras foi marcado por conflitos e resistências. Consequentemente, uma das principais características dos habitantes do bairro é a sua "intensa mobilização política a favor de políticas públicas que assegurem a seus moradores qualidade de vida e inclusão na cidade"[227]. Mesmo com toda precariedade nas condições de habitação e serviços, sua estrutura física atual é resultado das lutas promovidas pelas organizações sociais do bairro.

Estudar as urbes sem levar em consideração um enfoque nas políticas que submetem as pessoas a projetos que apoiam determinadas representações estéticas sobre a experiência urbana coloca em risco a compreensão da complexidade que formam tais espaços. Por conseguinte, a visão de modernização como algo sempre positivo e atrelado aos valores de progresso

---

[225] ALMEIDA, 2005, p. 78-89.
[226] ALMEIDA, 2005, p. 48.
[227] FGM. *Tribuna da Bahia*, 20 mar. 1988.

impossibilita o lugar da reflexão histórica na análise desses processos[228]. Logo, torna-se necessário apreender os significados que um determinado tempo tem na memória e na História, e isto demanda o reconhecimento dos valores, hábitos, modos de vida, culturas e representações que compõem a vida das comunidades humanas.

Observa-se a cidade como território, espaço apropriado por pessoas e, portanto, como um lugar de memória. Afinal, "os lugares de memória de uma cidade são também lugares de história. História e memória são, ambas, narrativas do passado que presentificam uma ausência, reconfigurando uma temporalidade escoada"[229]. Apreender a cidade como um texto possibilita a análise de algumas memórias referentes ao processo de constituição do complexo habitacional por meio das narrativas presentes nos documentos oficiais, recortes de jornais e entrevistas. Vamos explorar, por meio de pequenos fragmentos sobre o passado, alguns dos discursos que inventaram e reinventaram a localidade.

Torna-se necessário apreender o cotidiano como uma invenção resultante da relação entre produtores e consumidores, em que fica observado às camadas sociais dominadas apenas o papel de consumir, sem deixarem suas marcas ou modificações àquilo que é imposto pelos estratos sociais dominantes[230]. Portanto, "[...] conceitos de cidade, de sua estrutura e de suas funções, de problemas urbanos, de eficácia, de desenvolvimento, de qualidade de vida e, principalmente, do que seja felicidade para os cidadãos [...]" são criados pelos tecnocratas, que se utilizam de *estratégias* com o objetivo de manipular, produzir e impor suas vontades, para controlar os que lhe aparentam ser ameaçadores[231].

São raras as vezes em que as ideias dos executores e criadores dos planejamentos urbanos são explícitas para os citadinos, que acabam sendo compelidos a se adaptar a essa ordenação[232]. Nessa situação, tudo aquilo que é produzido pelas camadas subalternizadas, por meio das *táticas*, é considerado "vulgar" ou "degradante", visto que são golpes àquilo que lhes é imposto pelo poder institucionalizado, astúcias que reapropriam as ordens e as transformam por meio das práticas cotidianas, aproveitando-se das fraquezas e falhas das estruturas de poder de forma silenciosa[233].

---

[228] CARPINTERÓ; CERASOLI, 2009, p. 92.

[229] PESAVENTO, Sandra Jatahy. História, memória e centralidade urbana. *Novo Mundo Mundos Novos (online)*, Paris, 2007. p. 2.

[230] CERTEAU, 2014, p. 89.

[231] KOHLSDORF, Maria Elaine. *Ensaio sobre o pensamento urbanístico*. Brasília: Manuscrito, 1996. p. 1.

[232] *Ibid.*, p. 1.

[233] CERTEAU, 2014, p. 90.

Neste capítulo, vamos analisar como as disputas em torno do campo da memória foram tecidas, enfatizando o caráter legitimador do Estado e seus apoiadores, que se movimentavam no sentido de promover a institucionalização de uma cidade conectada aos ideais de ordem e progresso. Por consequência disso, as práticas que não concordavam com o ponto de vista institucional eram consideradas subversivas e degradantes ao ambiente urbano, sendo colocadas nas margens do silenciamento. Entretanto, apesar de todos os movimentos feitos neste sentido, algumas reminiscências emergem e saem do esquecimento; com isso, reivindicações em torno da memória oficial vem à tona, colocando sua aceitação e credibilidade em risco[234].

3.1 O Projeto Cajazeira e a institucionalização de uma cidade segregada

Procuramos compreender como ocorreu o processo de estruturação do Projeto Cajazeira, já que tanto a obra *A Grande Salvador* quanto as publicidades analisadas no primeiro capítulo tinham a proposta de tornar os planos de ordenamento da cidade de fácil compreensão às pessoas comuns. Além de convencer os habitantes da necessidade de tais ações governamentais, havia um contexto de insurgência e contestação ao regime militar, que se enfraquecia cada vez mais. Por isto, as pressões da sociedade civil demandavam uma atuação mais concisa das instituições públicas, já que o crescimento dos movimentos sociais significava uma grande ameaça para as elites, os setores médios e seus representantes tecnocratas[235].

A demanda em dar uma resposta às inseguranças dos setores brancos e mais abastados da sociedade soteropolitana (e das pessoas que acreditavam fazer parte desta também) fez com que as propostas de ordenamento da cidade fossem consideradas e propagandeadas pelos poderes públicos como uma tábua de salvação para a região da Grande Salvador. É neste sentido que os Projetos Urbanísticos Integrados, entre eles o Cajazeira, são apresentados pelos órgãos de planejamento urbano do governo da Bahia com a finalidade de resolver as disputas sociais que decorreram das grandes distorções tecidas desde o estabelecimento da invasão portuguesa em 1549 com a fundação da São Salvador da Bahia de Todos os Santos[236].

---

[234] POLLAK, 1989, p. 9.

[235] GARCIA, 2006, p. 135.

[236] MENDONÇA, Frederico Augusto Rodrigues da Costa. A estratégia de localização dos conjuntos habitacionais da Urbis em Salvador, entre 1964 e 1984. *Rua*, Salvador, n. 2, 1989. p. 73.

Para Milton Santos[237], o espaço é o objeto social que exerce maior domínio sobre os indivíduos. Está presente em nosso cotidiano, condicionando as atividades e comandando nossa prática social, seja em casa, seja no local de trabalho, nos pontos de encontro ou nos caminhos que unem tais locais. Logo, o que os sujeitos constroem no espaço são testemunhos de um momento, ou seja, também podem ser lidos como memórias.

A vida nas cidades produz "pontos de ancoragem da memória", que são os lugares em que as pessoas vivem suas experiências cotidianas, locais conhecidos ou até mesmo espaços que existiram em outro tempo, que chegam ao nosso conhecimento por meio da narração dos mais antigos. Os lugares, cheios de significados, produzem discursos sobre a cidade. Cada habitante escolhe as suas referências para se situar no tempo e espaço urbano, processo que, como vimos no primeiro capítulo, também é feito coletivamente, formando os lugares de memória[238].

De acordo com Pierre Nora[239], lugares de memórias são como restos que resistem aos processos de esquecimento construídos por um tempo em que se valoriza aquilo que representa o novo, o jovem ou o futuro em detrimento daquilo que representa o velho, o antigo ou o passado. São lugares que guardam o que é estabelecido, construído, decretado, mantido pelos costumes, como um texto escrito há muito tempo que foi encontrado por acaso no fundo de uma gaveta.

O espaço pode ser compreendido como um sistema de ações que não podem ser considerados isoladamente. Portanto, por se tratar de um resultado das relações sociais, a produção de espaços é cercada de conflitos e deve ser tomada como resultado de ações intencionais. É por meio de uma intencionalidade que um grupo, nação, classe social ou sujeito materializa sua visão de mundo no espaço, criando uma identidade que irá diferenciar o local dos demais. Deste modo, abrem-se brechas para que leituras parciais de determinadas localidades possam ser mostradas como verdades absolutas, disseminando visões preconceituosas. Como resultado, a delimitação espacial pode ser utilizada como ferramenta de manutenção do poder[240].

---

[237]   SANTOS, 2004, p. 172.

[238]   PESAVENTO, 2007, p. 1.

[239]   NORA, Pierre. Entre memória e história: a problemática dos lugares. Tradução de Yara Khoury. *Projeto História*, São Paulo, n. 10, dez. 1993. p. 13.

[240]   MARQUES, António Pedro Sousa. Da construção do espaço à construção do território. *Fluxos & Riscos*, n. 1, 2010. p. 78.

Conforme Foucault[241], a criação de um espaço pode ser observado não somente pelo ponto de vista da demarcação ou implementação de um limite geográfico, evidenciando que a constituição de uma região resulta de processos historicamente tecidos por meio de relações de poder. Desta maneira, o procedimento possibilita a compreensão do espaço como resultante de práticas discursivas que, por estarem em um cenário de disputas, se estabelecem por meio de conflitos.

Pensando a invenção do Nordeste como resultado de tais relações de força, em que aparece como o oposto do Sul do país, Albuquerque Júnior[242] demonstra como a ideia de região emerge da naturalização de determinadas visões que cristalizam o que é ser nordestino. Comumente carregados de estereótipos, tais olhares resultam de ações em que "tanto o discriminado como o discriminador são produtos de efeitos de verdade, emersos de uma luta e mostram os rastros delas".

Com base nesse enfoque, iremos observar *como o discurso de uma cidade dentro da cidade de Salvador foi construído e reproduzido sobre os bairros que compõem o atual Complexo Habitacional Cajazeiras*. Pode-se analisar quais práticas ergueram tais enunciados em relação à localidade, quais características atribuídas aos seus indivíduos são destacadas e como é "produto de uma relação de poder que se exerce sobre corpos, multiplicidades, movimentos, desejos e forças"[243].

É perceptível como as relações de poder estão dispostas durante o processo de planejamento do Projeto Urbanístico Integrado Cajazeira, visto que o documento publicado pela Hidroservice Engenharia de Projetos Ltda. — empresa contratada pela Cedurb — em novembro de 1977 exibe em sua apresentação que um dos principais objetivos da edificação daquelas obras seria a necessidade de asseverar a capacidade que o governo do estado da Bahia dispunha de disciplinar e ordenar o crescimento urbano e eliminar as práticas que prejudicavam a qualidade de vida da população[244].

Assim, aquela região da cidade seria um novo centro de atração populacional, que atenderia não somente às pessoas que lá morariam, mas também aos habitantes de bairros e cidades do entorno. Assim, os planejadores afirmavam que Cajazeira atenderia às demandas do déficit habitacional, urbanizaria uma área que era composta por um vazio demográfico e também melhoraria a

---

[241] FOUCAULT, 2021, p. 253.

[242] ALBUQUERQUE JÚNIOR, 2011, p. 31.

[243] FOUCAULT, 2021, p. 257.

[244] FMLF. BAHIA. *Projeto urbanístico integrado Cajazeira*: síntese. São Paulo: Hidroservice; Cedurb, 1977. v. 3, p. 2.

qualidade de vida e a oferta de equipamentos e serviços urbanos dos Conjuntos Habitacionais Castelo Branco e Sete de Abril, além da localidade de Pau da Lima. Portanto, a intervenção do poder público seria significativo tanto para as pessoas que já viviam naquela área como para os novos habitantes[245].

O aspecto integrador do projeto estatal tornou-se a principal justificativa para atribuir aos novos bairros as características de uma *"cidade de porte médio"*[246]. Segundo os discursos, Cajazeira foi pensada sob a necessidade de reduzir o fluxo de pessoas que acessavam o centro da capital baiana à procura de atividades como comércio e serviços. Por conta da sua localização estratégica (próximo às cidades da RMS, à principal região industrial da Bahia, o subúrbio ferroviário e os bairros citados anteriormente), a região iria formar uma nova centralidade, tornando-se um recente vetor de crescimento de Salvador[247]. Por se tratar de uma parte menos valorizada da cidade e também ter o objetivo de atrair habitantes das partes da urbe que eram menos abastadas, pode-se apreender que Cajazeira seria dedicada às camadas pobres e de classe média-baixa da sociedade soteropolitana[248].

Conforme destacado anteriormente, havia preocupações das elites soteropolitanas em relação às grandes transformações que a cidade estava sofrendo com o aumento populacional e o acirramento dos problemas sociais e das desigualdades historicamente existentes no Brasil. A perda da memória e do patrimônio cultural foi um dos medos afirmados pela imprensa conservadora, já que Salvador ostentava o título de ser um dos principais destinos turísticos do país para pessoas de outras cidades, outros estados e até mesmo outros países. Deste modo, o turismo tornou-se um dos grandes pilares da economia da soterópolis, que necessitava de uma imagem positiva dentro dos padrões de ordem e beleza para sustentar o seu posto entre as capitais brasileiras.

Observa-se a importância da atividade turística na segunda edição de abril de 1976 do semanário *Manchete*, divulgado na capital do Rio de Janeiro. A extensa reportagem com mais de 20 páginas trazia como epígrafe a suposta vocação festeira da Bahia, que é reduzida à capital e a seus pontos turísticos mais famosos: a Baía de Todos os Santos, a Igreja do Senhor do Bonfim, o Farol da Barra, as praias da região oceânica e o Dique do Tororó. Não poderia faltar a exaltação aos seus habitantes, por meio da ode ao sincretismo religioso,

---

[245] *Ibid.*, p. 3.

[246] *Ibid.*, p. 1, grifo nosso.

[247] *Ibid.*, p. 1-6.

[248] SOUZA, 2000, p. 15.

às mulheres negras trajadas de vendedoras de acarajé servindo as turistas brancas em um importante hotel, aos músicos e compositores negros, além da culinária representada pelas comidas de origem afro-brasileira. Tecia-se, assim, a imagem da "cidade mais informal e descontraída do mundo", que no verão daquele ano havia atraído cerca de meio milhão de turistas[249].

É possível notar uma manifestação do que Osmundo de Araújo Pinho[250] conceitua como *Ideia de Bahia*:

> Esta se caracteriza como um corpus ideológico que define a identidade regional de tal modo que reatualiza o mito da democracia racial[251] e propõe uma articulação da diversidade cultural a partir de valores pretensamente populares e universais, de maneira a dissimular e/ou solucionar, simbolicamente, contradições (raciais), que não se encaminham para a resolução no plano das relações sociais concretas.

Lélia Gonzalez[252] afirma que uma das *estratégias* utilizadas pelo regime militar, após o golpe de 1964, para desarticular as elites intelectuais negras e as discussões sobre raça no Brasil foi a apropriação cultural[253] e a posterior inserção das entidades populares em uma dinâmica capitalista. A intelectual negra aponta como exemplo disso as escolas de samba do Rio de Janeiro, transformadas em empresas de uma "indústria turística".

Em entrevista, Dinho Melo[254] apresenta seu ponto de vista sobre a questão racial e o turismo em Salvador:

---

[249] BNDigital. AZEVEDO, Carlos Olympio; SILVEIRA, Joel. Bahia: a festa sem fim. *Manchete*, Rio de Janeiro, ano 25, n. 1.251, p. 74-100, 10 abr. 1976.

[250] PINHO, Osmundo de Araújo. Espaço, poder e relações raciais: o caso do Centro Histórico de Salvador. *Afro-Ásia*, Salvador, n. 21-22, p. 258, 1998-1999.

[251] Ideologia desenvolvida "nas primeiras décadas do século XX e, em particular, no período das duas grandes guerras [...]. No exterior e interior, setores da sociedade brasileira divulgaram a experiência racial, a respeito da convivência entre brancos e negros com a ausência de conflitos, revoltas e manifestações de racismo". *Cf.* OLIVEIRA, Reinaldo José de. *Territorialidade negra e segregação racial na cidade de São Paulo*: a luta por cidadania no século XX. São Paulo: Alameda, 2016. p. 95.

[252] GONZALEZ, Lélia. O movimento negro na última década. *In*: GONZALEZ, Lélia; HASENBALG, Carlos. *Lugar de negro*. Rio de Janeiro: Zahar, 2022. p. 37-38.

[253] De acordo com Rodney William (2020, p. 47), "é um mecanismo de opressão por meio do qual um grupo dominante se apodera de uma cultura inferiorizada, esvaziando de significados suas produções, costumes, tradições e demais elementos".

[254] É um homem negro, líder comunitário e no dia de realização da entrevista encontrava-se desempregado e com cerca de 40 anos de idade. Chegou ao Complexo Cajazeiras em 1986 junto aos pais, que eram funcionários públicos, antes disso residiu no bairro da Liberdade onde teve contato com diversos movimentos sociais, em especial o Movimento Negro Unificado (MNU), além de acompanhar de perto o trabalho de blocos afro como Ilê Aiyê e Olodum, que considera essenciais na sua formação enquanto militante em defesa da comunidade negra e dos bairros periféricos.

> *Agora o triste é que o sistema usa o negro pra vender a imagem da cidade como a maior cidade negra fora da África, atrai o turista pra isso, mas ao mesmo tempo não dá espaço ao negro assim. [...] nunca teve um secretário de turismo nem na prefeitura, nem no governo do estado afrodescendente, um secretário no primeiro escalão. Mas você tem o negro, a capoeira, o acarajé, toda a sua culinária, a cultura e religião, como atrativo para o turismo, mas você não tem um negro como é, primeiro escalão, como divulgador dessa cultura. É engraçado, como é que você tem uma população que é usada para atrair o turista, mas você não tem na linha de frente o afrodescendente dizendo como é que ele quer que o turista veja [...].[255]*

É possível perceber que o mobilizador social tece um relato bastante crítico em relação à forma como o mercado turístico funciona na soterópolis. A discussão racial é o ponto de partida utilizado na construção de seu argumento, pois, como observamos anteriormente, os discursos utilizados para atrair a visitação de turistas estão vinculados à população e à cultura negras. Entretanto, isso não significa a presença de pessoas pretas ou pardas em cargos de poder, seja na área de turismo, seja em outros campos dos poderes representativos municipal e estadual. Desse modo, nota-se quanto é indispensável pensar a construção da capital baiana com base em estudos que levam em conta a perspectiva de raça, gênero, classe e demais opressões que ocorrem no ambiente urbano.

Nesse sentido, Antonia dos Santos Garcia[256] conclui:

> A Cidade d'Oxum, na ótica das mulheres e homens militantes e não-militantes, das classes populares de Salvador, é bem diferente daquela apresentada aos turistas e vivida pelas classes dominantes locais. Nos seus 452 anos de história, os afrodescendentes têm as piores condições de vida. Este segmento aqui estudado, que se declarou majoritariamente negro e pardo, nos permite fazer uma reflexão sobre as experiências individuais e coletivas do seu viver como afrodescendentes numa cidade de tantos paradoxos, como o da "terra da felicidade", da "espontaneidade dos pobres", da "baianidade", "Todo mundo é d'Oxum/Todo mundo é uma coisa só".

Na revista *Manchete*, além da grande atenção dada a estes aspectos, são construídas dizibilidades sobre Salvador como um lugar que estava passando por um importante desenvolvimento urbano e industrial naquele período. Por meio da descrição sobre a capital baiana como uma concorrente

---

[255] Entrevista com Dinho Melo, realizada em 20 jun. 2008 por Nelma Barbosa em Salvador. *Cf.* Barbosa (2009).
[256] GARCIA, 2006, p. 47.

da "Cidade Maravilhosa" em termos turísticos, verificamos que a capital fluminense era disposta como parâmetro para a "humanização" que a cidade dos soteropolitanos vivenciava. O processo foi atribuído ao trabalho de expansão econômica implementada pelo governador Roberto Santos, a fim de afirmar aquela região como uma área ideal para grandes investimentos por parte do empresariado do Brasil e do mundo[257].

Dois anos depois, a mesma revista publicou uma reportagem sobre os Projetos Urbanísticos Integrados Cajazeira, Caji e Narandiba. Percebe-se uma congruência em relação aos discursos publicados na edição de abril de 1976, no projeto feito pela Hidroservice e também nas publicidades divulgadas em *A Tarde*. A mão do Estado é colocada como imprescindível para que a cidade pudesse crescer de "maneira humana e racional"[258], em que o destaque dado a Cajazeira para o público nacional é sua característica integradora, reforçando a leitura de que seria construída *uma cidade dentro da cidade de Salvador*.

De acordo com o quadro de ocupações erradicadas e removidas pelo governo da Bahia até 1984 elaborado por Gisele Lima[259], verificamos que, das 28 áreas ocupadas entre os anos de 1952 e 1978, 8 estavam localizadas na orla oceânica e 5 no centro da capital da Bahia. Por conta da grande importância da região para o turismo, é possível concluir que era crescente a necessidade de intervenção dos poderes públicos para defender os interesses econômicos das camadas brancas e mais abastadas da sociedade soteropolitana, em relação ao uso dos terrenos para construções e também para atividades de lazer. Assim, é possível conceber a ordenação da cidade como um processo de segregação racial, social e cultural, visto que as pessoas pobres e/ou negras só eram aceitas em tais espaços quando serviam à Bahia caricata e exótica que atraia turistas[260].

A capital baiana estava seguindo um percurso semelhante ao da cidade do Rio de Janeiro, que na década de 1970 teve seu processo de ordenamento guiado pela lógica do determinismo ambiental, noção que partia do pressuposto de que o meio social inapropriado era um fator que degradava o seu habitante. Converter os "invasores" em proprietários era

---

[257] BNDigital. AZEVEDO, Carlos Olympio; SILVEIRA, Joel. Bahia: a festa sem fim. *Manchete*, Rio de Janeiro, ano 25, n. 1.251, p. 74-100, 10 abr. 1976.

[258] *Id*. Habitação planejada de maneira humana e racional. *Manchete*, Rio de Janeiro, ano 27, n. 1.370, p. 154-155, 22 jul. 1978.

[259] LIMA, 2009, p. 31.

[260] SOUZA, 2000, p. 16.

parte fundamental do processo de inserção dos indivíduos à sociedade moderna. O feito, aparentemente transformador, foi utilizado como justificativa pelos órgãos financiados com verbas do BNH para a edificação de conjuntos habitacionais distantes da centralidade urbana sob a promessa de que significaria uma melhoria de vida às pessoas negras e/ou pobres, prática que "mascarava um planejamento urbano segregacionista"[261].

Logo, assente em um olhar separatista, a urbanização da cidade de Salvador foi pensada em uma "ocupação mais intensa da faixa litorânea, por equipamentos turísticos e pelas populações de renda mais alta, e da faixa de terra compreendida entre a BR-324 e a Avenida Luis Viana Filho, por populações de renda baixa e média-baixa"[262]. Pode-se verificar que o viés segregador de classes dos projetos de planejamento aparece de maneira explícita, como uma consequência natural da construção de um centro urbano. Apesar de o quesito raça não ser apontado diretamente, é possível afirmar que essa divisão da cidade também é racial, pois a população negra soteropolitana, além de receber menores salários que as pessoas brancas, é maioria no mercado informal e no desemprego[263].

Em novembro de 1978, as obras dos conjuntos Cajazeira IV e V foram iniciadas com previsão de estarem prontas em um ano[264]. Alguns meses depois, já em 1979, houve a transição de governo, que marcou o retorno de Antônio Carlos Magalhães (ACM) como mandatário do estado da Bahia, sendo responsável por intensificar o caráter segregacionista do Projeto Cajazeira. Uma das mudanças consequentes da passagem de poder foi a extinção da Cedurb, que passou todas as suas funções para a Urbis[265].

> Perdeu-se a proposta original de projeto integrado e prevaleceu a setorização, através da implantação de núcleos habitacionais, uma vez que importava, sobremaneira, o máximo de agilidade na captação de recursos junto ao BNH, para a produção maciça de moradias e regulação da terra.[266]

---

[261] OAKIM; PEDRETTI; PESTANA, 2021, p. 194-195.

[262] FMLF. BAHIA. *Projeto urbanístico integrado Cajazeira*: síntese. São Paulo: Hidroservice; Cedurb, 1977. v. 3, p. 5-6.

[263] CARVALHO, Inaiá Maria Moreira de Carvalho; BARRETO, Vanda Sá. Segregação residencial, condição social e raça em Salvador. *Cadernos Metrópole*, São Paulo, n. 18, p. 251-273, jul./dez. 2007; GARCIA, 2006; MENDONÇA, 1989.

[264] IGHB. *A Tarde*, 14 nov. 1978.

[265] *Ibid.*, 9 maio 1979.

[266] ALMEIDA, 2005, p. 71.

Ao contrário de Roberto Santos, que fazia parte de uma ala mais progressista da Aliança Renovadora Nacional (Arena), ACM foi o principal representante político do regime militar na Bahia, possuindo perfil extremamente conservador e autoritário[267]. As mudanças na política habitacional do estado significaram um enquadramento ainda maior em relação às intervenções do governo federal por meio do Ministério do Interior, que estabelecia como principal objetivo a tomada de estratégias "corretivas e preventivas" por parte dos poderes públicos. Ainda, afirmava-se que, a partir daquele momento, a maior finalidade dos órgãos de planejamento urbano era o atendimento às populações de baixa-renda[268].

Em contraponto ao que se noticiava nos jornais, Frederico Mendonça[269] constata que as pessoas com pouco ou nenhum rendimento foram negligenciadas pelas políticas de habitação do regime militar na Bahia:

> Nesse período, assiste-se à alteração na escala de produção dos agentes promotores, dada a disponibilidade de terrenos, consolidando-se a tendência à verticalização e a localizações menos dispersas dos conjuntos habitacionais, reflexo da política de maior seleção da clientela. Nesse sentido, observa-se a pouca expressão do Programa de Financiamento de Lotes Urbanizados (PROFILURB), programa de lotes destinado às camadas mais pobres, realizado pontualmente.

Notadamente, há uma tentativa de dar respostas ao fato de que as políticas públicas instituídas após o golpe estavam sendo colocadas em dúvida pela imprensa conservadora, por conta da ocorrência de uma suposta descaracterização das medidas em relação a habitações. Mesmo tendo-se edificado diversos empreendimentos, boa parte deles tinha preços exorbitante até mesmo para a classe média[270]. Portanto, pode-se afirmar que o poder institucionalizado tinha noção de que,

> [...] apesar do esforço de chegar às camadas mais pobres da população, bastante propagandeado pelo BNH, ele não logrou sequer atenuar o intenso processo de favelização e de queda na qualidade habitacional que foi flagrante nas grandes cidades brasileiras.[271]

[267] FGV. LEMOS, Renato. *Biografia de Antônio Carlos Peixoto de Magalhães*. Disponível em: http://www.fgv.br/cpdoc/acervo/dicionarios/verbete-biografico/antonio-carlos-peixoto-de-magalhaes. Acesso em: 16 jun. 2022.

[268] FMLF. BAHIA. Secretaria do Trabalho e Bem-Estar Social. *Política habitacional do estado da Bahia*: programa governamental para o quadriênio 79/83. Salvador, 1979. p. 1; IGHB. *A Tarde*, 22 ago. 1979.

[269] MENDONÇA, 1989, p. 74.

[270] IGHB. *A Tarde*, 11 fev. 1977; 24 maio 1977; 28 fev. 1977.

[271] MARICATO, 1987, p. 55.

Os três projetos iniciados pelo mandato antigo são citados na nova diretriz política, todos aparecem sem o termo "integrado", o que indica a prioridade na construção de habitações. É significativo o fato de as descrições dos projetos serem bem distintas, por exemplo: no Cajazeira, basicamente é citada a quantidade de habitações que seriam construídas para populações de baixa renda; no Caji, que estava sendo revisto, também só eram quantificadas as moradias para rendas menores; enquanto no Narandiba se observa uma descrição muito mais minuciosa, incluindo os equipamentos que seriam instalados na área junto à maioria das moradas que seriam dedicadas a pessoas de classe média[272].

Em face do exposto, é possível inferir que a localização dos três planos foi crucial para a diferenciação, visto que tanto Cajazeira quanto Caji se localizavam em áreas consideradas geograficamente periféricas e, por consequência, menos valorizadas, enquanto Narandiba estava numa região próxima ao Centro Administrativo da Bahia (CAB), à av. Luis Viana (paralela) e ao Terminal Rodoviário do Iguatemi, obras realizadas pela gestão de ACM em seu mandato anterior (1971-1975). Portanto, explicitamente havia um compromisso maior da nova administração em relação às empreiteiras e às camadas sociais brancas e de maior renda, visto que a inadimplência era muito grande em relação às faixas de menor renda. Além disso, é perceptível uma preocupação em relação ao povoamento dos terrenos mais atrativos à especulação imobiliária e dotadas de serviços, evitando a ocorrência de ocupações informais.

É importante salientar que o desenvolvimento econômico da Bahia também é discutido no documento, onde são afirmadas a necessidade de inserção de tecnologias nos setores rurais do estado com o objetivo de aumentar a produção agrícola e fortalecer economicamente tais regiões para competir com a parte Sul e Sudeste do país. Com a postura, justificava-se a necessidade de dotar as cidades mais populosas com condições básicas de vida (água, esgoto, luz, transporte, educação e segurança) para receber a mão de obra ociosa que se deslocaria para os centros urbanos. Em vista disto, o poder estadual legitimava a expansão do agronegócio e dissolveria os conflitos relacionados à reforma agrária ao mesmo tempo que ocuparia as áreas das urbes que possuíam menor densidade demográfica, ou seja, as partes menos interessantes à obtenção de lucros para as empreiteiras[273].

---

[272] FMLF. BAHIA. Secretaria do Trabalho e Bem-Estar Social. *Política habitacional do estado da Bahia*: programa governamental para o quadriênio 79/83. Salvador, 1979. p. 7-8.

[273] *Ibid.*, p. 22-24.

O estado baiano figurava como o segundo que mais produzira habitações durante o mandato de Roberto Santos (1975-1979)[274]; ainda assim, o governo sucessor utilizava o discurso do combate ao déficit habitacional como uma justificativa para injetar mais recursos na indústria imobiliária[275]. Diante dos dados, verifica-se que "os números e empreendimentos apresentados podem ser considerados positivos em si mesmos, mas nunca se relacionados ao oceano da demanda habitacional popular no Brasil"[276].

Conforme apontado anteriormente, ACM estabeleceu uma prioridade maior para a área próxima às obras realizadas pela sua gestão durante o período do "milagre econômico"[277], fator que iniciou o processo de mudança do centro administrativo e econômico de Salvador[278], legando ao centro histórico apenas a função turística. A visão acirrou ainda mais a tessitura de uma cidade segregada, visto que ocorreu a remoção das pessoas que habitavam nos antigos casarões da localidade do Pelourinho, em sua maioria pobres e/ou negras[279]. Sobre esse processo, Dinho Melo continua sua crítica ao processo de segregação racial urbana aplicado na soterópolis:

> *O turista ele pode ver o Olodum, o Ilê Aiyê, mas ele não sabe assim a raiz da problemática de que é, por exemplo. Como é que alguém vai saber se um dia no Pelourinho viveu ou morou afrodescendentes que trabalhavam como artesão, como capoeirista, pintor, com tudo, se essa população teve que sair de lá, porque o turista tinha que entrar lá [nos casarões]? Quer dizer, o turista foi lá para ver o quê? Como é que essas pessoas foram tiradas? Por que o Pelourinho tinha que ser revitalizado? Ele tinha que ser revitalizado, mas as pessoas tinham que continuar lá e elas foram tiradas e a maioria dessas pessoas vieram para Cajazeiras. Então todas essas pessoas que viviam naquele tempo em torno das grandes cidades e como na [ocupação da Avenida] Contorno,*

---

[274] IGHB. *A Tarde*, 14 jan. 1979; 21 mar. 1979.

[275] *Ibid.*, 14 jan. 1980.

[276] MARICATO, 1987, p. 55-56.

[277] Sobre esse fenômeno, Gonzalez (2022, p. 18-19) explica: "sua caracterização consistiu naquilo que eles chamaram de Tríplice Aliança, ou seja, no casamento entre estado militar, as multinacionais e o grande empresariado nacional. E foi graças a essas núpcias que se deu o processo de crescimento desse barato que a gente tanto discute nos dias de hoje [1981], mas que está saindo muito caro para o trabalhador brasileiro: a dívida externa. Desnecessário dizer que as massas, para variar, ficaram completamente excluídas da partilha do bolo do 'milagre'. Muito ao contrário, os 'benefícios' que receberam tiveram como resultado o seu empobrecimento, determinado pela política de arrocho salarial. E quando a gente fala em massas, a gente está se referindo também, ou principalmente, ao grande contingente de negros que delas faz parte e que, desde as décadas de 1950 e 1960, vinha num processo de crescimento".

[278] IGHB. *A Tarde*, 22 out. 1979.

[279] *Ibid.*, 5 mar. 1981.

> *elas foram tiradas. E essas pessoas vieram para a periferia, como Cajazeiras, e isso é uma tristeza.*[280]

Esta conjuntura é narrada por um dos personagens descritos pelo historiador e contista Fábio Mandingo[281] em *Salvador negro rancor*:

> - Esse pessoal [os turistas] nem no Pelourinho passava [...] – disse o Mestre Antigo, virando uma dose de canela na garganta – Agora taí [*sic*], morador antigo é quase nenhum, que foi tudo pra Fazenda Grande 3, Alto de Coutos, pra onde o governo mandou. [...] É porquê, menino, o que faz um bairro, são os moradores, é todo mundo conhecer todo mundo, um mais velho que conhece você por que você é filho de num sei quem [*sic*] do 40, um que toma conta do outro e até se mete na vida, mas sem nenhuma maldade grande.

Assente na visão urbanística nomeada como "planejamento polinuclear", justificava-se a necessidade de a cidade ser formada por "várias pequenas cidades"[282]. Por conseguinte, pode-se afirmar que a segregação enunciada pelo uso do solo urbano é resultante das políticas governamentais que priorizam a obtenção do lucro em detrimento do bem-estar de todas as pessoas que compõem a população da urbe, fator que aumenta as desigualdades raciais, sociais e econômicas, demandando a necessidade de controle e uso da força como *estratégia* de manutenção do *status quo*.

Em contrapartida, as pressões da sociedade civil só aumentavam por causa da repressão política e cultural, do aumento da pobreza e das promessas não cumpridas pelos governos que sucederam o golpe de 1964. Dentro desse ambiente, associações de bairros, alguns jornais e jornalistas, instituições como a Ordem dos Advogados do Brasil Seção Bahia (OAB-BA), Instituto de Arquitetura da Bahia (IAB) e Clube de Engenharia da Bahia, membros do Diretório Central dos Estudantes da Universidade Federal da Bahia (DCE/Ufba) e da Igreja Católica ligados à Teologia da Libertação juntaram suas forças em face da violência usada contra os movimentos de luta pela moradia[283].

Neves[284] afirma que um dos elementos mais importantes para a consolidação das primeiras "invasões" em Salvador foram a formação de movimentos sociais, sobretudo as associações de bairros, responsáveis por organizar e

---

[280] Entrevista com Dinho Melo, realizada em 20 jun. 2008 por Nelma Barbosa em Salvador. Cf. Barbosa (2009).

[281] MANDINGO, Fábio. *Salvador negro rancor*. 2. ed. São Paulo: Ciclo Contínuo, 2018. p. 77-78.

[282] IGHB. *A Tarde*, 25 ago. 1979.

[283] LIMA, 2009, p. 91.

[284] NEVES, 1985, p. 80.

politizar os participantes das ocupações. Durante as décadas de 1970 e 1980, observa-se uma renovação neste tipo de organização social, a exemplo do surgimento da Federação das Associações dos Bairros de Salvador (Fabs)[285] e do Movimento de Defesa do Favelado da Bahia (MDF)[286]. Os movimentos fizeram uma pressão significativa durante o período citado, cobrando dos poderes públicos medidas voltadas às populações mais pobres por meio do envio de cartas e reuniões com prefeitos e governadores, manifestações, realização de eventos, festas, mutirões, entre outros atos[287].

Portanto, o momento foi de grande comoção não somente das populações mais pobres, mas também das camadas mais abastadas da sociedade baiana, que se utilizavam da imprensa conservadora para manifestar suas insatisfações com o ambiente caótico que se formava naquele momento na soterópolis. Um dos acontecimentos mais representativos do período foram as manifestações contra o aumento das passagens de ônibus ocorridas durante 13 dias em agosto de 1981, que, segundo Edemir Ferreira[288], junto ao Congresso da União Nacional dos Estudantes (UNE) (1979) e à greve da Polícia Militar da Bahia (PM-BA) em 1981, marcaram a história brasileira naquele período.

Além disso, as disputas políticas aumentavam cada vez mais, como consequência das diferentes orientações políticas que se coadunavam com o regime militar, principalmente por conta da imposição do bipartidarismo. Com a abertura política cada vez mais inadiável, ACM retorna ao poder de maneira indireta justamente com o intuito de garantir que, no pleito que ocorreria em 1983, o partido da situação — Arena, que passaria a se chamar Partido Democrático Social (PDS) em 1980 — continuasse no poder.

Assim, a construção do Projeto Cajazeira apareceu como uma das armas utilizadas pelo partido situacionista para atacar o governador anterior, que, após o retorno do pluripartidarismo em 1980, rompeu com o Arena e filiou-se ao Partido Popular (PP), que em 1982 se uniria ao Partido do Movimento Democrático Brasileiro (PMDB). A polêmica iniciou-se em sessão na Assembleia Legislativa da Bahia (Alba) no dia 18 de novembro de 1980, quando o líder do PP, Genebaldo Correia, fez críticas aos atrasos verificados na entrega e construção de diversos conjuntos em toda a Bahia.

---

[285] IGHB. *A Tarde*, 28 ago. 1980. Sobre a Fabs, *cf.* Garcia (2006).

[286] *Ibid.*, 7 fev. 1983. Sobre o MDF, *cf.* Freitas (2020).

[287] FREITAS, Samuel Santos. *Jovens Unidos do Calabar (JUC)*: experiência de um movimento de bairro de Salvador (1977-1985). Dissertação (Mestrado em História) – Universidade Federal da Bahia, Salvador, 2020. p. 13.

[288] FERREIRA, Edemir Brasil. *A multidão rouba a cena*: o quebra-quebra em Salvador (1981). Dissertação (Mestrado em História) – Universidade Federal da Bahia, Salvador, 2008. p. 20.

Em resposta, o líder do PDS na Assembleia, José Lourenço, afirmou que o atraso ocorrera por incompetência da gestão anterior e citou os conjuntos Cajazeira VIII e IX como exemplos. Segundo este, as moradias de ambos os conjuntos seriam trocadas por votos para Roberto Santos e seu novo partido na eleição subsequente, visto que o sorteio das habitações ocorrera antes da compra dos terrenos pelo BNH[289].

Nesse sentido, outro agravante era o fato de que naquele momento a gestão político-administrativa estadual tinha o poder de interferir em todas as instâncias do processo de projeção e construção do espaço urbano na Bahia. Por conta disso, diante da intervenção na comercialização e distribuição das habitações produzidas, o Estado poderia exercer um clientelismo eleitoral e interferir nas condições de habitabilidade em que os conjuntos habitacionais eram construídos[290].

Não foi encontrado nenhum outro registro em relação às acusações, o que indica que a disputa ficou somente no campo da retórica e dos ataques político-partidários entre companheiros de casa legislativa. Ademais, o período político em questão não era favorável a uma investigação que incriminasse o regime militar. Entretanto, havia, segundo Barbosa[291], um indício dessa possível prática do sorteio das habitações, pois, ao procurar a Companhia de Desenvolvimento Urbano do Estado da Bahia (Conder) durante seu processo de pesquisa para sua dissertação, foram-lhe negadas informações sobre os sorteios das habitações em Cajazeiras.

As querelas político-partidárias e as mudanças administrativas fizeram com que a construção dos primeiros conjuntos habitacionais imergisse em diversos problemas operacionais que afetaram os planos de muitas pessoas[292]. Até a chuva foi utilizada para justificar os sucessivos atrasos[293]. Depois de vários adiamentos e desculpas dadas pela Urbis, dois anos e seis meses após o início das obras — quase três vezes mais do que o prazo previsto —, os conjuntos Cajazeiras IV e V foram entregues às pessoas sorteadas em abril de 1981[294].

Perante o exposto, pode-se afirmar que a edificação do Projeto Cajazeira se situa em um contexto histórico em que a modernização era propagandeada como solução para todas as camadas da sociedade brasileira.

---

[289] IGHB. *A Tarde*, 19 nov. 1980.

[290] MENDONÇA, 1989, p. 63.

[291] BARBOSA, 2009, p. 136.

[292] IGHB. *A Tarde*, 14 mar. 1980; 18 maio 1980; 24 jul. 1980; 18 ago. 1980; 21 nov. 1980.

[293] *Ibid.*, 1 mar. 1980.

[294] *Ibid.*, 27 ago. 1980; 11 abr. 1981.

Na conjuntura, os discursos presentes nas políticas públicas voltadas à habitação demonstraram-se eficientes no sentido de aumentar ainda mais as desigualdades raciais, sociais e espaciais, já que beneficiaram muito mais os estratos da sociedade ligados aos agentes financeiros, ao mercado imobiliário e à indústria da construção[295].

Sendo assim, sob a justificativa da necessidade de "racionalização" do espaço urbano, foram instituídas *estratégias* que visaram segregar ainda mais o ambiente citadino, que, no caso de Salvador, era encarado como um produto a ser consumido pelo turismo cultural. A atração de investimentos na área industrial recém-implantada era uma outra grande demanda para os poderes públicos baianos. Portanto, a RMS necessitava ser preparada para "civilizar" as pessoas oriundas do interior do estado e/ ou de assentamentos informais que iriam compor a força de trabalho nas indústrias e no turismo, já que se considerava que o espaço influenciava as práticas cotidianas[296].

Assim, percebe-se que o fortalecimento dos movimentos sociais e o aumento das pressões da sociedade civil resultantes das contradições existentes na capital baiana caminharam no sentido de enfraquecer a legitimidade do governo repressor[297]. Destarte, tornou-se necessário que o regime militar reafirmasse sua competência por meio das obras públicas que haviam sido construídas em seu principal momento, o "milagre econômico", visando à reabertura política que estava cada vez mais próxima e inadiável. Pretendia-se, com isso, a manutenção dos partidários do regime no poder, mesmo com todas as mudanças que o restabelecimento da democracia iria ocasionar.

Verifica-se, assim, o objetivo de constituir uma cidade assentada em *memórias* que vinculavam Salvador à ideia de terra da alegria e da descontração que atraía por suas características exóticas, leveza e tranquilidade; do outro lado, porém, estava a urbe sobreposta pelo *esquecimento*, observada no afastamento físico das pessoas negras e/ou pobres da centralidade urbana, das agruras resultantes do desemprego, má distribuição de renda, precariedade das condições de vida urbana e repressão do aparelho estatal. É neste contexto que vai emergir a naturalização da ideia de que o Complexo Habitacional Cajazeiras seria um bairro-cidade. Entretanto, torna-se indispensável questionar: como um bairro pode ser projetado enquanto cidade?

---

[295] MARICATO, 1987, p. 82.

[296] OAKIM; PEDRETTI; PESTANA, 2021, p. 194.

[297] GARCIA, 2006, p. 83.

3.2 Se dividir Salvador, em que cidade você se encaixa?[298]

> O Conjunto Habitacional Cajazeira 05, no bairro de Castelo Branco, construído pela Urbis, não oferece a mínima condição de moradia. Segundo seus moradores, os problemas são muitos e, apesar dos pedidos feitos para saná-los, nenhuma providência foi tomada até agora.
>
> Segundo o Sr. Carlos Alberto Bispo Lemos, morador da quadra 07, daquele conjunto habitacional, é péssimo o abastecimento de água, bem precário é o serviço de transporte coletivo, que não atende às necessidades das pessoas que moram naquele local. Falta de iluminação, de policiamento e de um posto médico completam o quadro negativo.
>
> "Através de cartas já fizemos vários comunicados ao presidente da Urbis disse o morador – porém as respostas dele são evasivas, o que não nos interessa. Acho que a nossa única saída é enviar um abaixo-assinado ao governador Antônio Carlos Magalhães, comunicando-o do que estamos enfrentando por má vontade ou incompetência. Se este conjunto não tinha condições, de ser habitado nos avisassem com antecedência que concordaríamos em esperar mais algum tempo, disso tenho certeza" [...].[299]

Essa matéria foi publicada por *A Tarde*, três meses após a entrega das primeiras residências do Projeto Urbanístico Integrado Cajazeira. Agora no governo de ACM, assim como observado nas diretrizes habitacionais do seu mandato (1979-1983), o Projeto Cajazeira ficou em segundo plano em relação aos conjuntos da região de Narandiba. Os únicos imóveis que foram inaugurados foram o Cajazeiras IV e V, porém as críticas feitas não foram poucas, principalmente por conta do isolamento (piorado com a inexistência de ônibus) e das péssimas condições de habitação das casas e dos apartamentos edificados pela Urbis.

É importante ressaltar o tom crítico de um dos primeiros moradores do bairro que acabara de nascer na capital baiana: sua visão é a de que os conjuntos habitacionais ainda estavam sem condições de serem habitados, já que ainda existiam questões básicas que não eram atendidas, a exemplo do abastecimento de água. Ademais, pode-se afirmar que foram tais situações que despertaram a necessidade de os habitantes se unirem para contestar os poderes institucionalizados, mesmo morando há menos de três meses no local e com possibilidade de existirem ainda poucas relações de vizinhança.

[298] Referência à música "Duas cidades", do grupo BaianaSystem. Disponível em: https://baianasystem.com.br/musicas/duas-cidades/. Acesso em: 6 fev. 2023.

[299] IGHB. *A Tarde*, 20 jul. 1981.

Quase um ano depois da reportagem anterior, *A Tarde* narrava outros detalhes da situação dos contemplados pela política habitacional do BNH na região:

> O bairro de Cajazeiras possui cerca de 8 mil famílias e que vivem totalmente desassistidas pelos poderes públicos, a prova é que além da falta de água e de transporte, não existe policiamento, posto médico e nem uma escola nas proximidades. Os moradores alegam que estão num total abandono, principalmente tratando-se do número de desocupados existentes na área. Quando ocorre um fato, ou seja até mesmo um acidente é necessário que recorram a Delegacia de Pau da Lima, "que fica bastante afastada", do contrário, nada será resolvido. Os moradores pedem que seja instalado naquelas imediações pelo menos um posto policial para qualquer eventualidade. O lixo é outro problema por que sofrem aqueles moradores, pois a coleta só é realizada quando a Limpurb bem quer. Segundo Pedro Raimundo, que mora na quadra 6, é necessário que providências urgentes sejam adotadas a fim de as pessoas que residem naquele local, não continuem assim nesse abandono, independente do oferecimento das suas necessidades básicas, a exemplo de falta de água. E seja colocada mais linhas de transporte coletivos, porque uma somente não atende às reais necessidades, devido a numerosa população.[300]

A princípio, destaca-se o exagero em relação à quantidade de habitantes que viviam na localidade, já que as estimativas da época afirmavam que a primeira etapa das construções levantaria 1.105 residências, o que atenderia 5.525 pessoas[301]. Ainda assim, a matéria é muito interessante para observar a forma como a visão da comunidade que habitava no bairro transformou-se, a ponto de atribuir o sentido de abandono em relação ao tratamento que os poderes públicos ofereciam para aquela população. É bem provável que isso seja resultado não somente da inoperância dos órgãos habitacionais em averiguar as demandas populares, mas também do aumento populacional gradativo, já que nem todos os proprietários ocuparam suas respectivas casas e apartamentos no mesmo momento.

As reclamações continuavam muito parecidas com as anteriores, porém desta vez a matéria destacava a questão da coleta de lixo, por intermédio de um texto e de uma fotografia (Figura 22), onde é possível observar em

---

[300] *Ibid.*, 1 mar. 1982.

[301] FMLF. BAHIA. *Transporte de massa de Salvador*: corredor Retiro-Cajazeira. Salvador: Conder; Seplantec; Tecnosolo, 1985. v. 8, p. 41.

primeiro plano um monturo no meio de uma calçada; em segundo plano, aparece uma criança sentada ao lado dos materiais descartados pela população (escondendo o rosto diante do fotógrafo); e, ao fundo, aparecem mais crianças, todas pardas, brincando em frente a dois prédios de apartamentos. Observa-se novamente uma *estratégia* das mídias comerciais em utilizar a foto de crianças em ambientes com presença de lixo para retratar de forma preconceituosa as localidades negras e/ou pobres[302].

Figura 22 – Cajazeiras, pouco depois inauguração dos primeiros conjuntos

Fonte: *A Tarde*. Salvador. 1 mar. 1982. IGHB

Ao retratar as condições da população negra no Brasil, Gonzalez[303] afirma "nós negros estamos na lata de lixo da sociedade", pois uma das formas de dominação exercidas pela sociedade racista é o silenciamento e a negação do direito de fala e escrita para tais pessoas. Diante disso, o negro é infantilizado e colocado sob a condição de não ter capacidade de versar sobre si mesmo, cabendo ao branco o poder de determinar a própria história e a do outro (o negro). Valendo-se dessa analogia, a historiadora

---

[302] AMOROSO, 2011, p. 119.

[303] GONZALEZ, Lélia. Racismo e sexismos na cultura brasileira. *In*: GONZALEZ, Lélia; RIOS, Flavia; LEITE, Márcia (org.). *Por um feminismo afro-latino-americano*: ensaios, intervenções e diálogos. Rio de Janeiro: Zahar, 2020. p. 77-78.

faz uma reflexão sobre como a História e Memória da população africana e afrodescendente no Brasil foi definida pelos seus algozes, determinando que os negros estejam sempre subordinados às narrativas das camadas brancas e hegemônicas da sociedade. Portanto, podemos perceber também essa intencionalidade na fotografia analisada.

Em outro escrito, Gonzalez[304] historiciza outra face da problemática:

> Desde a época colonial aos dias de hoje [1981], a gente saca a existência de uma evidente separação quanto ao espaço físico ocupado por dominadores e dominados. O lugar natural do grupo branco dominante são moradias amplas, espaçosas, situadas nos mais belos recantos da cidade ou do campo e devidamente protegidas por diferentes tipos de policiamento: desde os antigos feitores, capitães do mato, capangas etc. até a polícia formalmente constituída. Desde a casa-grande e do sobrado, até os belos edifícios e residências atuais, o critério tem sido sempre o mesmo. Já o lugar natural do negro é o oposto, evidentemente. Da senzala às favelas, cortiços, porões, invasões, alagados e conjuntos "habitacionais" (cujos modelos são os guetos dos países desenvolvidos) dos dias de hoje, o critério também tem sido simetricamente o mesmo: *divisão racial do espaço*.

A autora pensa como as origens escravistas foram relevantes para constituir a divisão do espaço sob o viés da raça, pois o contexto histórico em que a nação brasileira se formou foi responsável por naturalizar os lugares sociais das pessoas negras (condicionadas a serem subordinadas) e brancas (destinadas a dominar). Nesse sentido, as condições habitacionais de pessoas pretas e pardas, no contexto da ditadura militar, são marcadas pela informalidade e/ou precariedade, já que, mesmo quando teve acesso à moradia formal, estas camadas da sociedade foram relegadas ao afastamento em relação à centralidade urbana.

Conforme apontado anteriormente, os conjuntos habitacionais construídos pelo regime autoritário via BNH têm sua referência nos bairros planejados de nações desenvolvidas, a exemplo dos Estados Unidos e países da Europa. Sobre a temática, Grada Kilomba[305] infere que:

> Visualmente, [a] cidade pode ser compreendida em termos raciais, e "raça" pode ser usada como uma orientação geográfica ou até mesmo como um marco territorial. Aqui

---

[304] *Ibid.*, 2022, p. 21-22, grifo nosso.

[305] KILOMBA, Grada. *Memórias da plantação*: episódios de racismo cotidiano. Tradução de Jess Oliveira. Rio de Janeiro: Cobogó, 2019. p. 167, grifo da autora.

> cada grupo tem "seu próprio lugar". A necessidade de regu-
> lar a distância física de pessoas *negras* e de definir as áreas
> que elas mesmas podem usar, revela uma dimensão muito
> importante do racismo cotidiano relacionada a fantasias de
> contágio racial.
> Áreas negras segregadas representam lugares com os quais
> pessoas *brancas* não se importam, ou não ousam ir, e dos
> quais mantêm uma distância corpórea específica. [...] Tal
> geografia evidencia uma assimetria de poder na qual a
> *branquitude* define sua própria área e a *negritude* é confinada
> a determinada área definida pela *branquitude*. Essa era a
> principal função da ideologia segregacionista, confinar as/
> os "*Outras/os*" raciais.

O gueto estadunidense é um dos grandes exemplos da dominação branca e da discriminação racial sem escrúpulos, pois foi um dos meios criados pelo Estado para limitar e definir os lugares físicos e sociais das pessoas negras. Como aponta Raquel Rolnik[306], a inexistência de guetos foi considerada por muito tempo prova da ausência de segregação racial nas urbes brasileiras.

Ao contrário dos Estados Unidos e da África do Sul, países em que a segregação racial foi instituída por lei, no Brasil a separação das populações de acordo com o pertencimento racial foi produzida de maneira ambígua, pois as distâncias raciais e sociais são estabelecidas de maneira a não gerar conflitos abertos[307]. Por conseguinte, as distorções sociais e raciais nas cidades brasileiras foram

> [...] informalmente instituídas com a naturalização das desi-
> gualdades raciais. [...] a população negra é segregada porque
> é marginalizada socialmente. A centralidade entre raça e
> espaço urbano que ocorre há um século é silenciada, invisível
> ou quando aparece ocupa um plano secundário.[308]

De acordo com João Vargas[309], esse silêncio acadêmico quanto ao debate sobre raça e espaço urbano é uma das formas pelas quais a hegemonia intelectual e política encontra para solidificar o mito da democracia racial.

---

[306] ROLNIK, Raquel. Territórios negros nas cidades brasileiras: etnicidades e cidade em São Paulo e Rio de Janeiro. *In*: SANTOS, Renato Emerson dos (org.). *Diversidade, espaço e relações étnico-raciais*: o negro na geografia do Brasil. Belo Horizonte: Autêntica, 2007. p. 75.

[307] GARCIA, 2009, p. 105.

[308] R. J. OLIVEIRA, 2016, p. 109-110.

[309] VARGAS, João Helion Costa. *Apartheid brasileiro*: raça e segregação residencial no Rio de Janeiro. *Revista de Antropologia USP*, São Paulo, v. 48, n. 1, 2005. p. 98.

É importante salientar que a grande maioria dos estudos já produzidos sobre as cidades brasileiras analisa a questão da segregação urbana pelo enfoque exclusivo de classe.

O estudo pioneiro sobre Salvador foi publicado em 1937 pelo sociólogo Donald Pierson, no qual concluía que o preconceito racial era quase inexistente nas cidades do Norte e Nordeste do Brasil. Em 1954, Thales de Azevedo escreveu *As elites de cor*, onde corrobora o autor citado anteriormente e afirma que ascensão social no contexto urbano para as populações negras era possível. Desse modo, o fato de a maioria da população negra ser pobre era encarado como uma herança escravista que seria solucionada por meio da "integração" dos povos afrodescendentes na sociedade[310].

É significativo destacar que em nosso estudo a raça não é observada como um componente biológico, mas como uma construção social que possibilita a análise dos processos históricos para além do ponto de vista que privilegia discussões estritamente de classe. Portanto, estamos de acordo com a afirmação de Garcia[311]:

> As desigualdades raciais são resultantes de processos sociais tão objetivos quanto as desigualdades de posições nos processos de produção ou diferenças de estilo de vida. Assim utilizada, é uma ferramenta importante, sobretudo, para se analisar a questão da segregação urbana em seus aspectos raciais, já que se acredita, em escala apreciável, que o Brasil é um exemplo de harmonia racial, apesar dos dados sobre desigualdades de natureza racial vitimando negros/as e índios/as serem bastante consistentes.

Os dados do censo demográfico de 1980 são muito significativos no sentido de demonstrar a relevância de problematizar a questão racial no Brasil, sobretudo em Salvador. Como é possível observar na Quadro 2, no início da década de 80 a população da capital baiana foi estimada em 1.491.675 habitantes: 24% declararam-se brancos; 74% autodeclararam-se negros[312]; 0,1%, amarelos; e 0,91%, sem declaração. Diante disso, pode-se afirmar que, no período abordado, a soterópolis era composta majoritariamente por pessoas negras, representando mais de dois terços da população da cidade.

---

[310] BAIRROS, Luiza. Pecados no "paraíso racial": o negro na força de trabalho da Bahia, 1950-1980. *In*: REIS, João José. *Escravidão e invenção da liberdade*: estudos sobre o negro no Brasil. São Paulo: Brasiliense; CNPq, 1988. p. 289-323; HASENBALG, Carlos. Raça, classe e mobilidade. *In*: GONZALEZ, Lélia; HASENBALG, Carlos. *Lugar de negro*. Rio de Janeiro: Zahar, 2022; GARCIA, 2009; R. J. OLIVEIRA, 2016.

[311] GARCIA, 2009, p. 79.

[312] Será considerado negro o somatório das populações pretas e pardas. Sobre a temática, *cf.* Garcia (2009).

Quadro 2 – População de Salvador segundo cor/raça em 1980

Distrito	Cor/raça			
	Brancos	Negros	Amarelos	Sem declaração
Amaralina	55.021	101.457	156	1.160
Brotas	47.359	103.774	102	1.687
Conceição da Praia	129	745	-	-
Itapoã	8.652	24.761	4	212
Maré	302	2.521	-	21
Mares	3.257	4.187	38	22
Nazaré	6.489	8.798	16	282
Paripe	5.821	43.364	158	641
Passo	1.161	3.193	8	64
Penha	31.560	92.853	27	1.316
Periperi	3.183	32.573	15	263
Pilar	356	734	-	-
Pirajá	17.315	113.956	67	1.321
Plataforma	3.940	38.240	22	212
Santana	7.599	9.673	8	169
Santo Antônio	45.731	162.037	48	1.771
São Caetano	35.991	231.885	147	2.284
São Cristóvão	4.266	18.936	10	33
São Pedro	9.479	11.577	41	507
Sé	1.018	4.538	34	44
Valéria	3.177	14.102	136	124
Vitória	67.019	93.959	431	1.386
Total	358.825	1.117.863	1.468	13.519
	1.491.675			

Fonte: IBGE (1983)

Entre as regiões com maior contingente negro da cidade estavam São Caetano (20% do total de negros), Santo Antônio (14,5%), Pirajá (10,1%), Brotas (9,2%) e Amaralina (9%). Já os distritos em que a população branca se destacava eram: Vitória (18,6% do total de brancos), Amaralina (15,3%), Brotas (13,2%), Santo Antônio (12,7%), São Caetano (10%). É notável nestes dados como muitas partes da cidade apresentavam ao mesmo tempo uma grande concentração de pessoas negras e brancas, sobretudo nas localidades mais centrais, a exemplo de Brotas, Amaralina, Santo Antônio e Vitória. Porém, isso não significa que tais pessoas estavam integradas; pelo contrário:

> Na verdade, são territórios bem demarcados e em oposição, o que sem dúvida é agravado pela proximidade e vizinhança. O dilema desse tipo de configuração é histórico na trajetória das cidades brasileiras: o bairro segregado e exclusivo burguês produz um território marginal contíguo, depende de sua expansão para ter garantida sua manutenção, mas acaba por se envolver num conflito territorial inevitável e violento.[313]

Quando comparamos os dados da população de Salvador segundo cor/raça (Quadro 2) com aqueles sobre rendimento mensal por distrito da cidade (Quadro 3) para o mesmo período, temos a possibilidade de aferir como a riqueza está distribuída, quais são as regiões mais pobres da cidade e como a pertença racial influencia esse processo.

Quadro 3 – Rendimento médio mensal em Salvador 1980

Distrito	Rendimento médio mensal (salário mínimo)							
	Mais de ½ a 1	Mais de 1 a 1 e ½	Mais de 1 e ½ a 2	Mais de 2 a 3	Mais de 3 a 5	Mais de 5 a 10	Mais de 10 a 20	Mais de 20
Amaralina	13.048	8.247	5.460	6.833	6.090	6.328	6.001	3.942
Brotas	11.135	8.046	5.791	7.603	7.808	6.972	3.636	1.184
Conceição da Praia, Maré, Passo e Pilar	742	561	408	572	397	255	98	11
Itapoã	2.352	1.823	1.105	1.565	1.276	1.100	603	316
Mares	357	271	231	367	422	423	181	35
Nazaré	791	756	673	950	1.161	1.177	645	237

---

[313] ROLNIK, 2007, p. 85-86.

Distrito	Rendimento médio mensal (salário mínimo)							
	Mais de ½ a 1	Mais de 1 a 1 e ½	Mais de 1 e ½ a 2	Mais de 2 a 3	Mais de 3 a 5	Mais de 5 a 10	Mais de 10 a 20	Mais de 20
Paripe	2.492	2.300	1.822	2.290	1.772	936	322	38
Penha	7.794	6.684	4.751	6.469	5.778	4.560	1.653	404
Periperi	1.791	1.859	1.112	1.584	1.494	933	310	56
Pirajá	7.885	7.436	5.309	6.595	5.071	2.013	354	101
Plataforma	2.232	1.948	1.386	2.046	2.023	954	111	28
Santana	986	811	670	1.121	1.328	1.331	724	308
Santo Antônio	13.723	11.758	8.679	11.436	11.072	7.885	2.385	393
São Caetano	16.886	15.693	11.361	13.398	11.020	6.268	1.606	186
São Cristóvão	1.812	1.447	829	1.243	923	522	93	8
São Pedro	1.029	956	896	1.534	2.157	1.880	1.025	375
Sé	512	500	346	432	683	217	64	7
Valéria	1.126	1.010	743	656	479	156	40	6
Vitória	15.113	7.117	4.716	6.902	7.509	8.684	7.589	6.227
Totais	101.808	79.223	56.288	73.596	68.063	62.594	27.440	13.862

Fonte: IBGE (1991)

Com base nas informações do IBGE, é perceptível que a zona mais branca da cidade (Vitória), além de possuir quantidade significativa de pessoas em todas as faixas rendimentos, é líder absoluta em todas as rendas de cinco salários mínimos mensais em diante. Em contrapartida, a parte mais negra da cidade (São Caetano) destaca-se nas rendas de meio até três salários mensais, e nas seguintes a quantidade de pessoas cai vertiginosamente, perdendo espaço para regiões mais próximas ao centro histórico e à orla atlântica — Amaralina, Santo Antônio, Brotas e Penha.

É destacável também que, quanto mais distantes da centralidade urbana, menores são os rendimentos e maior é a diferença numérica entre as populações branca e negra. Assim, os distritos de Periperi (90% negros), Plataforma (90% negros), São Cristóvão (81% negros) e Valéria (81% negros) apresentam os menores indicadores de rendimento. A exceção era o distrito de Pirajá (86% negros), que era uma das maiores regiões da cidade (com áreas de urbanização mais antigas e outras mais recentes, incluindo Águas Claras e as Cajazeiras IV e V) e abrigava uma população majoritariamente de baixa e média renda.

Portanto, com base nos dados apresentados, é consideravelmente importante notar um processo de territorialização da pobreza na cidade de Salvador no início da década de 1980. Conforme Antonio Soares[314], existem localidades que se estruturam conforme as desigualdades sociais e raciais que tem sua origem no processo de empobrecimento urbano, refletindo principalmente as diversas práticas culturais, já que muitas vezes essas pessoas têm origens diferentes, bem como a construção de *táticas* de sobrevivência diante do processo de exclusão na cidade.

Destarte, é no dia a dia que conseguimos observar tanto as *estratégias* que delimitam e segregam espaços e lugares raciais e sociais quanto as *táticas* que subvertem silenciosamente a estrutura separatista, pois

> [...] no caso do Brasil, a segregação informal da população negra está inscrita no cotidiano social, desde a residência, o ambiente construído, a escolaridade e a luta pelos melhores lugares no mercado de trabalho. As questões de classe social e raça, ambas, tornam mais difíceis o quadro da segregação racial no país, em particular para a população negra a sociedade e o Estado lhes reservam sub-representação social, econômica e política.[315]

O Projeto Cajazeira previa, em sua primeira etapa, a construção de: cinco creches, quatro escolas de primeiro grau, dois centros interescolares, duas escolas de segundo grau, dois postos de saúde, dois templos religiosos, dois cinemas e dois postos policiais. Ainda se previa a instalação de 18 telefones públicos e uma Aldeia-SOS[316].

Porém, de acordo com dados da CDS, em 1982 existiam quatro escolas: três particulares (sem especificação) e uma estadual (Colégio Estadual Edvaldo Brandão Correia), que atendia 1.197 alunos/as, nos níveis 1, 2 e 3, segundo grau e profissionalizante. No único posto de saúde, que recebia

---

[314] SOARES, Antonio Mateus de C. "Territorialização" e pobreza em Salvador-BA. *Estudos Geográficos*, Rio Claro, v. 4, n. 2, dez. 2006. p. 22.

[315] R. J. OLIVEIRA, 2016, p. 117.

[316] Organização sem fins lucrativos para atividades de desenvolvimento social com ações voltadas a crianças, adolescentes e famílias em situação de vulnerabilidade. FMLF. BAHIA. *Projeto urbanístico integrado Cajazeira*: síntese. São Paulo: Hidroservice; Cedurb, 1977. v. 3, p. 32.

uma média de 30 pessoas por dia, encontravam-se os serviços de clínica médica, odontológica, pré-natal, curativos e injeções. Inexistiam templos religiosos, assim como também posto ou delegacia policial[317].

Entre as principais reivindicações dos moradores dos novos conjuntos estavam: supermercado, regularidade no abastecimento de água, abrigo em ponto de ônibus, escola de primeiro grau e transporte. O documento afirma que, por conta do pouco tempo de implantação, a comunidade ainda estava em fase de organização e cita duas principais entidades representativas: o Conselho de Moradores e o Grupo de Jovens, que se reunia no Colégio Edvaldo Brandão e estava ligado à Paróquia do bairro vizinho, Castelo Branco[318]. A seguir veremos uma reportagem que cita a atuação de ambos os movimentos de moradores:

> Em franca atividade, com o objetivo de dinamizar a comunidade de todo o bairro, o Conselho de Moradores de Cajazeiras e o Grupo Jovem 2001 realizam hoje, sábado, a partir das 14 horas, uma coleta de donativos, que serão enviados aos municípios flagelados pela seca, através da campanha "SOS Bahia".
>
> Outras atividades já estão programadas para este mês, como a 1ª Serenata de Cajazeiras, no dia 6, véspera de feriado da independência, às 22 horas, na quadra 4, e a I Assembléia sobre Transporte Coletivo, marcada para o dia 10, às 19 horas, com a possível presença do secretário de Transportes Urbanos da prefeitura, Elmyr Ramalho.
>
> Nos dias 24 e 25 do corrente, haverá a I Festa de Arte de Cajazeiras, promovida pelo Grupo 2001, com o apoio do Conselho de Moradores.[319]

Diante do exposto, as diferenças entre a estrutura projetada pelos tecnocratas e aquilo que foi de fato construído é bastante significativa e relevante, pois possibilita compreender as nuances que estão por trás da construção de conjuntos habitacionais. É importante levar em consideração que a frustração demonstrada pelos moradores em alguns dos recortes jornalísticos tinha um fundamento: a casa própria, propagandeada como solução de todas as adversidades da vida urbana, demonstrou-se insuficiente o ponto de tornar-se um novo problema.

---

[317] FMLF. SALVADOR. Coordenação de Desenvolvimento Social. *Informações sistematizadas bairros de baixa renda.* Salvador, 1983. v. 1, p. 69-70.

[318] *Ibid.*, p. 71.

[319] IGHB. *A Tarde*, 3 set. 1983.

Despertos do sonho, só restou aos habitantes lutar em comunidade pelo reconhecimento dos seus direitos negligenciados pelo poder público, provocando o que seria a tônica da formação do atual Complexo Cajazeiras. Logo, percebe-se que pouco mais de dois anos foi o suficiente para que as articulações fluíssem no sentido de constituir um sentimento de pertencimento e luta coletiva entre quem residia nos conjuntos e suas proximidades. Entretanto, tais atividades não estavam voltadas somente para a reivindicação, mas também para o lazer, a construção de laços de amizades, a promoção da arte e cultura, comemorações e outras atividades festivas.

Uma das pesquisas já realizadas sobre a área do atual Complexo Habitacional Cajazeiras foi escrita por Tânia Almeida, que na apresentação de sua dissertação afirma: "ao fazer esta análise através do histórico de Cajazeira, faço-o por um percurso que relê a minha própria história"[320]. A assertiva é justificada pela participação direta da arquiteta durante o processo de projeção e construção do Projeto Cajazeira.

Por conta da relação que a autora tem com os projetos, é possível apreender as noções que permearam a edificação dos conjuntos habitacionais em Cajazeiras para além dos documentos divulgados pelos órgãos de planejamento urbano da Bahia. Seguimos na direção de construir relatos de memória em relação ao processo, convidando-a a ceder uma entrevista sobre sua participação.

Em sua entrevista, Tânia narrou que, quando começou a trabalhar no Projeto Cajazeira, os conjuntos Cajazeira IV e V já estavam prontos e que boa parte dos conceitos seguidos pelos projetores já estavam definidos. A recém-formada arquiteta chegou à Urbis com pouca experiência, mas esta foi sendo adquirida ao longo da convivência com os colegas de profissão.

Mesmo com todos os meandros que influenciaram direta e indiretamente a construção dos conjuntos habitacionais, pode-se inferir que o seu aspecto tecnocrático foi colocado ainda mais em evidência. O discurso de que o novo bairro seria uma *cidade* continuou, e é apreensível quanto a ideia é naturalizada quando nossa entrevistada rememora a fala de um companheiro de trabalho: *"Eu lembro que uma certa vez o diretor, [...] conversando comigo, disse: 'Você sabe da responsabilidade que nós estamos tendo? Porque a gente tá construindo uma cidade'"*[321].

---

[320] ALMEIDA, 2005, p. 17.

[321] Entrevista com Tânia Almeida, realizada em 21 out. 2021 por Vitor Santos em Salvador.

O momento citado é bastante significativo, porque a memória aparece durante sua primeira fala, em que vai destacando os aspectos principais do projeto de que participara. Montenegro[322] atenta para o fato de que, no trabalho com narrativas, sobretudo as orais, é importante verificarmos as diversas artes do narrar. Cada pessoa entrevistada nos apresenta diversas possibilidades e infinitas trilhas a serem construídas; pessoas mais ligadas à cultura popular darão um tom mais épico em sua leitura do passado, enquanto as que estão ligadas a uma cultura letrada serão mais explicativas, destacando-se o inusitado, o incomum e o surpreendente[323].

Para a arquiteta que acabara de sair da graduação, era uma situação inédita projetar e participar da construção de uma "cidade", acontecimento que possivelmente causou um estranhamento, já que a função dela estava vinculada à projeção de um futuro bairro. Ainda se destaca o fato de que, logo após a memória, ela traz à tona uma avaliação sobre o trabalho realizado não somente por ela, mas pela equipe que compunha, o que nos oferece a possibilidade de apreender que, a despeito de aquela ter sido uma vivência inusitada, a jovem profissional conseguiu adaptar-se bem aos desafios que lhe foram apresentados naquela experiência.

É significativo analisar que a justificativa utilizada para avaliar o trabalho realizado em conjunto é justamente a mesma que os projetos apresentam ao fundamentar a ideia da construção de um bairro-cidade: o seu caráter integrador, principalmente em relação à atração de comércios e serviços para a região. Novamente aparece o inesperado, já que ela aponta uma situação que saiu diferente do que foi previsto junto a seus colegas de trabalho. Acreditava-se naquele momento que a centralidade do bairro seria em Cajazeiras V, mas, com a instalação da Fundação Bradesco em Cajazeiras X, o centro comercial do bairro foi atraído para a localidade[324].

Em outro trecho da entrevista, Tânia foi questionada sobre a concepção de Cajazeiras ter sido pensada como uma cidade:

> VITOR SANTOS: *[...] como é que vocês já pensavam que aquilo fosse uma cidade [...] mesmo que [...] ainda fosse só uma ideia? Como é que [...] um bairro, ele pode ser pensado para ser uma cidade?*
> TÂNIA ALMEIDA: *[...] era um bairro para ser pensado como uma cidade, quando a gente fala de cidade pelas questões da independência, entendeu? É nesse sentido, assim eu moro num*

---

[322] MONTENEGRO, 2010, p. 50.

[323] *Ibid.*, p. 56.

[324] Entrevista com Tânia Almeida, realizada em 21 out. 2021 por Vitor Santos em Salvador.

> *bairro [...] que não tem absolutamente nada, né? Então no meu bairro eu não tenho uma independência, [...] eu vou ter que andar alguma coisa para poder ir numa padaria, para poder ir na farmácia, para ir no mercado. Por exemplo, a Graça é um bairro superindependente, né? Que você tem tudo ali, você tem escola, você tem comércio, você tem... A Graça eu estou citando aqui como um bairro de classe média, mas eu posso citar outros bairros. Então a gente queria fazer Cajazeira como um bairro independente, [...] num conceito de cidade em que ele é independente, [...] a gente fez um plano que eu até coordenei, o plano de equipamentos [...] escola, creche, unidade de saúde. Então, assim, era para ser independente, ou seja, ninguém precisaria sair de Cajazeira para vir para uma unidade aqui, é... no centro de Salvador, né? [...] Então deveria ter tudo em Cajazeiras, hoje tem. Hoje tem tudo, inclusive hospital, né? Assim, o morador de Cajazeira hoje ele faz sua vida, só a única coisa que eu acho que ainda precisa, mas é a cidade como o todo, é movimentar a geração de emprego. Mas ele tem absolutamente tudo, ele tem escola, ele tem um comércio, bom comércio, ele tem feira, ele tem padaria, ele tem ali tudo. Tudo que tem aqui no centro da cidade tem lá em Cajazeira. Então, assim, o conceito de cidade é um conceito de bairro independente, né? Que são poucos [...] bairros que têm, como Cajazeiras, que tem absolutamente tudo. E por isso todas as áreas já eram demarcadas, [...] aqui vai ter comércio, aqui vai ter uma unidade de saúde. E a gente fazia um cálculo para tantas escolas para tantos alunos, a gente tinha essa média de calcular a população daqueles núcleos, e ter creches e ter escola para aqueles núcleos. Claro, que isso foi implantado aos poucos.*[325]

Percebe-se que a arquiteta define a ideia de bairro-cidade por meio da palavra "independência", ou seja, Cajazeira foi pensada como uma cidade para que seus moradores não necessitassem deslocar-se com a finalidade de acessar comércio e serviço. Entretanto, é importante ressaltar que os conjuntos habitacionais foram instalados em regiões que não tinham nenhum tipo de equipamento comercial, visto que a prioridade era a construção de habitações. Chama atenção que, ao citar um exemplo, emerge a ideia de que *"eu moro num bairro [...] que não tem absolutamente nada"*[326], justamente o que aconteceu com os primeiros habitantes dos recém-implantados bairros. Logo, apesar de ser pensado para ser independente, inicialmente naquela área não havia independência alguma.

---

[325] *Id.*

[326] *Id.*

Outro fator destacável é a comparação feita com o bairro da Graça, localizado na região central da capital baiana, espaço antigo e mais valorizado da cidade, que, além de ser um bairro de classe média-alta e alta, é independente justamente por localizar-se na principal zona de Salvador. Portanto, não há como a localidade ser dependente de toda a estrutura da centralidade urbana da qual ela já está inserida. Talvez seria possível se, assim como Cajazeiras, a Graça estivesse na periferia geográfica da cidade. Logo, a constituição de centros voltados a comércio e serviços perpassa a localização em que são instaladas, pois

> [...] quanto mais fácil for o acesso e a circulação, maior e mais importante será o núcleo comercial. São também estas diferenças que vão provocar a formação de centralidades hierarquicamente diferentes na periferia. Além da ordem hierárquica, a acessibilidade e a circulação podem determinar quais núcleos têm maior ou menor possibilidade de consolidação.[327]

A comparação com uma localidade do centro da capital é significativa também porque a "independência" de Cajazeiras, a princípio não é definida em relação a qual parte da cidade seria. Entretanto, após trazer o exemplo da Graça, a entrevistada afirma: *"era pra ser independente, ou seja, ninguém precisaria sair de Cajazeira para vir para uma unidade aqui [...] no centro de Salvador"*[328].

Após definir em relação a qual região da cidade seria a autonomia dos bairros do Projeto Cajazeira, a entrevistada utiliza a situação atual — 40 anos depois — para exemplificar como funciona na prática a "independência", por meio dos equipamentos que os atuais moradores têm à disposição: hospitais, feiras, padarias, farmácias. Com a apuração, a arquiteta conclui que Cajazeiras hoje pode ser considerada uma cidade, visto que os equipamentos que as pessoas acessam (sobretudo os comerciais) no centro da capital baiana são parecidos com os que estão disponíveis no atual Complexo Cajazeiras.

Conforme afirmado anteriormente, é perceptível quanto o viés segregacionista está presente na construção dos bairros planejados e executados por meio das verbas do BNH, além de como o pressuposto era incorporado pelos funcionários que participavam das obras que visavam "ordenar" a

---

[327] SANTOS, Jânio Laurentino de Jesus; SERPA, Angelo. A produção espacial do comércio e dos serviços nas periferias urbanas. *In*: SERPA, Angelo (org.). *Fala periferia!* Uma reflexão sobre a produção do espaço periférico metropolitano. Salvador: Edufba, 2001. p. 31-68. p. 44.

[328] Entrevista com Tânia Almeida, realizada em 21 out. 2021 por Vitor Santos em Salvador.

cidade. A construção de Cajazeiras como uma cidade possuía explicitamente o objetivo de fazer com que aquelas pessoas que logo habitariam ali se deslocassem o mínimo possível para a parte central da cidade.

Observa-se que a questão da centralidade urbana, durante a projeção dos conjuntos habitacionais construídos pela Urbis, tem uma importância muito grande na visão de Tânia. Assim, ao ser questionada sobre se durante a construção de Cajazeiras os projetores levaram em consideração a distância em relação ao centro de Salvador, ela respondeu:

> *Não, não levou. [...] A preocupação era dotar aquilo ali, aquela área. Como ela tava próximo também de centros geradores de emprego, você tinha o CIA, Camaçari, Simões Filho, que eram centros geradores [...]. Tinha também uma relação dos moradores de Cajazeira com esse entorno. Agora o que que a gente fez? Dotar de equipamentos de serviço e de transporte, que eu acho que não ocorre hoje com alguns conjuntos que foram construídos agora no Minha Casa, Minha Vida [...]. Eu acho que é uma diferença muito grande entre Cajazeira, porque a gente pensava mesmo [...] numa cidade, né? Com toda a estrutura e infraestrutura de cidade, Cajazeira teve isso também, toda muito bem infraestruturada.*[329]

Desta forma, verifica-se que, apesar de haver o conhecimento do distanciamento em relação à centralidade urbana de Salvador, não foi considerada necessidade principal fazer com que a distância pudesse ser reduzida por medidas que facilitassem o deslocamento das pessoas que moravam na região. Ainda se constata que a vida das pessoas de rendas mais baixas (já que Cajazeiras foi pensada para tais camadas) é resumida ao trabalho e à alimentação, visto que em nenhum momento as condições de lazer e cultura são citadas pela entrevistada. A estrutura de "uma cidade" que Cajazeira pronunciaria estaria somente no atendimento de necessidades mínimas como acesso a saneamento básico, água, luz e pavimentação.

Assim, temos a possibilidade de inferir que a ideia de que Cajazeiras seria um "bairro-cidade" foi uma das diversas *estratégias* discursivas utilizadas pelo governo tecnocrata e seus sustentáculos conservadores (incluindo a imprensa) para justificar a institucionalização da segregação urbana e racial em Salvador. Pelo viés de modernização da cidade, foram estabelecidas, ao mesmo tempo, de maneira explícita, as áreas que seriam ocupadas pelas pessoas pobres; e, de forma implícita, os lugares destinados às populações negras. Para tais pessoas foram destinadas as partes mais distantes e, conse-

---

[329] *Id.*

quentemente, mais desvalorizadas e desassistidas da urbe, configurando-se um processo de desvalorização de camadas específicas (e muito significativas) da população soteropolitana e seus respectivos territórios.

3.3 (Des)construindo um bairro-cidade

Apesar da prioridade dada pela gestão de ACM ao Projeto Narandiba, o processo de regularização e compra dos terrenos onde seriam implantados os conjuntos em Cajazeiras continuou. Segundo Tânia, o projeto estar *"dando certo"* do ponto de vista da Urbis, a grande quantidade de recursos financeiros disponibilizados pelo BNH e a capacidade de endividamento do governo do estado possibilitaram a ampliação da área em que seriam construídas as habitações. Com a expansão, o plano passou a ser nomeado Projeto Urbanístico Cajazeira/Fazenda Grande[330].

Percebe-se mais um movimento do então governante no sentido de estabelecer uma "cidade" dentro da cidade de Salvador sob o discurso da necessidade de superar o déficit habitacional. Ante a demanda, mais uma vez a publicidade é uma das principais ferramentas para legitimar e consolidar o trabalho do governo que afirmava que sua principal bandeira era possibilitar o acesso de pessoas pobres e/ou negras à casa própria[331].

A estratégia da gestão ACM em propagandear seus feitos para as famílias de baixa renda surtiu efeito, tanto que na eleição que ocorreu em 1982 o candidato que era do mesmo partido e possuía seu apoio, João Durval Carneiro[332] venceu o pleito contra Roberto Santos, que tentava voltar ao cargo de maneira direta. Após assumir o cargo, João Durval transformou o Projeto Urbanístico Integrado Cajazeira/Fazenda Grande numa das principais obras do seu mandato, sobretudo na RMS.

O periódico *A Tarde*, meio de comunicação que explicitamente apoiava o então governador, destacou na capa da edição do dia 6 de outubro de 1983 que "Cajazeira será uma *cidade de porte médio*, com 150 mil pessoas e 22 mil casas"[333]. Acima da legenda, uma fotografia aérea que possibilitava aos leitores do periódico ter uma noção da padronização das construções e da organização que a "cidade" possuía em seu traçado. Além do mais, as

---

[330] *Id.*

[331] IGHB. *A Tarde*, 7 nov. 1982; 27 fev. 1982, grifo nosso.

[332] FGV. MARQUES, Ana Amélia; ZYLBERBERG, Sônia. *Biografia de João Durval Carneiro*. Disponível em: http://www.fgv.br/cpdoc/acervo/dicionarios/verbete-biografico/joao-durval-carneiro. Acesso em: 16 jun. 2022.

[333] IGHB. *A Tarde*, 6 out. 1983, grifo nosso.

moradias padronizadas e ordenadas perfazem uma bela composição junto às matas preservadas, propondo uma visão de integração entre o progresso e o respeito à natureza[334].

Entretanto, pode-se afirmar que a permanência de algumas áreas verdes na região, conforme indicado no projeto inicial, está ligada ao custo da construção, visto que a localidade apresentava muitas encostas e vales[335]. Assim, a salvaguarda das áreas não foi pensada pelo viés de promover uma qualidade de vida para as pessoas que habitariam naquele ambiente.

A reportagem continuou descrevendo a "cidade" que estava nascendo em Salvador, levando aos leitores o conhecimento das benesses que atenderiam a população moradora dos conjuntos do projeto[336]. O texto é uma versão resumida do projeto construído pela Hidroservice[337] do documento sobre habitação para o governo ACM[338] e as concepções urbanísticas trabalhadas pela Urbis narradas por Tânia[339]. O discurso oficial tentou fundamentar a ideia de que Cajazeira parecia muito mais uma cidade do que um bairro, construindo uma narrativa sobre a infraestrutura da região e também uma suposta afirmação em que o governador dava certeza do que estava no planejamento seria construído até o fim da sua gestão[340].

O ano de 1984 foi marcado pela inauguração dos conjuntos habitacionais Cajazeiras VI, VIII e X, além do Fazenda Grande I[341]. Porém, a entrega das novas habitações não significou a melhoria da infraestrutura nem para antigos moradores, nem para os novos. Assim, eram recorrentes as reportagens que versavam sobre reclamações de quem vivia na localidade, sobretudo em relação à precariedade no acesso de serviços básicos indispensáveis para o cotidiano urbano. Vejamos uma delas:

> Embora os moradores desses conjuntos enfrentem outros tipos de problemas, a exemplo da falta de policiamento, posto médico que atenda às necessidades da população, eles se queixam principalmente da falta de transporte coletivo.

---

[334] *Id.*

[335] FMLF. BAHIA. *Projeto urbanístico integrado Cajazeira*: síntese. São Paulo: Hidroservice; Cedurb, 1977. v. 3.

[336] IGHB. *A Tarde*, 6 out. 1983.

[337] FMLF. BAHIA. *Projeto urbanístico integrado Cajazeira*: síntese. São Paulo: Hidroservice; Cedurb, 1977. v. 3.

[338] FMLF. BAHIA. Secretaria do Trabalho e Bem-Estar Social. *Política habitacional do estado da Bahia*: programa governamental para o quadriênio 79/83. Salvador, 1979. p. 7-8.

[339] Entrevista com Tânia Almeida, realizada em 21 out. 2021 por Vitor Santos em Salvador.

[340] IGHB. *A Tarde*, 6 out. 1983.

[341] FMLF. BAHIA. *Transporte de massa de Salvador*: corredor Retiro-Cajazeira. Salvador: Conder; Seplantec; Tecnosolo, 1985. v. 8, p. 41.

> Os moradores de Cajazeiras 10, por exemplo, andam mais de oito quilômetros para poder pegar um ônibus, e, mesmo assim, levam mais de duas horas no ponto de ônibus.
>
> Uma outra reivindicação dos moradores de Cajazeiras é a construção de abrigos em alguns terminais, como no Conjunto V os que residem ali ficam a mercê do tempo, pois nenhum tipo de proteção existe nem para o sol, nem para a chuva. José dos Santos, que adquiriu um imóvel em Cajazeiras 10, declarou que está pagando para não morar, porque sem transporte é impossível ficar no lugar.[342]

É notável na matéria de *A Tarde* uma situação também relatada por Maísa Flores[343] à Nelma Barbosa em entrevista. A mobilizadora social chegou ao conjunto Cajazeiras X junto à mãe (servidora pública estadual), buscando realizar o sonho da casa própria e, ao mesmo tempo, fugir do aluguel que pagavam no bairro da Boca do Rio[344]:

> *A gente não tinha ônibus de Cajazeira. Logo no início, na época em que nós recebemos a casa, tinha um ônibus que ia até a [Cajazeira] 5, e aí andava da 5 até a [Cajazeira] 10. Eu morava na 10, depois foi que chegou um ônibus que fazia todas as Cajazeiras pro Terminal da França esse demorava um infinito pra conseguir chegar a algum lugar né? E aos poucos que foram chegando as linhas, então as pessoas tinham que ir no centro pra comprar [e precisava] fazer um carreto entre a 5 e a 10 as vezes nas Kombis, os transportes alternativos, muito raros, ou ir a pé.[345]*

Em relatório, a prefeitura constatou a falta de estabelecimento comercial no bairro:

> O sistema de abastecimento alimentar é bastante insuficiente para atender a demanda local que nos últimos anos elevou-se significativamente.
>
> A população para suprir essa carência, recorre a vendas e mercadinhos que devido a falta de opção na área elevam os preços das mercadorias.

---

[342] IGHB. *A Tarde*, 20 mar. 1984.

[343] É uma mulher negra, professora e líder comunitária, que no dia da realização da entrevista estava com 38 anos de idade. Chegou a Cajazeiras X aos 15 anos de idade com sua mãe, antes residiam no bairro da Boca do Rio. Fez parte de diversos movimentos sociais do bairro, a exemplo do Grupo de Jovens Renascer, Movimento Popular do Loteamento São José, Agenda 21 e Cajaverde. Nesse sentido, é uma militante das questões relacionadas à comunidade negra e periférica, principalmente em relação às camadas mais jovens.

[344] Foi criado em 1969, após remoções feitas pela PMS, que realocou as ocupações de Ondina e Bico de Ferro para o atual território do bairro. A Boca do Rio, assim como as duas ocupações de onde vieram seus moradores originais, situa-se na orla atlântica da capital baiana, por isso seus moradores possuem estreita relação com as praias próximas (Salvador, 2009, p. 48).

[345] Entrevista com Maísa Flores, realizada em 13 mar. 2008 por Nelma Barbosa em Salvador. *Cf.* Barbosa (2009).

> Inexiste qualquer centro de abastecimento na área. A população se desloca para as feiras de São Joaquim, Sete Portas e Sub-Centro do Camurugipe como opção de compras variadas.[346]

Portanto, é possível inferir que as dificuldades de mobilidade se davam em relação ao centro da cidade como também dentro dos próprios bairros do Complexo Cajazeiras. Isso significava um transtorno diário para os moradores, visto que os conjuntos foram destinados à população de baixa renda e que dependia do serviço de transporte público cotidianamente. A ausência de estabelecimentos comerciais de grande porte, que já acontecia em Águas Claras antes da construção do Projeto Cajazeira (como já observamos no capítulo dois), obrigava os habitantes da região a realizarem suas compras em feiras ou mercados distantes de suas moradias, o que gerava a necessidade de utilizar os precários e escassos ônibus que ali circulavam.

Outro morador do mesmo conjunto, Alfredo Venceslau, relatou sobre os problemas de mobilidade urbana enfrentados pela população de Cajazeiras:

> *[...] a organização dos moradores de Cajazeiras, foi assim que se deu, movidos pelas necessidades, pela carência, em primeiro lugar do transporte, foi um ponto assim chave, número 1, foi o transporte de Cajazeiras e a gente foi à prefeitura, depois foi implantado o terminal... o Terminal EVA que na verdade parecia um [...] campo de concentração, porque era uma situação aterrorizante. Os passageiros pareciam morcegos, é super... Superlotação, todo mundo tinha que ir dependurados como se morcegos fossem [...]. Internamente se tirasse... Se levantasse o pé não teria mais o lugar pra repor. É na porta, é na janela parava na estação e entrava pelas janelas, entrava pela porta, você poderia ficar neutra que as pessoas te colocavam até o banco do carro. Agora nada tem a ver com a educação da gente, nada tem a ver com qualquer um outro fator de comparação, nada disso! Todo mundo muito bem... As pessoas pais e mães de famílias, pessoas é... Adolescentes, mas era carência necessidade era a lei pela sobrevivência, e nada tem a ver com educação, não é que fossemos deseducados, tal... Não, nada disso! Era a situação mesmo, do poder público que por um lado [...] cumpriu seu papel, mas por outro não deu um mínimo de condição de sobrevivência. Então forçou que as pessoas enfim começassem a buscar isso pela lei da selva. E, é... o transporte tinha essa coisa toda, não era lugar que você pudesse se sentir nem sequer à vontade com confiança.[347]*

---

[346] FMLF. SALVADOR. *Diagnóstico do Complexo Habitacional Cajazeira/Fazenda Grande.* Salvador: SMP; Duop, 1987. p. 32.

[347] Entrevista com Alfredo Venceslau, realizada em 9 jul. 2008 por Nelma Barbosa em Salvador. *Cf.* Barbosa (2009).

Em carta publicada na seção "Opinião do leitor" de *A Tarde*, outro morador do mesmo conjunto denunciou:

> O povo baiano, tão sofrido, encontrou, ali, mais um tormento para os seus dias atribulados. A criação do Terminal EVA suprimiu viagens diretas daqui para a capital e vice-versa. Obrigou os passageiros a desembarcar ali e aguardar outro ônibus para levá-los ao seu destino. Mas o que são a espera e o reembarque, só se vendo para acreditar. A demora até a chegada de outro veículo estende-se até por mais de meia--hora, e quando o carro chega é um pandemônio infernal. Não há polícia que consiga organizar a fila e manter a ordem. Os passageiros se acotovelam, se empurram com violência na ânsia de ocupar um assento. Ocorrem brigas e palavrões. Pior do que todos, sofrem as mulheres e as crianças. E várias dessas mulheres com seus filhinhos têm tomado empurrões e até quedas dentro do veículo.
>
> Por causa desse inferno, que é o Terminal EVA, as pessoas chegam em casa de ordinário com um atraso de quase duas horas.[348]

A tentativa da prefeitura em solucionar os problemas de mobilidade dos moradores de 11 bairros, incluindo os do Complexo Cajazeiras, conforme relatado nos trechos da entrevista e da carta apresentadas, resultou em mais um sufoco no dia a dia das pessoas que necessitavam das poucas linhas de ônibus (apenas cinco[349] interligavam tais localidades às principais áreas da cidade). A superlotação e as situações "infernais" que se repetiam a cada dia marcaram a memória coletiva em relação ao terminal Estrada Velha do Aeroporto (EVA).

É importante ressaltar que a maioria das reportagens publicadas sobre a situação no terminal EVA no jornal *A Tarde* à época tecia discursos que marginalizavam e retratavam as pessoas pobres e/ou negras como desordeiras, pois dava-se muita ênfase às confusões que ocorriam diariamente nas disputas por um lugar nos ônibus, essenciais para que os habitantes do complexo pudessem ir trabalhar, estudar, passear ou realizar qualquer outra atividade nas regiões mais centrais da soterópolis[350]. Em contrapartida, percebe-se que Alfredo constrói uma outra visão de tais situações, sem negar, porém, o tumulto que enfrentavam todos os dias.

---

348 IGHB. *A Tarde*, 10 dez. 1984.

349 FMLF. BAHIA. *Transporte de massa de Salvador*: corredor Retiro-Cajazeira. Salvador: Conder; Seplantec; Tecnosolo, 1985. v. 8, p. 41.

350 IGHB. *A Tarde*, 6 set. 1984; 9 set. 1984; 11 set. 1984; 18 set. 1984; 31 dez. 1984.

Logo, ao contrário das visões estigmatizadas que eram propagadas pela mídia conservadora, o comerciante destacou que a agitação não era causada pela falta de educação, mas pelo descaso dos poderes institucionalizados diante das demandas populares.

Observando o discurso subliminar, em seu relato, Alfredo repete que não era uma questão de educação justamente porque boa parte das reportagens publicadas na mídia conservadora construiu um discurso hegemônico de que as populações negras e/ou pobres seriam mal-educadas e por isso não precisavam de um transporte e uma vida dignas[351].

Maísa relembra os tempos de estudante do segundo grau, quando saía de Cajazeiras para ir até o Colégio Estadual Teixeira de Freitas, localizado no centro da capital:

> MAÍSA FLORES: *[...] Aí depois fizeram aquele terminal EVA [...] precária muito precária, mas evitava que a gente andasse aquele pedação, às vezes demorava mil anos, era lotado, todo mundo pendurado na porta, entendeu? Então assim pra sair do centro e chegar em Cajazeiras era duas horas no mínimo pra gente conseguir chegar na Lapa, né? Então quando eu fui pra lá eu tava no segundo grau, eu estudava no Teixeira de Freitas, tinha que sair de casa onze [horas da manhã] pra chegar no Teixeira de Freitas uma da tarde e quando saia do colégio cinco chegava em casa sete, às vezes eu chegava em casa nove horas da noite. Porra, nem conseguia entrar no ônibus na Lapa pra chegar no terminal EVA!*
>
> NELMA BARBOSA: *(Risos)*
>
> MAÍSA FLORES: *Uma coisa bem complicada não é? Então assim, essa opção habitacional pra população de jogar você pra um bairro muito longe é complicado, foi complicado pra mim que nasci na Boca do Rio, meus parentes moravam lá, entendeu? Você tem toda uma relação naquele lugar, aí você sai e vão pro lugar que não tem nada! Na verdade, pra nós que chegamos no conjunto lá em Cajazeira era um bairro que não tinha nada né? E você vai construindo as amizades e a questão que foi uma coisa muito nova, né? Porque não tinha a tradição da vizinhança, hoje depois de muito anos foi criando a relação de vizinhança, mas na chegada não, entendeu? E agora o pessoal que já morava lá esses que não era do conjunto, essa população que ficava lá eles já tinham essa relação de vizinhança eles eram muito próximos e faziam tudo junto lá e quem era do conjunto não tinha muito*

> *contato, entendeu? Ao longo dos anos foi que a população dos*
> *conjuntos foi começando a ter uma interlocução com os moradores*
> *antigos de Cajazeira.*[352]

Apesar do tom cômico, causando risos na entrevistadora, no relato *supra* se destaca a revolta de Maísa ao relembrar situações que enfrentava todos os dias para ter acesso à educação formal. Recém-chegada à localidade, que ainda contava com poucas e precárias escolas, estudar no centro da cidade poderia ser encarado pela sua mãe como possibilidade de ter melhor formação, assim como é possível que a insuficiência de vagas tenha obrigado a fazer tal escolha em relação ao futuro da filha. Percebe-se que o antigo bairro em que residia é utilizado como parâmetro de comparação, evidenciando a segregação espacial enfrentada a partir do momento em que se mudaram para a nova moradia em Cajazeiras.

Ainda que na localidade da Boca do Rio a entrevistada enfrentasse problemáticas relacionadas à separação por raça e classe na urbe (por se tratar de um bairro majoritariamente negro e pobre), a mudança para Cajazeiras somava mais um elemento nesse sentido: o afastamento geográfico da centralidade urbana. Naquele momento, o sentimento de não pertencer àquela nova realidade foi um fator de estranhamento para a jovem, que precisou tecer novas sociabilidades e modos de vivência dentro do contexto urbano. Portanto, podemos afirmar que a chegada ao complexo significou para Maísa a (re)construção de sua própria identidade e sua leitura do que seria a vida na cidade.

A reportagem a seguir destaca o contexto em que foram tecidas as relações entre os moradores dos recém-implantados conjuntos:

> Para o pessoal que mora em bairros mais distantes, a exemplo de Cajazeira, Castelo Branco, Pau da Lima e Fazenda Grande, o problema é semelhante, tanto faz no inverno como no verão. Os moradores alegam que a precariedade do serviço de transportes coletivos acaba desestimulando a ida à praia nos dias de sol, ficando a diversão limitada aos bate-papos regados a cerveja nos botecos dos próprios bairros, aos torneios de dominó nas esquinas, campeonatos de biribas, jogo de sinuca e peladas nos campos improvisados das áreas disponíveis.
>
> Quem mais sofre com essa situação são meninos e mulheres que não participam do mesmo lazer dos homens, ficando obrigados a passar o fim de semana trancados nos apartamen-

---

[352] Entrevista com Maísa Flores, realizada em 13 mar. 2008 por Nelma Barbosa em Salvador. *Cf.* Barbosa (2009).

> tos dos conjuntos da Urbis. Um exemplo de tudo isso pode ser claramente percebido entre os moradores de Cajazeira e Fazenda Grande. Neste fim de semana, quando a chuva e o frio contribuíram para dificultar o lazer, a única alternativa foram as peladas, mesmo assim sacrificadas pela falta de espaço. A única área capaz de oferecer condição para o jogo está esburacada.
>
> [...]
>
> Sem poder frequentar as mesas dos bares ou campos de peladas, a maioria das mulheres é obrigada a passar o fim de semana na beira do fogão, cuidando das crianças, preparando a casa ou assistindo televisão. As crianças ficam presas nos apertados apartamentos da Urbis, agitadas e neuróticas, aguardando a segunda-feira para irem à escola, única alternativa de lazer num local onde não há parque de diversão, cinemas, teatros e nem praças e condições de oferecer opções para diversão.[353]

Destaca-se que o repórter, de maneira preconceituosa, trata com naturalidade o papel das mulheres enquanto cuidadoras da casa e das crianças, e dos homens como pessoas que poderiam frequentar locais como bares e outros tipos de lugares fora do espaço privado. Porém, o texto jornalístico também retrata como esse cotidiano poderia ser influenciado pelo modo tecnocrático como os conjuntos habitacionais foram projetados, onde o lazer e a construção de sociabilidades eram relegados a terceiro plano, concordando com a ideia de um bairro-dormitório[354]. Logo, é importante ressaltar que tais lugares são relevantes não somente para diversão, mas também para a troca de vivências que poderiam fortalecer ações que constituíssem uma consciência política entre os habitantes da localidade.

Alfredo destacou em entrevista que o processo de constituição dos grupos associativos e lideranças políticas em Cajazeiras foi com base no autodidatismo, no qual a sensação de serem tratados de modo diferente em relação aos outros moradores de Salvador tornou-se peça indispensável da luta coletiva. Vejamos um outro trecho do seu relato:

> NELMA BARBOSA: É... Então você disse que havia uma diferenciação de tratamento dos moradores de Cajazeiras do resto da cidade, é isso?
>
> ALFREDO VENCESLAU: *Se naquele tempo... Da ficha, que não era currículo, chamava ficha, né? Um emprego, numa empresa, se você fizesse essa famosa ficha e colocasse o endereço de Cajazeiras*

---

[353] IGHB. *A Tarde*, 22 jul. 1985.
[354] BARBOSA, 2009.

> *[...] não tinha emprego pra quem era de Cajazeiras, por melhor qualificado que você fosse. Então, você pode conversar com pessoas daquele tempo [...] vão dizer: "Olha quem... eu não... Dei o endereço do meu pai, da minha irmã do parente do centro e tal, mas endereço de Cajazeiras, não!"*[355]

Ao responder ao questionamento da entrevistadora, o comerciante utiliza-se de uma situação prática para evidenciar a sensação de afastamento físico e social que os moradores da região nutriam em relação ao resto da cidade. Apesar de não trazer a situação de uma forma pessoal, é provável que o exemplo dado tenha ocorrido com muitas pessoas próximas ou conhecidas. Mesmo que não responda à pergunta positiva ou negativamente, a circunstância narrada é tomada por Alfredo como prova cabal da segregação vivenciada cotidianamente pelos moradores da região, ou seja, se a pessoa não conseguia um emprego somente por conta do lugar em que morava, o que mais conseguiria? Destarte, negar o pertencimento ao Complexo Cajazeiras pode ter sido uma das *táticas* utilizadas pelos seus moradores para driblar as visões estigmatizadas vinculadas àquela localidade.

A seguir, veremos um trecho da entrevista em que Dinho Melo evidencia problemas semelhantes:

> NELMA BARBOSA: *O que foi pra esse garoto sair de lá da San Martim e vir pra cá, pra Cajazeiras?*
> DINHO MELO: É, tecnicamente um início de uma luta *[...] porque Cajazeiras, o transporte coletivo não tinha. Aí a luta era pelo transporte coletivo, você tinha que ir para uma estação que chamava EVA, que era [...] uma bagunça [...]. Então uma luta pra se firmar pra que se tivesse ônibus pra Lapa, pra outros terminais, que todos os outros bairros tinham e aqui não tinha. Então, quer dizer, naquele momento a gente começa uma luta, e aí se firma toda a luta política em Cajazeiras em cima do transporte coletivo. [...] então, basicamente, o transporte coletivo queimava também a população de Cajazeiras, era uma queimação mesmo. Pra chegar aqui, se você fosse pra uma festa, quando dava nove, dez horas, você tinha que voltar porque não tinha como retornar, ou então você tinha que ficar lá até de manhã, basicamente isso. Então a luta, ali por cidadania começa pelo transporte, é uma luta de todo o mundo, mas dentro desta luta aí desperta, cadê a escola de 2° grau? Não tinha. Cadê o banco? Não tinha. Cadê o cartório? Cadê o supermercado? Cadê? É, não tinha nada praticamente,*

---

[355] Entrevista com Alfredo Venceslau, realizada em 9 jul. 2008 por Nelma Barbosa em Salvador. *Cf.* Barbosa (2009).

> *nada, nada, [...] simplesmente construíram um conjunto e você*
> *veio morar e não deu nenhuma estrutura, nada que você pensar*
> *aqui se tinha, hoje se tem tudo.*[356]

Destaca-se, em primeiro lugar, que a mudança para Cajazeiras sig-nificou o "início de uma luta", já que os problemas enfrentados por Dinho no seu local de moradia anterior provavelmente foram diferentes daquelas demandas que passou a encarar quando chegou ao complexo. Segundo o mobilizador social, que chegara do bairro da Liberdade, morar em Caja-zeiras significava estar "queimado"[357] dentro dos círculos sociais, princi-palmente por conta da dificuldade encontrada no deslocamento para a centralidade urbana. Porém as causas vão bem mais além do que isso. É o estigma construído sobre a população negra, pobre, sem acesso à educação e que enfrenta diversas distorções sociais cotidianamente. Logo, é possível afirmar que o distanciamento do centro e as dificuldades com a mobilidade urbana afetavam a vida dos moradores da região para além das situações ligadas ao emprego e à renda.

O trecho da entrevista também evidencia como a luta pela melhoria do transporte público despertou o olhar dos moradores para os outros serviços básicos que conferem o direito à cidadania dentro do contexto urbano e que eram negados ou negligenciados pelos poderes públicos. Portanto, a precariedade dos meios de transporte em Cajazeiras foi o estopim para que as outras necessidades básicas dos habitantes fossem também observadas individualmente e, sobretudo, coletivamente. Despertou-se, assim, um sentimento de injustiça diante das carências vivenciadas cotidianamente, alimentando ainda mais o desejo pela mudança e transformação da realidade que se demonstrava totalmente discrepante das promessas e propagandas que eram divulgadas sobre Cajazeiras desde fins da década de 1970.

A seguir, veremos uma outra carta escrita por um morador da região e publicada em *A Tarde*:

> É inacreditável o estado de abandono em que se encontram os Cajazeiras 8 e 10. Parece que o governo, que tanto gastou para construí-los, esqueceu o principal fator, que é o policiamento. Lá os ladrões estão disputando, através de quadrilhas, quem fica de posse do lugar, como num verdadeiro filme de gangsters [*sic*]. O número de policiais

---

[356] Entrevista com Dinho Melo, realizada em 20 jun. 2008 por Nelma Barbosa em Salvador. *Cf.* Barbosa (2009, grifo nosso).

[357] Expressão popular utilizada para se referir a alguém que não tem a confiança das pessoas com quem convive.

que fazem a ronda no conjunto é insuficiente pelo tamanho do mesmo. *Hoje Cajazeiras virou cidade e é preciso ter policiamento de cidade, mesmo porque, fica bastante distante do centro da capital* e jamais seria possível se chegar até lá caso houvesse um assalto e fosse necessário para lá se deslocar um maior número de policiais. Foi colocado em um dos conjuntos um posto policial que atenderia a todos os conjuntos. Esqueceram, porém, que *Cajazeiras não é um conjunto e sim uma pequena cidade.*[358]

O missivista (que afirma ser morador da região), possivelmente por ser leitor do periódico, descreve as questões de segurança nos conjuntos Cajazeiras VIII e X de maneira que reforça os diversos estigmas que já eram propagados pela mídia conservadora baiana em relação aos bairros negros e/ou pobres de Salvador. Não obstante, chama mais atenção no texto a forma como o autor se apropria do discurso de que Cajazeiras seria uma "cidade" para cobrar medidas institucionalizadas que impedissem a suposta prática de pessoas e/ou grupos criminosos no complexo. Pode-se pensar que as vivências cotidianas realçavam ainda mais a segregação urbana e, consequentemente, criaram a necessidade de construir meios que diminuíssem as distorções que afetavam a vida daquelas pessoas.

O ano de 1985 foi marcado por muitas obras de infraestrutura: construções de creches, escolas, postos policiais e de saúde, entre outros. Nesse momento de mudanças, as obras realizadas em Cajazeira e Fazenda Grande foram inauguradas em comemoração aos dois anos do mandato de João Durval. Assim como nas outras gestões, a estreia das edificações esteve em volta de muita publicidade e propaganda[359].

Entretanto, todo o processo de propaganda não foi capaz de atender as necessidades reais dos moradores dos novos bairros soteropolitanos. O Complexo Cajazeiras, assim como outros conjuntos habitacionais voltados para as populações de baixa renda em Salvador, foi considerado pela imprensa conservadora "verdadeiras *favelas* de cimento" sob a justificativa das deficiências na infraestrutura dessas habitações[360]. Torna-se manifesto que a afirmação de Cajazeiras como uma favela atua para delimitar aquela região "como sendo o que destoa do entorno, que é e contém o que não deveria ser nem conter na cidade"[361].

---

[358] IGHB. *A Tarde*, 23 mar. 1985, grifo nosso.

[359] *Ibid.*, 9 mar. 1985; 12 mar. 1985; 14 mar. 1985.

[360] *Ibid.*, 2 jan. 1986, grifo nosso.

[361] BRUM, 2012, p. 293.

Um exemplo de como a precariedade dos serviços públicos poderia ser letal é demonstrada na matéria a seguir:

> O médico plantonista do Posto de Saúde localizado no Conjunto Cajazeira 8, cujo nome não foi fornecido pelos atendentes, recusou-se a atender, numa emergência, uma jovem senhora com dores de parto.
>
> Em face do estado da paciente, prestes a ter a criança, os familiares a levaram ao posto para um primeiro atendimento, mas o médico respondeu que não iria recebê-la, uma vez que lá, segundo suas alegações não era uma maternidade. A consequência foi a morte do bebê, que nasceu sem vida quando a parturiente, D. Núbia Liria Miranda Santos, se preparava para procurar um hospital. Felizmente, ela salvou-se e se encontra internada no hospital Adventista, sob rigorosos cuidados médicos.[362]

A reportagem é relevante para notar como o distanciamento do centro da cidade e, consequentemente, dos melhores equipamentos de atendimento à população poderia trazer efeitos trágicos na vida dos habitantes do Complexo Cajazeiras. A recusa do médico em atender a mulher grávida pode ser justificada pelo fato de que o profissional talvez não fosse obstetra, porém é possível inferir que não havia nem mesmo uma ambulância que pudesse levar a parturiente para a maternidade mais próxima. Desse modo, a demora para chegar ao local adequado para que pudesse dar à luz foi fatal para a criança, assim como poderia ter sido também para a mulher que estava em risco e para todos seus familiares, que perderiam duas pessoas importantes por conta da incapacidade dos poderes públicos.

Em diagnóstico realizado pela prefeitura em 1987, a saúde no Complexo Cajazeira foi descrita da seguinte forma:

> Observando-se os dados da OMS e da MPAS, concluímos que quantitativamente, o atendimento aos moradores da ZI-69, é de 7 vezes menor (OMS) e 15 vezes menor (MPAS) para se atingir o padrão de atendimento necessário considerando-se a população atual.
>
> Analisando-se com vistas à população projetada, seria necessário uma oferta 11 vezes superior que a atual, de forma a obedecer os critérios da OMS.
>
> Deve-se entender que, nesta avaliação quantitativa não se levou em consideração os atendimentos de emergência, por não se enquadrarem nos parâmetros observados. Conclui-se,

---

[362] IGHB. *A Tarde*, 3 set. 1986.

> no entanto, que este serviço não se ajusta à solicitação dos bairros, pela carência do número de equipamentos (Só conta com um posto em Cajazeira VIII).
> [...]
> Do ponto de vista qualitativo, as informações dos moradores é de que a prestação de serviço de saúde é extremamente precário uma vez que faltam recursos materiais e humanos.[363]

Destarte, dentro dos parâmetros estabelecidos pela Organização Mundial da Saúde (OMS) e pelo Ministério da Previdência e Assistência Social (MPAS) à época como ideais para o atendimento das questões de saúde pública, o Complexo Cajazeiras estava muito aquém do que se considerava básico para manter o bem-estar de seus habitantes. Em vista disso, tornava-se cada vez mais urgente a tomada de ações que melhorassem a condição de vida na região.

No mesmo ano, *A Tarde* publicou a seguinte nota:

> Durante os dias de hoje e amanhã, os moradores de Cajazeiras estarão realizando o "II Simpósio Vida Própria para as Cajazeiras" e o "I Simpósio sobre Educação e Abastecimento das Cajazeiras". As realizações têm como objetivo condicionar de vida própria aqueles bairros periféricos, impedindo, assim, que, abandonados pelos poderes públicos, transformem-se numa grande favela. Os simpósios serão realizados na Escola Edvaldo Correia Brandão, em Cajazeira V, onde serão discutidos vários assuntos como educação, problemas de abastecimento, programa habitacional, entre outros.[364]

A pequena matéria publicada pelo periódico informa sobre um evento organizado pelos moradores de alguns bairros do Complexo Cajazeiras que visavam discutir sobre as problemáticas em que estavam inseridos no cotidiano. Destaca-se que a segregação vivenciada em relação à cidade de Salvador e o discurso de que Cajazeiras seria uma "cidade" resultam na construção de *táticas* que visavam resolver ou ao menos diminuir a situação de calamidade em que a comunidade vivia. A emancipação em relação à capital da Bahia começou a ser discutida dentro dos conselhos e associações de moradores, buscando assim uma "vida própria para as Cajazeiras".

Não sabemos se o medo de que a região se transformasse em uma "grande favela" foi afirmado pelas lideranças do complexo, porém é possível que tal ideia tenha sido atribuída pelo próprio redator da notícia, pois, como

---

[363] FMLF. SALVADOR. *Diagnóstico do Complexo Habitacional Cajazeira/Fazenda Grande*. Salvador: SMP; Duop, 1987. p. 31.

[364] IGHB. *A Tarde*, 28 nov. 1987.

já observamos, o estigma de *favela* estava interligado às condições de habitabilidade, assim como também às pessoas que viviam em um determinado local. Em contrapartida, existe a possibilidade de que as próprias lideranças reproduzissem tais discursos diante da conjuntura política do momento, já que no período entre 1986-1989 ocorreram diversos movimentos de conquista do espaço para morar no Complexo Cajazeiras e na cidade como um todo.

3.4 As Cajazeiras e os "teimosos invasores"[365]

Os problemas e dificuldades vivenciados pelos habitantes da região no cotidiano estavam ligados, sobretudo, às questões de infraestrutura básica e serviços públicos. As ofertas de trabalho e comércio eram insuficientes, fazendo com que grande parte das pessoas se deslocasse para regiões mais distantes, fator agravado pelas condições precárias de transporte público. Nessa circunstância, grande parte dos habitantes que viviam em Cajazeiras tinha naquele bairro a única alternativa de realizar o "sonho da casa própria" e fugir dos aluguéis, que só aumentavam[366].

A efervescência política e o agravamento da crise financeira no Brasil após a reabertura democrática em 1985 fizeram com que o resultado da segunda eleição direta estadual após o golpe militar de 1964 não surpreendesse tanto. O vencedor do pleito foi Waldir Pires, político progressista que à época fazia parte do PMDB, foi perseguido e exilado após Ato Institucional n. 1[367]. Sua candidatura teve forte apoio dos partidos de esquerda e dos movimentos sociais. Após assumir o cargo em 1987, o tema das "invasões" voltou a ser discutido com frequência nas páginas do *A Tarde*, principalmente no sentido de cobrar providências dos governos estadual e municipal (ambos sob poder do PMDB) diante da iminente "transformação desta velha, bela e pitoresca cidade em uma imensa favela"[368].

Uma reportagem sobre a temática em Cajazeiras afirmou o seguinte:

> Moradores de Cajazeira temem que o local se transforme em mais um foco de invasões, a julgar pelo número de pessoas que recentemente tentou ocupar as imediações da ladeira

---

[365] *Ibid.*, 23 jul. 1987.

[366] FMLF. SALVADOR. *Diagnóstico do Complexo Habitacional Cajazeira/Fazenda Grande.* Salvador: SMP; Duop, 1987. p. 35.

[367] FGV. ARAGÃO, Miriam; CORREIA, Maria Leticia; VELASQUÉZ, Musa. *Francisco Waldir Pires de Sousa*: biografia. Disponível em: http://www.fgv.br/cpdoc/acervo/dicionarios/verbete-biografico/francisco-waldir--pires-de-sousa. Acesso em: 16 jun. 2022.

[368] IGHB. *A Tarde*, 6 abr. 1987.

que dá acesso ao escritório da Urbis. Segundo funcionários do escritório, essa invasão já foi desativada mas ninguém descarta a possibilidade do surgimento de outras dezenas de barracos.

Embora a Urbis tenha assumido o compromisso de desarticular os grupos de invasores, eles "são teimosos" e basta qualquer deslize na fiscalização, para que logo surjam barraquinhos, comentou a moradora do Conjunto Residencial Cajazeira V. Ela disse que "eles chegam sempre de noite, quando todos os moradores normalmente estão em casa e há pouco movimento de carros nas ruas".

Outro morador, que se identificou como Denílson Araújo, informou que as invasões não acontecem de qualquer maneira, porque passaram a ser planejadas. "Hoje, quem invade terreno é gente daqui mesmo, de Salvador, que conhece os locais e os acessos mais fáceis, sabendo que a prefeitura não tem condições de fiscalizar tudo". Ele considerou a situação difícil e teme, a exemplo de dezenas de outros moradores, que aquela área se transforme em local de violência e perigo "como estão se transformando tantos outros conjuntos residenciais na capital".[369]

Uma das várias notícias que versavam sobre os movimentos de ocupação de terrenos na capital baiana em *A Tarde* apresenta os supostos apelos dos moradores de Cajazeira V para que a fiscalização aumentasse sobre as áreas não ocupadas do bairro. Havia, segundo a matéria, o temor das pessoas que habitavam na localidade de que aquelas plagas fossem transformadas em "local de violência e perigo". A matéria jornalística traz discursos que centralizam a marginalização associada às pessoas que participavam de ocupações informais, porém é ainda mais significativo o fato de o autor destacar uma possível predisposição daquela área — assim como outros conjuntos habitacionais — a ser invadida e transformar-se em um bairro perigoso.

É nesse panorama político e social que os bairros construídos pelo Projeto Integrado Cajazeira/Fazenda Grande compõem a "cidade" segregada e rodeada de contradições. Um dos principais contrassensos do processo é a transformação da região, outrora considerada exemplo de bairro formal e ordenado, em lugar atrativo para ocupações informais. Ao ser questionada se o projeto foi pensado para atrair "invasões", Tânia respondeu:

> Muito pelo contrário [...]. Era uma proposta de ordenamento do uso do solo, né? Em todos os sentidos. E eu acho assim: [...] não se preservou em razão de a gente não ter uma alternativa para

---

[369] *Ibid.*, 23 jul. 1987.

> *quem tinha uma renda de [...] zero, um, dois salários mínimos. Não tinha uma alternativa para essa faixa de renda, porque os imóveis, eles eram [...] vendidos e você tinha o comprometimento de dez por cento da renda naquela época, né? Então tinha que, tinha que apresentar renda.*[370]

Portanto, tomando como base as fontes utilizadas na tessitura do nosso estudo historiográfico, é possível afirmar que a visão dos planejadores, sob a necessidade de justificar o ordenamento e uso do solo na capital baiana, agravou o processo de segregação das populações negras e/ou pobres[371]. Assim, as ocupações informais que ocorreram em Cajazeiras emergem não somente como resultado de *estratégias* políticas de expulsão das populações pobres e/ou negras das áreas mais valorizadas da urbe, mas também como *táticas* de resistência diante da incapacidade dos poderes instituídos em atender as necessidades das pessoas menos abastadas.

Com todas as *estratégias* instituídas durante a construção dos conjuntos habitacionais do Projeto Cajazeira, podemos verificar, por meio das relações de poder, a manipulação do Estado no estabelecimento daquilo que os futuros bairros deveriam pronunciar em seu traçado e suas práticas. Entretanto, conforme nos indica Certeau[372], as *táticas* das pessoas que estão submetidas às estruturas de poder são parte indispensável da compreensão do cotidiano. Para isto, é necessário atentar para as astúcias, os golpes, os usos daquelas que corrompem a estrutura estabelecida aproveitando-se das falhas e ausências dos que detêm o poder.

É por este prisma, em que são evidenciadas as "artes do fazer", as manobras e as reapropriações, que iremos observar o processo de reconfiguração dos bairros projetados em Cajazeiras pelos poderes públicos[373]. Não é por acaso que a ocorrência de "invasões" era tão divulgada e estigmatizada na imprensa conservadora baiana, os movimentos sociais representavam uma ameaça direta aos setores mais abastados da sociedade, já que colocavam em xeque os valores defendidos por tais camadas, a exemplo da propriedade privada, ordem, segurança e família.

Em sua dissertação, Almeida afirma que Cajazeiras é um caso que possibilita observar as contradições da política habitacional instituída pelo regime militar por meio do BNH, sobretudo no que diz respeito ao pro-

---

[370] Entrevista com Tânia Almeida, realizada em 21 out. 2021 por Vitor Santos em Salvador.

[371] SOUZA, 2000, p. 46.

[372] CERTEAU, 2014, p. 95.

[373] *Ibid.*, p. 97.

cesso de reapropriação realizado por pessoas que já habitavam em bairros vizinhos, assim como por pessoas que vieram de outras localidades. Assim, formou-se "nesse mesmo meio o padrão e modelo de uma cidade legal e racionalmente produzida, por um lado, e, por outro, a cidade clandestina, apropriada por boa parte da sua população"[374].

Apesar de Tânia Almeida nos indicar que as ocupações informais ocorridas na localidade do atual Complexo Habitacional Cajazeira tiveram início em 1984, é possível afirmar que, antes mesmo da construção do Projeto Cajazeira, já havia algumas ocupações espontâneas na área de Águas Claras. No projeto realizado pela Hidroservice, a região próxima ao Hospital Colônia Dom Rodrigo de Menezes é descrita como "parcialmente propriedade do Estado", em que existia uma ocupação "em grande parte de casas de taipa, o que torna recomendável a implantação de programas de renovação urbana"[375]. Além disso, em levantamento publicado pela CDS em 1983, durante as construções dos conjuntos habitacionais, "segundo informações obtidas junto à população, a área do leprosário pertence ao Estado e há terras de propriedade da empresa Viana Braga S/A"[376].

Entretanto, mesmo havendo as ocupações espontâneas antes mesmo da edificação dos conjuntos habitacionais pela Urbis, não consideramos que sejam "invasões", pois, de acordo com Neves[377], ocorrem enquanto um movimento social, ou seja, quando pessoas ocupam coletivamente terrenos vazios com a finalidade de lutar pela posse da terra sob a condição de terem o direito à moradia atendido. Logo, dentro das características apresentadas pela urbanização inicial de Águas Claras, a ação de posseiros que atuavam em momentos diferentes não é considerada uma mobilização coletiva.

Uma de nossas entrevistadas, Sabina Oliveira, moradora e líder comunitária de Águas Claras, nos contou sobre a ação de posseiros na região:

> [...] eu tirei a madeira de facão, eu mesma carregava e construí uma casa de taipa de um terreno que eu comprei de um senhor [...] que era dono disso aqui tudo. A gente comprava terreno, eu comprei um terreno a prestação e construí. [...] na época que o povo invadia terra, né? Que a gente pobre não podia, mas quem

---

[374] ALMEIDA, 2005, p. 83.

[375] FMLF. BAHIA. *Projeto urbanístico integrado Cajazeira*: síntese. São Paulo: Hidroservice; Cedurb, 1977. v. 3, p. 18.

[376] Id. SALVADOR. *Informações sistematizadas bairros de baixa renda*. Salvador: CDS, 1983. v. 1, p. 15-17.

[377] NEVES, 1985, p. 82.

> *tinha dinheiro invadia. Aí ele tinha meio mundo de terra aqui. Depois que a gente descobriu que essas terras não era de ninguém, [...] o governo veio e tomou conta. Mas essas terras não tinham dono. Não pertencia a ninguém.*[378]

Pode-se destacar na narrativa a diferenciação que Sabina faz em relação ao ato de tomar posse de terrenos alheios quando é executado por pessoas que *"tinha dinheiro"* e *"a gente pobre"*, como se o fato de possuir uma condição financeira favorável possibilitasse que uma pessoa *"invadisse"* muitos terrenos, já que a conta bancária recheada significava não somente dinheiro, mas também influência social e política. De outro modo, a população menos abastada e, por consequência, mais necessitada em relação à posse de terras e habitação, por não possuir o mesmo prestígio político e social, recorria à ação coletiva para ter suas condições mínimas de sobrevivência garantidas[379].

Pode-se inferir, por meio das memórias, que a ação das populações pobres de ocupar terrenos coletivamente emerge também como uma resposta às ações de posseiros abastados. Sendo assim, se aqueles terrenos que eram anunciados como pertencentes a alguém possivelmente influente *"não tinha dono"*, tornava-se legítimo o ato feito em coletividade, pois ali o interesse não era lucrar, mas ter os direitos básicos atendidos[380]. Observa-se ainda um contraste em relação às imagens que circulavam nas mídias conservadoras, que desqualificavam tais movimentos sob a justificativa de haver "especuladores" infiltrados com a finalidade de lucrar com terras pertencentes a outrem[381].

Almeida[382] nos apresenta um levantamento que localiza entre 1986 e 1988 a ocorrência de seis "invasões" na região estudada; são elas: Boca da Mata, em Cajazeira X (1986); Cajazeiras II, em Águas Claras (1987); João de Barro 1 e 2, em Águas Claras/Cajazeira III (1987); Cristo é Vida, em Cajazeira VII (1987); Silvio Leal, em Cajazeira VI (1987); Irmã Dulce, em Águas Claras/Cajazeira III (1988) (Figura 23).

---

[378] Entrevista com Sabina Oliveira, realizada em 27 maio 2021 por Vitor Santos em Salvador.
[379] *Id.*
[380] *Id.*
[381] LIMA, 2009, p. 73.
[382] ALMEIDA, 2005, p. 93.

Figura 23 – Mapa das "invasões" no Complexo Cajazeiras em fins da década de 1980

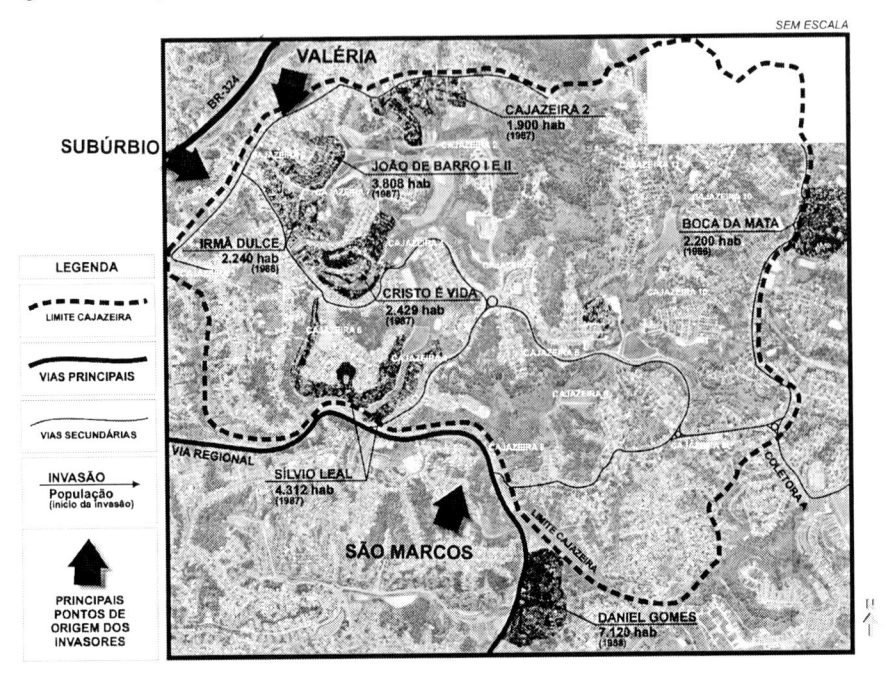

Fonte: Almeida (2005)

Foi na região identificada por Tânia como João de Barro 1 e 2 que Sabina participou da ocupação com outras pessoas que necessitavam de moradia e possuíam dificuldades em relação à comprovação de renda:

> [...] casa popular naquela época só tinha direito quem tinha três salários mínimos, e [...] quem tinha naquela época? Ninguém. Aí eu reuni o povo de novo, de noite, e disse: "Vamos invadir". Aí foi uma etapa na minha vida, meu Deus, aí já me liberava do trabalho porque essa deputada me dava o suporte. Porque a gente só não faz não, meu filho. E tinha um assessor dela, que foi ex-preso político, que me orientava em tudo.[383]

A ocupação ocorrida em Águas Claras/Cajazeira III foi organizada e coordenada, seus participantes — apesar de não serem abastados e não possuírem grandes influências políticas — buscaram alternativas de fortalecimento da luta empenhada naquele momento. Verifica-se uma *tática* comum em movimentos sociais por habitação em que, de acordo com Neves[384], era

---

[383] *Ibid.*, p. 93.
[384] NEVES, 1985, p. 46.

frequente, após a construção dos barracos, os posseiros formarem associações, conselhos ou comissões para buscar apoio dos partidos, políticos e imprensa de esquerda com vistas a encontrar apoio jurídico e da opinião pública. A situação ficou explícita no momento em que a entrevistada afirmou que um dos perseguidos pela ditadura de 1964 havia orientado e dado suporte à ocupação de que participou.

Pode-se perceber organizações do tipo também na ocupação coletiva ocorrida no Loteamento Nogueira[385], que, mesmo não sendo citada no trabalho de Tânia, teve relevância por ter sido uma das primeiras em Águas Claras[386]. A reportagem de *A Tarde* narra o encontro entre o então secretário de Desenvolvimento Urbano, Lauro Assunção, o presidente da Associação de Moradores, Aleivaldo Batista, e uma comissão formada por moradores. Entre as diversas demandas para o bairro, a principal reivindicação das pessoas que participaram foi a manutenção dos posseiros nos terrenos ocupados. Assim, é possível afirmar que o processo de construção de uma coletividade entre os participantes de ocupações era indispensável à conquista do espaço para morar.

Ao mesmo tempo que a organização das sociedades de bairro foi de suma importância na luta por direitos das populações pobres, é importante atentar que teciam divergências e disputas, perpassando as questões políticas e ideológicas dos componentes[387]. Em Águas Claras no ano de 1987, além da Associação de Moradores do Loteamento Nogueira (AMLN) existiam: a Associação Beneficente e Esportiva de Águas Claras (Abemac), dirigida por Sabina Oliveira; a Associação dos Moradores e Amigos de Águas Claras e Adjacências, dirigida por Carlos Alberto Jesus; além da Associação dos Moradores e Amigos de Águas Claras, dirigida por Newton Lucas. As três últimas associações disputaram uma sede que havia sido construída em mutirão pelos moradores, mas que só foi entregue após as três entidades formarem um Conselho de Moradores[388].

Além das questões ideológicas e políticas, Sabina afirma que o fato de ser uma mulher que ocupava um espaço predominantemente masculino dificultou muito suas ações como líder comunitária. Ela destaca que, apesar de frequentemente ocuparem um lugar secundário nas sociedades de bairro, eram as mulheres que tomavam a frente nas manifestações e na busca das autoridades para reivindicar direitos[389].

---

[385] IGHB. *A Tarde*, 12 jul. 1987.

[386] Entrevista com Sebastião Souza, realizada em 22 maio 2021 por Vitor Santos em Salvador.

[387] NEVES, 1985, p. 46.

[388] IGHB. *A Tarde*, 14 jul. 1987.

[389] Entrevista com Sabina Oliveira, realizada em 27 maio 2021 por Vitor Santos em Salvador; NEVES, 1985, p. 46.

Entretanto, o apoio político recebido não significava que o movimento de luta pela moradia havia se consolidado, visto que se tratava de um terreno de interesse para construção de habitações do Projeto Cajazeira. Dentro da circunstância, os posseiros sofriam retaliações da Urbis, que, junto à Polícia Militar, tentava expulsar os ocupantes dos terrenos sob sua responsabilidade.

> *E aí, resultado: a gente fazia os barracos e a polícia vinha com a Urbis e derrubava. [...] Barraco de pau, de palha de dendê, viu? E aí eles vinham e derrubava. Aí derrubou e me ameaçaram, aí quando foi um dia eu reuni o povo. "Vocês querem ter casa, quer morar? A gente vai ter que enfrentar a Urbis e a polícia". "Ah, não sabemos como". "Vamos enfrentar". Peguei os meninos bons aqui, tinha meus irmãos tudo aqui. Aí peguei, porque todo mundo já estava morando nesses barracos, porque não tinha onde morar.*[390]

O enfrentamento também foi uma das alternativas encontradas pelos ocupantes para terem seus direitos reconhecidos, apesar de todo o perigo que isto significava, visto que o braço armado do Estado fundamentava sua ação em torno da defesa do seu patrimônio material. Apesar do ponto de vista legal, cometem um crime (mais um, além da ocupação dos terrenos): a reação à violência estatal era justificada, pois, de acordo com Sabina, *"a polícia ia bater, cortar, ia derrubar os barracos. A Urbis derrubava e eles davam cobertura, a polícia"*[391]. Portanto, a resistência da população perante a força do Estado é considerada por Sabina como de legítima defesa, tanto da integridade física quanto do direito à moradia.

Em entrevista, Humberto Gomes[392], que participou da ocupação no Loteamento Nogueira, rememora alguns momentos:

> VITOR SANTOS: *E como era esse período aí das invasões, o senhor falou que o governo vinha direto para derrubar...*
> HUMBERTO GOMES: *Ah, a polícia vinha para derrubar, porque não podia, não tinha posse, de quem era essa terra, eu acho que era do governo, né? [...] Waldir Pires veio legalizar todo mundo, deu a todo mundo seu pedaço de terra, por sinal, ficou todo mundo bem, todo mundo com sua casinha. [...] eu fui um dos primeiro aqui, depois fui embora, minhas irmãs ficaram aí [...].*

---

[390] *Id.*

[391] *Id.*

[392] Popularmente conhecido como Xuxa, é um homem negro, comerciante e no dia da realização da entrevista contava com 53 anos de idade. Chegou a Águas Claras na segunda metade da década de 1980, onde sempre trabalhou como vendedor ambulante de picolé, frutas e outros produtos. Após alguns anos, com o apoio de pequenos empresários da região, construiu sua barraca, onde até os dias atuais comercializa verduras, frutas e legumes. A rua em que está localizado seu comércio foi batizada pela população com seu apelido: rua de Xuxa.

> *Quando passei um domingo na casa de minha irmã, tinha um pedaço de terreno ali onde eu moro, aí peguei, fiz o barraco em um dia, estava com a mulher gestante, e aí dormi, passei a noite lá e estou até hoje. Já tenho 33 anos.*[393]

Por meio das memórias de Humberto, é possível pensar sobre os variados usos que uma terra ocupada junto a um movimento de conquista da moradia pode oferecer. No caso do feirante, o terreno apossado foi dividido com as irmãs[394]; Sabina nos afirma que ocupou pela dificuldade em ser atendida pelos programas governamentais destinados a pessoas de baixa renda[395]; um líder comunitário e um morador entrevistados por Tânia Almeida[396] afirmaram a dificuldade de pagar aluguel como sua principal motivação. Sebastião nos afirmou que também chegou a demarcar terrenos em ocupações, mas desistiu por conta da violência empregada pela polícia nas ações de derrubada dos barracos[397].

Em conformidade com a afirmação da historiadora Gisele Lima[398] sobre o movimento de ocupação do Marotinho, pode-se inferir que, por mais que existissem pessoas que se apossavam de terrenos com a finalidade de comercializar (fatos que costumavam aparecer com frequências nas matérias jornalísticas de *A Tarde* com a finalidade de deslegitimar as ocupações)[399], era um negócio limitado, por se tratar de regiões pouco valorizadas e sem nenhuma infraestrutura.

Ainda assim, os redatores do periódico baiano continuavam a tecer discursos negativos em relação às "invasões", centralizando-os para as disputas em ocupações próximas a conjuntos habitacionais como o assassinato de uma mulher negra de 70 anos por um policial militar numa ocupação realizada no bairro da Boa Vista de Brotas, em julho de 1987. O acontecimento teve grande repercussão na mídia impressa baiana e aumentou ainda mais as pressões sobre as questões habitacionais e o "problema das invasões" na gestão de Waldir Pires[400].

Almeida[401] evidencia este contexto em sua pesquisa, inferindo que

---

[393] Entrevista com Humberto Gomes, realizada em 1 jul. 2019 por Vitor Santos em Salvador.

[394] *Id.*

[395] Entrevista com Sabina Oliveira, realizada em 27 maio 2021 por Vitor Santos em Salvador.

[396] ALMEIDA, 2005, p. 95.

[397] Entrevista com Sebastião Souza, realizada em 22 maio 2021 por Vitor Santos em Salvador.

[398] LIMA, 2009, p. 67.

[399] IGHB. *A Tarde*, 12 jul. 1987.

[400] *Ibid.*, 17 jul. 1987.

[401] ALMEIDA, 2005, p. 85.

> [...] é preciso lembrar o impacto sócio político das ocupações no próprio território de Cajazeira. Os moradores dos conjuntos habitacionais sentiam-se ameaçados dentro do seu território que lhes parecia até então assegurado pelo próprio Estado.

Sentindo-se sob ameaça, muitas pessoas que habitavam nas moradias construídas com verbas do BNH utilizavam-se da visibilidade do jornal para denunciar os "teimosos invasores", que se valiam das falhas de fiscalização da Urbis para construir seus barracos[402].

Sabina afirma que os moradores dos conjuntos *"agiam muito por baixo dos panos"*[403] ao denunciar a ação dos movimentos coletivos de posseiros, concluindo que isto ocorria pelo fato de considerarem os "invasores" como pessoas muito pobres e socialmente marginalizadas, visão construída possivelmente pelo discurso hegemônico da época:

> *[Não gostavam] do povo daqui, do povo pobre, porque eles se diziam ricos. Só comiam sardinha e ovo, mas se diziam ricos. Aí você sabe o que acontecia? Eu fui entregue várias vezes quando fiz essa ocupação pelo povo dos conjuntos. Era o povo dos conjuntos que me entregava, viu? Eles não deixavam, eles não queriam. Invasão para eles eram tudo marginais. Muitos venderam o apartamento e hoje moram onde era a invasão. Muitos deles. Como as coisas mudam, né?*[404]

Nossa entrevistada usa o discurso sobre o lugar social utilizado para analisar os conflitos entre aquelas pessoas que habitavam na parte formal com a parte informal do bairro. Percebe-se que o fato de ocuparem lugares diferentes em um mesmo espaço tornava os personagens rivais, portanto é possível afirmar que a rivalidade era baseada em discursos externos que atribuíam ilegalidade ou legalidade, a depender da posição ocupada dentro do bairro. Chama atenção também que, após a consolidação e o reconhecimento das ocupações pelo Estado, muitos dos que criticavam os posseiros se mudaram para as áreas "invadidas", fosse por meio da compra da posse de alguém, fosse "invadindo".

Questionada sobre sua visão em relação às ocupações informais, enquanto pessoa que trabalhava para o Estado naquele momento, Tânia afirmou:

---

[402] IGHB. *A Tarde*, 23 jul. 1987.

[403] Entrevista com Sabina Oliveira, realizada em 27 maio 2021 por Vitor Santos em Salvador.

[404] *Id.*

> *[...] eu tinha uma visão um pouco diferente. Ou seja, eu tinha participado do projeto, eu participei de todas as etapas do Projeto Cajazeira, a gente entendia que aquelas áreas verdes deveriam ser preservadas, inclusive encostas com declividade forte, porque a gente construía até vinte e cinco por cento. Ou seja, mais do que vinte e cinco por cento, trinta por cento são encostas inclusive de risco e deveriam ser preservadas. Mas, por outro lado, o que ocorreu? O programa [...] do BNH [...] não atendia a essa [...] faixa de renda que pagava aluguel e não tinha condições de continuar pagando aluguel, porque [...] eu diria a maioria, não todos. Mas a maioria ocupou por uma questão muito financeira, não tinha como pagar aluguel, eu fiz entrevista com vários. Não era assim "eu vou aproveitar o momento e vou ter o terreno". Claro que tinha os movimentos sociais, que eu sempre acho que tem aqueles que fazem um trabalho extremamente sério e dentro daqueles dali que são aproveitadores. Mas, assim, sinceramente me incomodou um pouco, assim, de ver toda aquela área sendo ocupada. Mas, por outro lado, sabia também que não tinha sido dada uma alternativa.*[405]

Percebe-se que a degradação dos espaços verdes da região foi uma das justificativas utilizadas por Tânia para construir seu "incômodo" em relação aos movimentos de ocupação de terrenos vazios em Cajazeiras. Entretanto, a entrevistada faz uma avaliação de sua própria visão naquele momento, apontando para as falhas das políticas públicas instituídas pelo BNH, sobretudo o não atendimento às camadas mais pobres da população e que sofriam com o pagamento dos aluguéis.

Certamente, o viés mais crítico é devido a sua pesquisa e ao contato maior com as pessoas que participaram de "invasões", reconhecendo-o como um movimento social. Suas memórias não são dissociadas dos feitos de *"aproveitadores"* que se infiltravam nas articulações populares. Porém, é importante destacar também que a nossa entrevistada relata que os casos de pessoas que se aproveitavam da situação para comercializar terrenos em ocupações populares eram poucos, já que a maioria dos participantes dos movimentos era de pessoas que necessitavam de uma política pública voltada para a população sem renda e sem perspectivas.

Em entrevista, Dilza relembra o período falando sobre a violência nas ocupações:

> *Era terrível, eu lembro que, quando as pessoas marcavam o local de um dia para o outro, eles iam lá, marcava... Mas, se a pessoa não ficasse, não dormisse lá, no outro dia já tinha outro dono,*

---

[405] Entrevista com Tânia Almeida, realizada em 21 out. 2021 por Vitor Santos em Salvador.

e vinha gente de outros lugares. Entendeu? E não era pessoas, assim, como gente que tinha posses até e que vinha invadir, e muitas vezes é... Tinha pessoas que pegavam o local, aí chegava três, quatro homens que dizia: "Não, isso aqui é meu. Pode sair". E tirava a pessoa que estava ali à força, aí era terrível era...[406]

Ao ser questionada em relação às pessoas que participavam de ocupações porque necessitavam de um lugar para morar, Dilza revisita o acontecido com uma pessoa próxima:

DILZA FARIAS: *Eu mesma tinha conhecimento de uma [...] moça que trabalhou conosco, né? [...] Eles precisavam de um local para construir. Ele pegou um terreno, mas foi posto para fora.*
VITOR SANTOS: *E eles conseguiram outro lugar depois?*
DILZA FARIAS: *Não. Não, continuaram a viver de aluguel.*[407]

As ocupações de terrenos vazios durante o fim da década de oitenta não ocorreram somente com a finalidade de estabelecer moradia; em entrevista Alfredo Venceslau relata o processo de constituição de pequenos comércios no Complexo Cajazeiras:

E a gente analisando a conjuntura política: era um governo democrático, era o governo do Waldir Pires e aí a gente acreditou nesse momento político em relação a represália, em relação a ação e depois faltava pôr fim a data. A data, o dia, o horário, encontramos: 13 de maio 1988, uma sexta feira. Aí na quinta-feira, às dezessete horas, tava todo mundo a postos. Começou chegar o material, às dezessete horas em ponto, porque nesse horário não havia mais como os prepostos da Urbis aparecerem, já que nós tínhamos pela frente um feriado longo, sexta-feira era feriado. Então tudo isso nós analisamos e aí em sequência chegou o material. Chegando o material: enxada, pá, facão, bloco, areia e começamos limpar, aí só foi já medindo de acordo com... Vamos dizer, a planta né? Que na verdade foi um desenho, a planta, número... aí por número. Aí um saiu com uma fita métrica e medindo certinho, numerando e já tinha... sim tinha feito o sorteio, o sorteio foi feito na... foi feito na quarta-feira. Foi feito na quarta-feira o sorteio, por número. Aí cada um assumiu o seu e todos trabalharam. Era condição primordial de na segunda-feira amanhecer com as portas abertas e com mercadoria, na segunda-feira...[408]

Assim como nas ocupações voltadas para habitação, a ocupação feita com objetivo de criar pequenos comércios também passa por todo um processo de organização antes de ser realizada. A data é bastante significativa,

---

[406] Entrevista com Dilza Farias, realizada em 22 maio 2021 por Vitor Santos em Salvador.
[407] *Id.*
[408] Entrevista com Alfredo Venceslau, realizada em 9 jul. 2008 por Nelma Barbosa em Salvador. *Cf.* Barbosa (2009).

pois retoma um momento simbólico na história brasileira: o centenário da abolição da escravidão, data pensada com o objetivo de evitar a fiscalização da Urbis e, consequentemente, a ação da Polícia Militar na retomada dos terrenos. Além disso, o comerciante afirmou a relevância da retomada democrática no país, pois, apesar de não terem o aval dos poderes institucionalizados para realizarem as ocupações, os pequenos comerciantes de Cajazeiras possuíam o amparo de advogados e políticos que colaboraram com as articulações populares[409].

A justificativa para esse assistencialismo, segundo Alfredo, seria o entendimento, por parte das autoridades, de que aquelas pessoas necessitavam de renda, além de fortalecer o comércio local, que ainda era muito limitado. Sobre a situação do setor terciário na região, um relatório da prefeitura afirmou:

> Devido a carência de equipamentos de serviço e comércio, algumas residências sofreram transformações no seu uso, prestando serviços à comunidade local. [...] A falta de uma infra-estrutura apropriada e a ausência de equipamentos de maior porte no setor de serviço e comércio faz com que essa população se desloque para o centro da cidade em busca dessas atividades, bem como para o subcentro do Camurugipe (Iguatemi), Sete Portas e São Joaquim.[410]

São explícitas as diferenças nas memórias em relação às "invasões" que ocorreram na década de 1980 nos bairros do Complexo Cajazeiras. Dilza evidencia as disputas existentes nas ocupações, dando uma relevância à ação de *"gente que tinha posses"* e a história de uma pessoa próxima que teve sua posse frustrada, e possivelmente sua leitura é influenciada pela posição na sociedade, já que era uma professora, tinha acesso a informação e mobilidade social[411]. Já Sebastião rememora o momento por meio dos conflitos que lhe fizeram desistir de três terrenos, principalmente por conta das influências dos familiares que o alertavam sobre o perigo de *"invadir"* um terreno[412].

Tânia Almeida consolida a ideia de deterioração por meio da justificativa técnica de que as áreas verdes deveriam ser preservadas por serem muitas delas áreas de encostas, perfazendo regiões impróprias para cons-

---

[409] *Id.*

[410] FMLF. SALVADOR. *Diagnóstico do Complexo Habitacional Cajazeira/Fazenda Grande.* Salvador: SMP; Duop, 1987. p. 22.

[411] Entrevista com Dilza Farias, realizada em 22 maio 2021 por Vitor Santos em Salvador.

[412] Entrevista com Sebastião Souza, realizada em 22 maio 2021 por Vitor Santos em Salvador.

truções. Porém, o trabalho de pesquisa realizado por ela é apontado como importante para a concepção de um olhar mais crítico, fazendo-a citar as deficiências das ações dos poderes públicos em relação à habitação[413].

Sabina e Humberto observam-no por um outro ponto de vista, já que foram partícipes de movimentos de conquista pelo espaço para morar. Valendo-se de um tom épico[414], suas narrativas compartilham uma visão que coloca o conflito com o braço armado do Estado como essencial (possivelmente pelo risco que a ação representava); mesmo assim, o feito era necessário por efeito das condições básicas negligenciadas pelo mesmo Estado que os reprimia. Na situação, participar de uma "invasão" foi a alternativa encontrada em face do subemprego, da baixa remuneração, da baixa escolaridade e da urgência em alimentar a si e à família[415].

Alfredo relatou mais uma face do processo de apropriação de terrenos urbanos, neste caso, para fins comerciais. Nota-se também o tom heroico em sua entrevista, em que todo o movimento feito em coletividade é marcado para uma data simbólica, o 13 de maio, que demarca a identidade negra em sua descrição[416].

São as *astúcias* e *táticas* que constroem "Cajacity", uma localidade reapropriada pelos seus habitantes, que modificaram aquilo que foi arquitetado pelos poderes públicos. Logo, temos a possibilidade de analisar a relação da população e seu território na medida em que os lugares podem ser delimitadores de grupos raciais e/ou classes sociais.

---

[413] Entrevista com Tânia Almeida, realizada em 21 out. 2021 por Vitor Santos em Salvador.

[414] MONTENEGRO, 2010, p. 56.

[415] Entrevista com Sabina Oliveira, realizada em 27 maio 2021 por Vitor Santos em Salvador; entrevista com Humberto Gomes, realizada em 1 jul. 2019 por Vitor Santos em Salvador.

[416] Entrevista com Alfredo Venceslau, realizada em 9 jul. 2008 por Nelma Barbosa em Salvador. *Cf.* Barbosa (2009).

4

DIREITO À CIDADE: NEGAÇÃO E LUTA PELA CIDADANIA NO COMPLEXO CAJAZEIRAS

> Campo Grande, 18 horas, Pedro Bispo dos Santos, morador do Conjunto Residencial Cajazeira II, toma lugar na fila da bilheteria do metrô, em frente ao Teatro Castro Alves. Dentro de precisos 24 minutos, ele estará saltando na Estação da Rótula do Abacaxi, onde pegará um ônibus circular, silencioso e não-poluente. Passam-se cinco minutos e ele estará a bordo de outro ônibus, partindo da Estação de Transbordo do Retiro com direção à sua casa, onde chegará pontualmente às 18h51min. Esta viagem, que mais parece um sonho, mas que é, hoje, um pesadelo diário, será corriqueira em Salvador dentro de alguns anos.[417]

Essa narrativa foi publicada por *A Tarde* como introdução de matéria que tomava uma das páginas mais importantes daquela edição do jornal, e versava sobre os projetos estatais realizados com a finalidade de tornar o transporte público de Salvador mais eficiente, mas não saíram do papel. Apesar de fazer uma crítica em relação à mobilidade urbana do momento em que foi publicizada, a reportagem tece um perfil dos moradores de periferia.

O tempo é colocado como um elemento essencial na constituição textual, visto que orienta a observação do leitor diante da geografia da cidade e oferece argumento para justificar a necessidade de meios de locomoção rápidos e modernos. A descrição da localidade em que vive o personagem central do texto delimita quem seriam as pessoas beneficiadas pelo ordenamento dos transportes: moradores de bairros mais distantes, simbolizados pelo habitante de Cajazeira II. O nome dado ao personagem nos oferece a possibilidade de identificar o pertencimento étnico-racial e de classe, tendo em vista que no processo pós-abolição

---

417 IGHB. *A Tarde*, 16 abr. 1985.

> [...] alguns sobrenomes, de tão comuns entre ex-escravos, passaram a denotar certa marca pejorativa, de "indistinção", associado a determinada condição de classe, como recentemente informou uma jovem no Baixo Sul da Bahia, onde "ser Santos é atestado de pobreza".[418]

De acordo com Milton Santos[419], as grandes cidades brasileiras resultam das dinâmicas de especulações exercidas sobre o espaço urbano, que favorece a constituição de territórios que vivenciam contextos desiguais de exercício da cidadania. Dentro desse cenário, destacam-se o acesso aos serviços básicos, a exemplo dos meios de transportes coletivo que são, no Brasil, historicamente caros e de qualidade questionável. Portanto, conclui o geógrafo baiano, "morar na periferia é condenar-se duas vezes à pobreza. À pobreza gerada pelo modelo econômico, segmentador do mercado de trabalho e das classes sociais, superpõe-se a pobreza gerada pelo modo territorial"[420]. Dessa forma, em concordância com a ideia de que o acesso a uma "cidadania concreta" está estreitamente ligado à compreensão do processo de construção do território, torna-se possível verificar que a localização do indivíduo no tecido urbano determina o seu valor enquanto cidadão. Por conta disso, a precariedade ou o não atendimento das necessidades básicas das populações mais pobres por meio de políticas públicas colabora com o crescimento das desigualdades sociais e raciais[421].

Henri Lefebvre[422] destaca que "o direito à cidade não pode ser concebido como um simples direito de visita ou de retorno às cidades tradicionais. Só pode ser formulado como direito à vida urbana, transformada, renovada". Ou seja, conclui Santos[423]:

> Trata-se, de fato, do inalienável direito a uma vida decente para todos, não importa o lugar em que se encontre, na cidade ou no campo. Mais do que um direito à cidade, o que está em jogo é o direito a obter da sociedade aqueles bens e serviços mínimos, sem os quais a existência não é digna. Esses bens e serviços constituem um encargo da sociedade, por meio das instâncias do governo, e são devidos a todos. Sem isso, não se dirá que existe o cidadão.

---

[418] PALMA, Rogério da; TRUZZI, Oswaldo. Renomear para recomeçar: lógicas onomásticas no pós-abolição. *Dados*: Revista de Ciências Sociais, Rio de Janeiro, v. 61, n. 2, 2018. p. 315.

[419] SANTOS, Milton. *O espaço do cidadão*. 7. ed. São Paulo: Editora da Universidade de São Paulo, 2020. p. 143.

[420] *Ibid.*, p. 143.

[421] *Ibid.*, p. 144.

[422] LEFEBVRE, Henri. *O direito à cidade*. Tradução de Cristina C. Oliveira. Itapevi: Nebli, 2016. p. 127.

[423] SANTOS, 2020, p. 157-158.

Nesse sentido, ao analisar a influência da "Constituição Cidadã" de 1988 no enfrentamento das problemáticas urbanas, Rafael Gonçalves[424] destaca a importância de constar na nova carta constitucional a garantia do bem-estar dos habitantes e do desenvolvimento da compreensão da *função social* da cidade. Por esta perspectiva, a organização do espaço urbano seria alcançada valendo-se de medidas que fossem capazes de facilitar o acesso a moradia, saúde, emprego e renda, segurança, educação, lazer, mobilidade e preservação do patrimônio ambiental, histórico e cultural. Em suma, melhorar a qualidade de vida das pessoas.

Entretanto, apesar da função legitimadora diante do direito à cidade para todos os habitantes, os instrumentos jurídicos desenvolvidos para solução das adversidades enfrentadas pelas populações pobres e/ou negras (sobretudo àquelas residentes em periferias urbanas, favelas e assentamentos informais) não foram suficientes para superar a burocracia estatal e sua incapacidade em gerir os conflitos sociais. Com isso, apesar dos avanços, as transformações ocorridas foram tímidas em relação às demandas de uma sociedade tão desigual[425].

Maísa Flores, uma das lideranças comunitárias entrevistadas por Nelma Barbosa em 2008, ao ser questionada sobre o movimento popular em Cajazeiras, respondeu:

> *Mas a luta mútua, era essa uma luta pra que os serviços públicos essenciais chegassem na comunidade [...]. Então houve uma luta muito grande para implantar as escolas lá, para que os postos de saúde pudessem ter uma emergência. Hospitais e os mercados por exemplo. [...] aí ficava evidente que se você faz um planejamento de habitação, faz a casa do bairro dormitório e você não dá nenhuma estrutura de serviço no entorno, você cria um impacto negativo na qualidade de vida da população. Foi o que aconteceu com a gente. Quer dizer, desses 23 anos que eu moro em Cajazeira as coisas foram acontecendo gradualmente sempre com muita luta pelo bairro. Aí hoje você chega em Cajazeira, parece que é uma cidade. Mas pra chegar nesse parecer de cidade de hoje né? Esses vinte e poucos anos foram vinte e poucos anos de disputa. Aí você passa por disputas também eleitorais e de partidos [...] ideológicas toda essa coisa que a gente sabe que acontece.[426]*

---

[424] GONÇALVES, Rafael Soares. *Favelas do Rio de Janeiro*: história e direito. Rio de Janeiro: Pallas; Ed. PUC-Rio, 2013. p. 295-296.

[425] *Ibid.*, p. 309.

[426] Entrevista com Maísa Flores, realizada em 13 mar. 2008 por Nelma Barbosa em Salvador. *Cf.* Barbosa, 2009, grifo nosso.

É notável, nas memórias da mobilizadora social, que os direitos básicos conquistados por meio dos movimentos comunitários foram resultado de uma *"luta mútua"* que levou o bairro a alcançar um aspecto de *"cidade"*. Para além da reprodução da visão de que Cajazeiras se tornou um bairro-cidade, chama atenção que pertencer a essa trajetória legitima a construção de uma opinião sobre o modelo urbanístico seguido na construção dos conjuntos habitacionais e também as disputas políticas que existiam nas associações e demais organizações de bairro. Ainda, pode-se destacar a palavra utilizada por Maísa na definição da conquista do direito à cidade: *"disputa"*.

Portanto, neste capítulo vamos analisar as disputas que perpassam o processo de reapropriação realizado pelos moradores do Complexo Habitacional Cajazeiras assente na visão sobre o direito à cidade. Por meio de matérias jornalísticas, documentos oficiais e relatos orais, iremos observar como se construiu o que Barbosa[427] indicou como reação ao sentimento de não pertencimento a Salvador por parte da população da localidade, "não só pela sua distância física dos centros econômicos, culturais e políticos, mas, sobretudo, pela história de exclusão de sua população em relação à cidade".

4.1 "A gente quer comida, diversão e arte. [...] a gente quer saída para qualquer parte"[428]

A capa de *Tribuna da Bahia* em 22 de março de 1990 trazia como um dos destaques a notícia de que moradores de Cajazeira VII se revoltaram e quebraram os vidros de um ônibus que atendia o bairro:

> Com pedras, paus e até com os punhos, os moradores do conjunto habitacional Cajazeira VII, depredaram um ônibus da empresa Ogunjá, da linha ENE [Estação Nova Esperança]/ Lapa, ontem, por volta das 7h30min, revoltados com a disposição do motorista de não parar no ponto. O pára-brisas [*sic*] traseiro e dianteiro foram completamente destruídos, assim como 90% dos vidros das janelas pelos moradores que já aguardavam há mais de uma hora no ponto, depois de ver outro coletivo passar pelo local e não parar. Eles se colocaram na frente do ônibus para forçar o motorista a parar e começaram a quebrar os vidros.[429]

---

[427] BARBOSA, 2009, p. 115.

[428] COMIDA. *In*: JESUS não tem dentes no país dos banguelas. Intérprete: Titãs. [*S. l.*]: Warner Music, 1987. 1 LP. (3 m). Para uma análise historiográfica sobre a música, *cf.* Martins, 2015, p. 104-105.

[429] IGHB. *Tribuna da Bahia*, 22 mar. 1990.

Apesar de informar os motivos que influenciaram o protesto dos moradores, chama atenção o enquadramento da ação popular como uma "depredação" no título dos textos, criminalizando a população partícipe no ato. Ao mesmo tempo, é possível observar a expressão de táticas populares perante a disputa pela mobilidade na urbe; logo, a publicidade dada pelo periódico também pode ser encarada como importante, visto que possibilitou a exposição necessária para o atendimento das reivindicações por parte dos poderes públicos.

Outra ação popular ocorreu um ano e dois meses depois em Águas Claras:

> Dois ônibus da empresa Ogunjá, números de ordem 0642 e 0624, com pára-brisas [*sic*] destruídos. A depredação aconteceu por volta da 7h30min de ontem, no final de linha do bairro de Águas Claras, numa ação facilitada pela ausência de policiamento e consequente falta de segurança aos coletivos. Quando a viatura chegou no local 30 minutos depois, foi impossível identificar os integrantes do grupo que utilizaram pedras para acertar os vidros. Mesmo danificados, os ônibus permaneceram rodando. [...]
> A nota tragicômica do corredor de tráfego Águas Claras/Lapa ficou por conta da perplexidade da população local em ver, de uma hora para outra, tantos ônibus à sua disposição. Em períodos normais, o bairro é servido por cinco coletivos que cobrem apenas duas linhas. [430]

Os ocorridos registrados pelo periódico são semelhantes a um acontecimento narrado por Sabina Oliveira em entrevista:

> *Aí, quando botou esses dois ônibus, eu achei que não estava certo, aí reuni aquela pouca população, e a gente foi lá em cima, levamos gasolina, as mulheres... Não foi homem não, os homens não iam não. [...] E aí, quando botou, a gente botou fogo nesses dois ônibus. [...]*
> *eu disse a elas: "Se uma de nós for presa, quem ficar vai ter que reunir e ir para a porta". E aí resolveu. Aí botaram mais dois ônibus, botaram dois de manhã e dois de tarde, aí foi melhorando. Mas a gente aprendeu que tinha que ser com pressão, a gente começou a fechar as ruas. Mas, mesmo assim, a gente só chegou nessa época cinco ônibus, que era Águas Claras-Terminal da França, somente. A gente só tinha direito de ir para Feira de São Joaquim e para o Comércio.* [431]

---

[430] *Ibid.*, 23 maio 1991.

[431] Entrevista com Sabina Oliveira, realizada em 27 maio 2021 por Vitor Santos em Salvador.

Ao contrário dos textos jornalísticos, observa-se nas memórias de Sabina a ausência de juízo de valor que criminalizaria o feito liderado por ela junto às vizinhas e companheiras de luta. Entretanto, é possível afirmar que as mulheres tinham ciência das consequências daquele ato, organizando-se quanto à possibilidade de prisão de uma delas. A questão de gênero é bem demarcada na repetição da ausência de homens, indicando-se ainda que o não comparecimento seria por escolha individual. A restrição de acesso ao espaço urbano que se materializava na existência de apenas duas linhas de ônibus motivou o aprendizado de *"que tinha que ser com pressão"* quando a negociação e o diálogo não solucionavam os problemas coletivos.

Audre Lorde[432] ressignifica a relevância de sentimentos considerados preconceituosamente como inerentes ao comportamento feminino, a exemplo da raiva. Segundo a escritora negra, a raiva é um elemento essencial na reação das mulheres diante do racismo e de todo tipo de opressão:

> Toda mulher tem um arsenal de raiva bem abastecido que pode ser muito útil contra as opressões, pessoais e institucionais, que são a origem dessa raiva. Usada com precisão, ela pode se tornar uma poderosa fonte de energia a serviço do progresso e da mudança. E quando falo de mudança não me refiro a uma simples troca de papéis ou a uma redução temporária das tensões, nem à habilidade de sorrir ou se sentir bem. Estou falando de uma alteração radical na base dos pressupostos sobre os quais nossas vidas são construídas.[433]

Ainda respondendo sobre o movimento popular em Cajazeiras, Maísa retoma memórias da sua adolescência sobre situações vivenciadas e que lhe foram transmitidas pelos moradores mais antigos por recurso da memória coletiva sobre o bairro:

> *Então esse movimento popular de Cajazeiras, desde o início, o pessoal lutava pelo transporte, queimava pneu, fazia passeata, ia até a Secretaria de Transportes que ficava no centro da cidade pra poder fazer, forçar que os poderes públicos reconhecessem. Então teve muito movimento em Cajazeira de reivindicação com queima de pneus e bloqueio de ruas. Logo no início teve muita coisa assim pra conseguir as linhas de ônibus, se você não tivesse que parar, paralisar uma rua não tinha efeito né? Não tinha efeito. Então muitas vezes a população ficava revoltada, mais de uma hora de relógio no ponto de ônibus e o ônibus lá parado, o povo invadia o*

---

[432]   LORDE, Audre. *Irmã outsider*. Tradução de Stephanie Borges. Belo Horizonte: Autêntica Editora, 2019. p. 155.

[433]   *Ibid.*, p. 157.

> *ônibus e forçava o motorista a sair. Então tinha muitas atitudes*
> *dessas, entendeu? Que era até relâmpago, instantâneo, na hora,*
> *não planejada. Tinha umas planejadas, outras não, por conta disso.*
> *[...] pessoas que participavam desse movimento ainda moram lá.*
> *Algumas moram, outras pessoas nós perdemos, já faleceram [...].*[434]

Pode-se apreender pelas narrativas que situações de combate diante do descaso na prestação de serviços públicos foram constantes no decorrer do processo de lutas pelos direitos básicos da população de Cajazeiras. Essas situações poderiam ocorrer de maneira pensada, como na situação exposta por Sabina, ou de maneira *"relâmpago"*, como afirmado por Maísa e pelas matérias jornalísticas. É possível notar também, no trecho *supra*, que havia uma rede de informações dentro do próprio complexo que transmitia os acontecimentos via oralidade, já que a mobilizadora social demarca a existência de *táticas* populares desde os habitantes mais antigos, alguns até falecidos.

Alfredo Venceslau evidenciou mais alguns detalhes das mobilizações realizadas pela melhoria da oferta de transportes coletivos na região:

> *Nós começamos a nos reunir, fizemos paradas aqui, fizemos*
> *passeatas, depois fizemos reuniões, simpósios, congressos. Fizemos*
> *um congresso de transporte em 1992 no Centro de Convenções*
> *da Bahia, me parece acho que dia 20 de agosto de 1992, e esse*
> *congresso ele foi assim... Um ponto muito positivo, muito alto, pro*
> *fechamento das questões de transporte [...]. Quando a comunidade*
> *se reuniu, fez pesquisas, discutiu amplamente, as lideranças, as*
> *entidades que nessa altura já existiam muitas, e aí foi implan-*
> *tando o transporte. Nós tivemos uma rodada de reuniões com a*
> *prefeitura municipal e foram acho que cerca de oitenta e duas*
> *reuniões, contando com as reuniões [...] junto a secretaria e as*
> *reuniões daqui, na comunidade. [...] pra você ver como foi exaustiva*
> *a luta, foi cansativa...* [435]

Nas memórias do comerciante, os atos de enfrentamento direto aos poderes públicos aparecem de maneira muito mais tímida, apresentando uma leitura mais ligada aos feitos que evidenciaram a predominância do diálogo em relação ao uso da força. Porém, é importante destacar que, nas leituras das mulheres, o uso da raiva e da imposição numérica dos moradores foi necessário após os fracassos nas tentativas de diálogos, fato pouco desta-cado por Venceslau, que evidencia somente que paradas e passeatas foram ações que antecederam a realização de reuniões, simpósios e congressos.

---

[434] Entrevista com Maísa Flores, realizada em 13 mar. 2008 por Nelma Barbosa em Salvador. *Cf.* Barbosa (2009).

[435] Entrevista com Alfredo Venceslau, realizada em 9 jul. 2008 por Nelma Barbosa em Salvador. *Cf.* Barbosa (2009).

Por conta disso, o I Congresso de Transporte Coletivo de Cajazeiras e Adjacências, um acontecimento significativo para a comunidade, sobressai diante das manifestações mais radicais. Ainda, a participação direta de Alfredo influencia a importância dada ao evento, visto que é possível apreender em sua entrevista a necessidade de evidenciar uma imagem de si próprio como liderança dentro dos movimentos populares da localidade. A situação é perceptível na forma como o processo de reuniões com a prefeitura foi resumido, uma *luta cansativa e exaustiva*, justificativa que enfatiza a seriedade do trabalho construído por ele e as demais pessoas envolvidas nas ações voltadas à conquista da cidadania.

O *Tribuna da Bahia* de 12 de agosto de 1992, em uma pequena nota na sua página "Cidades", informou o seguinte:

> Os moradores de Cajazeiras e adjacências realizam nos dias 15 e 16 o I Congresso de Transporte Coletivo de Cajazeiras e Adjacências, que tem por finalidade discutir e apresentar propostas e soluções, a curto, médio e longo prazos, sobre o transporte coletivo. O evento acontecerá no Centro de Convenções da Bahia e será coordenado por Nilson Santos Bahia, que poderá fornecer outras informações na Via Coletora 4, S/N, Cajazeira X, localizada em frente à Fundação Bradesco.[436]

O informe jornalístico dá grande importância à profundidade das discussões que seriam realizadas no evento, tanto pela quantidade de dias para debates quanto pelo fato de que aqueles encontros gerariam "propostas e soluções, a curto, médio e longo prazos". Em concordância com as informações trazidas por Alfredo, o material que seria apresentado pelo grupo de trabalho organizado na comunidade havia sido feito de maneira minuciosa e detalhada, já que se pensava não somente nos conjuntos habitacionais de Cajazeiras, mas em todas as localidades adjacentes, ou seja, em todo o Complexo de bairros e sua área de influência. O local programado para o evento, o Centro de Convenções da Bahia, também revela a magnitude da proposta como um evento de interesse não somente dos moradores dos lugares envolvidos, mas de todas as populações pobres da cidade.

No dia seguinte à realização do evento, o mesmo periódico (oferecendo maior destaque) repercutiu sobre os debates que tiveram participação de moradores, diretores da empresa de ônibus que atendia a localidade e representantes da Secretaria Municipal de Transportes Urbanos (STU).

---

[436] BCEB. *Tribuna da Bahia*, 12 ago. 1992.

Entre as demandas populares descritas na reportagem estavam: higienização dos ônibus, melhor sinalização das vias de tráfego, implantação de linhas diretas para outros bairros e a transformação da Estação Nova Esperança (ENE) em equipamento de transbordo[437].

A fotografia divulgada junto à matéria (Figura 24) nos permite observar algumas características do evento, que funcionou por meio de mesas de debates e exposição de estudos para as pessoas que estavam presentes. A mesa estava composta por maioria masculina e branca; das seis pessoas, uma participante é mulher (acompanhando atenciosamente a fala do participante ao seu lado) e outro é negro (chama atenção o fato de que ele estava no canto da mesa, provavelmente foi responsável pela apresentação do congresso). Outro dado importante é a pequena superioridade no número de mulheres na plateia, composta racialmente por maioria de pessoas negras. As vestimentas e os cabelos também oferecem indícios das pertenças sociais das pessoas que acompanhavam, apenas uma mulher aparece com os cabelos soltos.

Figura 24 – I Congresso de Transportes Coletivos de Cajazeiras e Adjacências

Fonte: NEVES, Paulo. *Tribuna da Bahia*. Salvador. 17 ago. 1992. BCEB

---

[437]   *Ibid.*, 17 ago. 1992.

É importante destacar que a existência de um transporte público eficiente contribui não somente no cotidiano da população, mas para a valorização do solo e o surgimento de centralidades nos bairros de periferias[438]. Além das ações dos grupos de moradores com a finalidade de valorizar a região, nota-se a capacidade de organização em favor de medidas que proporcionassem o acesso a uma melhor mobilidade no contexto da capital baiana. Ainda, por se tratar de uma região de baixa renda da cidade, boa parte das pessoas dependia do transporte coletivo em suas atividades, sobretudo para deslocar-se ao local de trabalho.

O acesso ao lazer é uma das funções que os meios de locomoção públicos podem realizar no contexto urbano. As praias costumam ser lugares muito frequentados em Salvador; vejamos a reportagem de *Tribuna da Bahia*:

> Morador de Cajazeira IV, o comerciário Antônio Ribeiro Tavares enfrenta todos os domingos uma verdadeira maratona até chegar a Jaguaribe, sua praia preferida. Acorda cedo e, ao lado da mulher e dos três filhos, ruma para o ponto de ônibus mais próximo, onde espera por vários minutos até conseguir um transporte. "É um sufoco pegar ônibus domingo", conta. Quando consegue pegar um, Tavares tem que esperar pelo menos uma hora até chegar ao destino final – a tão sonhada praia. "Mas compensa todo esse esforço. Afinal, a praia é ainda o único lazer gratuito permitido ao pobre", diz.
> [...]
> Já Antônio Tavares... Bem só ele sabe o sofrimento que é a volta para casa. São horas de engarrafamento em ônibus lotados. "O retorno é de doer", brinca. "Os ônibus estão sempre cheios. Para piorar, o pessoal bêbado começa a fazer sambão e a brigar nos coletivos. Daí a pouco as crianças cansadas e com fome começam a chorar. É um inferno", lamenta.
> "Mas vale a pena", reafirma convicto. E o almoço depois da praia? Atiça o repórter. "O que eu ganho não dá pra isso. Já trago o refresco de casa. No máximo um picolé Comemos o feijão em casa mesmo", responde o comerciário.
> Preconceito e discriminação – Na praia, o espaço é democrático. Brancos e negros, ricos e pobres sentam pertinho, quase lado a lado. Mas quem pensa que as diferenças sociais e os preconceitos são esquecidos e deixados nos importados ou coletivos está enganado. "Acho detestável esse pessoal que vem do subúrbio ou da periferia, trazendo farofa para a

---

[438] COELHO, Suely dos Santos; SERPA, Angelo. Transporte coletivo nas periferias metropolitanas. *In*: SERPA, Angelo (org.). *Fala periferia!* Uma reflexão sobre a produção do espaço periférico metropolitano. Salvador: Edufba, 2001. p. 101.

praia. Que se lambuza todo de azeite e faz arruaças na areia", diz, sem esconder a discriminação, a estudante de Direito Taías Machado de Castro, residente na Graça. "Já deixei de frequentar a Barra nos finais de semana por isso. Agora eles estão invadindo aqui também", acrescenta, indignada.[439]

A matéria publicada constrói um discurso que compara a situação de duas pessoas de pertenças sociais diferentes, definidas no título: "Pobres e ricos curtem praia ao seu modo". O pobre, representado por um morador de Cajazeiras IV, que aproveita o domingo de folga com a companheira e filhos, enfrenta diversas dificuldades no percurso de ida e volta da praia. As falas do personagem da trama servem para dar validade à ideia de que a qualidade do transporte coletivo soteropolitano contribuía para o distanciamento físico e social enfrentado pelas populações menos abastadas daquele tipo de recreação: "É um sufoco pegar ônibus domingo"; "O retorno é de doer"; "Os ônibus estão sempre cheios. [...] É um inferno"[440].

Pode-se apreender a necessidade de afirmar a praia como um espaço democrático, ponto de encontro das diferenças, que são resumidas e estritamente relacionadas ao recorte de classe. As desigualdades sociais são naturalizadas, já que em nenhum momento os desníveis existentes nas vidas dos personagens da narrativa são problematizados. A matéria também transmite a ideia preconcebida de que a praia é o único lazer desfrutado por populações pobres, utilizando a fala do personagem principal para validar o discurso do escritor: "Mas compensa todo esse esforço. Afinal, a praia é ainda o único lazer gratuito permitido ao pobre"[441].

Apesar de tentar tecer uma crítica antidiscriminatória, quando expõe a fala racista de uma mulher de classe média alta, o repórter cita, mas não problematiza, as questões raciais. Por conta disso, percebe-se que o ponto de vista do autor, privilegiando o debate de classe em detrimento da raça e do gênero, acaba favorecendo a reprodução de ideias preconceituosas e favoráveis ao processo de segregação racial urbana observada em Salvador. A entrevistada demarca a pertença das pessoas que a moradora da Graça[442] considera indesejáveis nas praias; o uso de referências como alimentos constitui o discurso racista: a farofa e o azeite, suprimentos ligados às culturas indígena, afro-brasileira e africana na Bahia[443].

---

[439] BCEB. *Tribuna da Bahia*, 6 fev. 1995.

[440] *Ibid.*, 6 fev. 1995.

[441] *Ibid.*, 6 fev. 1995.

[442] Já falamos sobre o bairro em outro momento do trabalho. Ver p. 124.

[443] OLIVEIRA, Denilson Araújo de. A questão racial brasileira: apontamentos teóricos para compreensão do genocídio negro. *Revista da Associação Brasileira de Pesquisadores/as Negros/as (ABPN)*, Goiânia, v. 12, n. 34, set./nov. 2020. p. 77.

De acordo com Reinaldo José de Oliveira[444],

> A negação das relações étnicas e raciais nos espaços sociais e na cidade como um todo, reitera a ideia do mito da igualdade racial nas cidades brasileiras, na teoria isso vem acontecendo quando o tema é invisibilizado e apagado dos principais centros de discussão. Na prática, a cartografia da segregação tem crescido cada vez mais com a presença negra.

Em concordância com as ideias do sociólogo supracitado, discutir a construção do Complexo Cajazeira e, consequentemente, da capital da Bahia como um todo sem tocar nas discussões referentes às questões étnico-raciais nos leva ao lugar-comum observado na matéria do periódico baiano. Ao observar as dificuldades dos moradores da região quanto ao transporte público para acessar opções de lazer na cidade, principalmente nos fins de semana, é possível afirmar que há uma tentativa de exclusão das pessoas negras e/ou pobres dos locais de convivência pública.

Os trechos das entrevistas a seguir evidenciam a mesma questão:

> *Bem, Cajazeiras em relação a Boca do Rio, primeiro que na Boca do Rio a gente tinha toda uma articulação porque nasci lá. Tive a praia como uma coisa assim que a gente gostava muito, então a relação com a praia. E... em relação a Cajazeira, mato. Era um pouco diferente né? Mas Cajazeira, a expectativa era que a gente conseguisse ficar numa casa que fosse nossa, não tivesse aquela loucura de tá em casa de aluguel. Então, foi pra resolver esse problema de estrutura de habitação* [445]
> *Pra pessoa ir pra Itapuã aqui pegar praia [...] vai em uma van pela Estrada Velha do Aeroporto, que é uma calamidade. Quase que as pessoas às vezes desistem de ir pra uma praia, porque não tem um transporte pra chegar à praia de Itapuã, que é perto.* [446]

Quando questionada sobre como a mudança para Cajazeira X afetou sua vida, o primeiro dado que Maísa utiliza para explicitar a situação é a distância da praia. Para ela, que morava no bairro da Boca do Rio e vinha de uma convivência muito próxima a essa opção de lazer, a chegada à nova moradia significou um afastamento físico que refletiu diretamente no seu cotidiano. Tal separação foi aumentada pelas dificuldades na locomoção para

---

[444] OLIVEIRA, Reinaldo José de. Segregação racial e desigualdades urbanas nas cidades brasileiras: elementos para uma observação da necropolítica. *Revista da Associação Brasileira de Pesquisadores/as Negros/as (ABPN)*, Goiânia, v. 12, n. 34, set./nov. 2020. p. 133.

[445] Entrevista com Maísa Flores, realizada em 13 mar. 2008 por Nelma Barbosa em Salvador. *Cf.* Barbosa (2009).

[446] Entrevista com Dinho Melo, realizada em 20 jun. 2008 por Nelma Barbosa em Salvador. *Cf.* Barbosa (2009).

a orla; de acordo com Dinho Melo, apesar de não ser distante do Complexo Cajazeiras, as condições ruins das vias de acesso e dos transportes tornavam a ida e volta das praias estressante, fazendo com que muitas pessoas preferissem não sair do bairro.

Portanto, é possível afirmar que a exclusão das pessoas negras e/ou pobres na urbe é resultante das políticas públicas habitacionais que construíram a cidade sob um viés segregacionista, dando, como privilégio, as melhores localidades no contexto urbano às camadas brancas e abastadas da sociedade. Além disso, a incapacidade do Estado na gestão das problemáticas que afetam as populações prejudicadas por sua ineficiência, a exemplo da mobilidade urbana, aumenta ainda mais as distorções sociais, que se materializam não só na distância física, mas também nas ruas esburacadas e no transporte ruim.

Assim, a ausência de segregação legal no Brasil — como ocorreu nos EUA e na África do Sul — e a crença no mito da igualdade racial foram fatores que colaboraram com a invalidação da urgência de pensar as questões raciais na construção das grandes metrópoles brasileiras. Por consequência,

> A população negra é majoritária no subproletariado e para ela decaem dificuldades de mobilidade para ascender, está vinculada à origem social, ao lugar espacial que lhe é imposto e à ordem de classes, que delimita os lugares na sociedade brasileira, como o mercado de trabalho e a educação, espaços que poderão, no futuro, viabilizar a mobilidade e o direito à cidade.[447]

Dentro desse contexto, os moradores de Cajazeiras também buscaram se adaptar às escassas opções de lazer dentro do complexo. Uma das formas foi a reapropriação das vias de acesso e dos espaços destinados a estacionamentos, utilizados sobretudo pelas crianças e pelos adolescentes, que por vezes arriscavam a própria vida. Para a população adulta, especificamente masculina, uma das alternativas foi a improvisação de espaços vazios transformados em campos de futebol[448]. Maísa fala um pouco sobre a inventividade dos moradores:

> [...] nós criamos nosso próprio mecanismo de nos divertir. Quer dizer, sempre teve lá os campos né? As baixadas que o pessoal capinava, fazia os campos de futebol e os homens jogavam futebol.

---

[447] R. J. OLIVEIRA, 2020, p. 143.

[448] FMLF. SALVADOR. *Diagnóstico do Complexo Habitacional Cajazeira/Fazenda Grande.* Salvador: SMP; Duop, 1987. p. 19.

> *Todos, isso era certo sempre, todos os finais de semana, o baba,*
> *o tradicional baba. Isso sempre acontecia, até hoje é assim, dia*
> *de domingo se você chegar lá os campos estão todos lotados, tem*
> *disputa entre eles pra poder ocupar.*[449]

"*O tradicional baba*"[450], como afirma a mobilizadora social, constituiu-se na principal diversão entre os homens jovens e adultos de Cajazeiras, que, por conta de sua extensão territorial, favoreceu a realização de campeonatos de times que representavam os vários bairros do complexo. Humberto Gomes revisita algumas memórias de quando o Águia Dourada (ver Figura 25), time que representava Águas Claras, chegou à decisão de um certame:

> *Na hora que chegou lá, meu irmão, tinha duas viaturas na Caja-*
> *zeira 6, [...] Pedroca levou os fogos, as duas caixas de fogos. Ai*
> *quando o Santana vai entrando assim na 6, a rua lotada, o time*
> *estava entrando em campo, tudo deu certo, na hora certa, com-*
> *binado. Quando a gente vai entrando com o Santana, assim, a*
> *rua abrindo, a galera toda começou a gritar: "Xuxa...", eu botei a*
> *mão aqui assim [na orelha], que não estava ouvindo, a galera ia*
> *ao delírio. Aí Alberto abriu a porta e eu balancei o paletó assim,*
> *você precisa ver! O policial estava na porta assim para poder ver*
> *quem era que estava chegando, qual era a autoridade que estava*
> *chegando. Eu fiz assim [mexeu no paletó], é presente do Águia*
> *Dourada. Sabe quem pagou meu paletó? Antônia Simone [...], é*
> *a mãe de Paulinho, que era meu jogador, ela pagou na época foi*
> *trinta e cinco reais o cara do paletó, com o terno completo, é...*
> *Pagou alugado.*
> *[...]*
> *[Nos pênaltis], dos cinco perdeu três. Os dois gêmeos, todos dois*
> *gêmeos bateram a bola no mesmo lugar, saiu quicando assim, meu*
> *irmão! Você acredita nisso? [...] Mas foi a maior emoção que eu*
> *já tive na minha vida! Eu tive momentos bons na minha vida,*
> *tive vários, tive meus filhos. Mas uma emoção muito grande foi*
> *o dia nessa final, viu? Agora futebol sempre mexeu comigo. Se*
> *eu tivesse caneta... Hoje em dia os jovens que sabem ler têm que*
> *aproveitar, porque, se você não tiver leitura, você não vai para*
> *lugar nenhum. Se eu tivesse leitura, você acredita que tinha feito*
> *um curso de treinador? Eu tenho paixão em trabalhar com jovem,*
> *mas meu sonho não morreu ainda não [...].*[451]

---

[449] Entrevista com Maísa Flores, realizada em 13 mar. 2008 por Nelma Barbosa em Salvador. *Cf.* Barbosa (2009).

[450] *Id.* "Baba" é a forma popular pela qual são chamadas as partidas de futebol amador nas várzeas, quadras, ruas ou qualquer outro lugar em que seja possível praticar o esporte.

[451] Entrevista com Humberto Gomes, realizada em 1 jul. 2019 por Vitor Santos em Salvador.

Figura 25 – Camisa do Esporte Clube Águia Dourada

Fonte: acervo pessoal de Humberto Gomes

No trecho da entrevista, é possível notar que Humberto descreve com muita emoção o momento em que o time dele chegou à final de um campeonato de bairros do complexo. Além da alteração e empolgação perceptível na voz do entrevistado, as várias gesticulações e a reprodução de situações como a das pessoas gritando o seu apelido, "Xuxa" (como é popularmente conhecido no bairro), fazem-no reviver os momentos desse jogo, em que o Águia Dourada acabou sendo derrotado. Após descrever com detalhes o jogo e a disputa de pênaltis, o comerciante finaliza afirmando a importância daquele momento na vida dele, o nascimento dos filhos é usado como parâmetro de comparação e evidencia a relevância da sua memória.

A revelação de um sonho antigo demonstra a importância do futebol na construção de sua história, já que o menino que provavelmente almejava ser jogador tornou-se um homem que gostaria de ser treinador de futebol para poder ajudar os jovens da comunidade. É interessante destacar a importância que Humberto atribui ao ato de estudar, não somente como uma obrigação ou meio para ingressar no mercado de trabalho, mas como um modo de transformação da vida em sociedade. Além dos estudos, é destacado em sua fala o fato de o futebol ser visto como uma alternativa para os jovens de periferias, subúrbios, favelas e demais assentamentos que vivem uma realidade de proximidade ao tráfico de drogas.

Dinho Melo destaca em sua entrevista o papel que o esporte pode exercer como atividade de lazer e construção da sociabilidade de crianças e adolescentes negras e/ou pobres, também apontando o futebol:

> *O que ele [jovem] tem, ele pode fazer por conta própria, ou seja, ou ele pratica um esporte jogando na escolinha de futebol, uma liga esportiva, nada mais do que isso. A situação de Cajazeiras é tão triste que onde o jovem tinha [...] um campo de futebol, nos últimos anos nós estamos perdendo os campos de futebol, que foi uma coisa que tinha nos anos 90. Nós estamos perdendo porque cada vez que constrói novos conjuntos de bloco, de apartamento, assim, digamos assim, é dentro de um campo de futebol. Aí aquela área que era de lazer, ele [jovem] perde. Então, quer dizer, é uma tristeza, mas é uma realidade.* [452]

O mobilizador social fala sobre a falta de infraestrutura do bairro, resultando na escassez de oportunidades de atividades extraescolar enfrentada pelas crianças e adolescentes da região. Por conta disso, o futebol apresenta-se muitas vezes como única alternativa de esporte acessível no turno oposto ao horário escolar, destacando as escolinhas dos bairros que já revelaram vários jogadores para as categorias profissionais[453]. Ainda, faz uma crítica à retirada de alguns dos campos improvisados em que foram construídos conjuntos de apartamentos, perdendo o espaço para a prática de outras atividades além do futebol.

Outra alternativa de lazer para o público infanto-juvenil poderia ser a chegada de programas temporários realizados em bairros de baixa renda; tais projetos costumavam ser realizados pelos poderes públicos ou instituições filantrópicas. Uma das ações realizadas foi o Projeto Recreio, da PMS, como narra a reportagem de *Tribuna da Bahia*:

---

[452] Entrevista com Dinho Melo, realizada em 20 jun. 2008 por Nelma Barbosa em Salvador. *Cf.* Barbosa (2009).

[453] Dentre os vários jogadores, é importante destacar a história da ex-jogadora da seleção brasileira feminina Elaine Estrela Moura. Uma matéria do GloboEsporte.com afirma: "A história de superação de Elaine tem muitas semelhanças com a de outras jogadoras de futebol no Brasil. Ela cresceu numa família pobre, no bairro de Cajazeira VI, em Salvador. Começou no futebol jogando em times de meninos, escondida dos pais. Levou surra, mas não desistiu. O primeiro clube foi o Racing, time do bairro dela" (MARANHÃO, Rafael. No último ano da carreira, Elaine torce para jogar ao lado de Marta de novo. *GloboEsporte.com*, 17 fev. 2012. Disponível em: https://globoesporte.globo.com/futebol/futebol-internacional/noticia/2012/02/no-ultimo-ano-da-carreira-elaine-torce-para-jogar-ao-lado-de-marta-de-novo.html. Acesso em: 8 fev. 2023).

> O Projeto Recreio, desenvolvido por técnicos da Secretaria Municipal de Assistência Social, com apoio do Ministério da Ação Social, no bairro Cajazeiras X foi encerrado ontem à tarde, com uma diversificada programação esportiva e recreativa. Iniciado no dia nove deste mês, o Projeto Recreio tem como objetivo informar às crianças e aos adolescentes os seus novos direitos, de acordo com a Constituição Federal, com a distribuição de cartilhas e palestras durante as atividades recreativas. [...]
> Durante a execução do Projeto Recreio em Cajazeiras X foram cadastradas 262 crianças e adolescentes que participaram das equipes de futebol, capoeira, voleibol, ginástica aeróbica, teatro, lambada e recreação infantil [...].[454]

A atividade realizada com apoio da União demonstrou-se alinhada à grande importância que foi atribuída à Constituição de 1988; isso é observável na necessidade de ensinar a crianças e adolescentes os seus "novos direitos". O uso de cartilhas destaca a adaptação do texto da Carta Magna do país para o público-alvo, evidenciando ainda mais o desejo de uma juventude politicamente consciente. Porém, considerando-se que a demanda da população é superior a essa oferta de assistência temporária, é possível afirmar que ações como esta não conseguiam diminuir a insuficiência do Estado entre a população.

É notável que o esporte mais praticado do mundo foi, durante muito tempo, preconceituosamente defendido como uma atividade para homens. Logo, percebe-se que, no quadro de opções de lazer para crianças, adolescentes e adultos em Cajazeiras, a presença de mulheres é ocultada pelos entrevistados. Entretanto, Maísa Flores, ao comentar as atividades promovidas pelo Grupo Renascer — do qual ela fazia parte —, descreve alguns outros meios de diversão:

> *Então a gente foi um grupo muito atuante na comunidade, tinha nossas atividades também, a gente fazia algumas festas pra poder unir os jovens de outras Cajazeira né? Porque lá não tinha muito o que fazer. Tinha um time de vôlei que a gente arrumava na rua, eu botava uma rede, fazia um jogo de vôlei. A gente criou os nossos mecanismos de se divertir, no lugar muito ligado a questão do grupo de jovens, em torno do grupo de jovens. E depois nós participamos do grupo de dança afro lá na comunidade Dois Irmãos. [...] Então a gente também entrou no grupo Obá Guiné, nós ficamos fazendo também esse trabalho de dança na comunidade e fazia apresentação fora de lá [...].[455]*

---

[454] IGHB. *Tribuna da Bahia*, 28 jul. 1990.

[455] Entrevista com Maísa Flores, realizada em 13 mar. 2008 por Nelma Barbosa em Salvador. *Cf.* Barbosa (2009).

Maísa dá ênfase à atuação conjunta nos grupos de jovens, que surgiam principalmente da atuação das paróquias da Igreja Católica, com a finalidade de constituir uma união entre os diversos bairros do complexo. Por meio dessa movimentação coletiva, a juventude de Cajazeiras conseguia adaptar-se às dificuldades existentes por conta da ínfima quantidade de equipamentos de lazer disponíveis. Fosse adaptando uma quadra de vôlei no meio da rua, fosse ingressando num curso de dança para tornarem-se professores, os habitantes mais novos teciam *táticas* de enfrentamento à exclusão que viviam dentro do contexto urbano. Destaca-se também a representatividade que a dança afro exerce para a juventude do Complexo Cajazeiras, tornando-se opção de lazer e de fortalecimento da identidade negra em face de uma sociedade extremamente racista.

Além da dança afro, a capoeira é citada como outra manifestação que pode ser considerada ao mesmo tempo uma atividade cultural, física e recreativa para os moradores do complexo[456]. Segundo Nelma Barbosa[457], há um processo de afirmação da identidade negra entre os habitantes, que tem sua base em manifestações como a capoeira, o movimento hip-hop, as religiões de matrizes africanas e demais iniciativas que valorizam a cultura negra na comunidade.

Portanto, as ações populares analisadas anteriormente podem ser consideradas como respostas da população à negação do direito à cidade. A cidadania negada pode ser percebida nos problemas do transporte público, na inexistência de locais públicos voltados para o lazer e nas poucas alternativas de atividades para as populações jovem, adulta e idosa. Nesse sentido, a organização cultural e política foi essencial em todo o processo.

4.2 "Nós somos negros, também temos nossos ideais. Racistas otários, nos deixem em paz"[458]

A passagem da década de 1980 para 1990 foi marcada por diversas transformações na sociedade brasileira, que tentava retomar novamente sua rotina democrática após 29 anos sem eleições presidenciais diretas. Nesse momento, observou-se a expansão e o surgimento de diversos movimentos culturais — sobretudo voltados para a musicalidade — de origem negra e

---

[456] Entrevista com Alfredo Venceslau, realizada em 9 jul. 2008 por Nelma Barbosa em Salvador. *Cf.* Barbosa (2009).

[457] BARBOSA, 2009, p. 142.

[458] RACISTAS otários. *In*: HOLOCAUSTO urbano. Intérprete: Racionais MC's. [*S. l.*]: Zimbabwe Records, 1990. 1 LP. (5 m). Para uma análise historiográfica sobre a música *Cf.* Martins (2015, p. 139-141).

periférica, a exemplo de samba-reggae, rap, axé, reggae, manguebeat, repente, entre outros. Grande parte das composições desse período comungava em um aspecto: a forte presença da indignação com as problemáticas políticas e sociais enfrentadas pelas populações de favelas, periferias, invasões e demais tipos de ocupações consideradas informais nas urbes brasileiras. Além disso, destaca-se a relevância dada a assuntos como a segregação urbana, a discriminação racial e a violência da polícia[459].

Portanto, nota-se que a cultura cumpria um papel para além do entretenimento, apresentando-se como um dos diversos caminhos para a formação de um pensamento crítico em relação às demandas sociais vivenciadas no cotidiano pelas pessoas negras e/ou pobres no Brasil. Assim sendo,

> [...] a subjetividade e a cultura são instrumentos sociais e políticos, no contexto das territorialidades, importantes e essenciais para a ação prática e teórica. O laboratório de subjetividades e de cidadania mediado pelo território produz forças e potencial político indiscutível, todo o acervo de forças materiais e subjetivas são instrumentos de defesa e ataque diante da constante luta contra as forças do capitalismo, das desigualdades e, em específico, do racismo no contexto brasileiro diaspórico.[460]

Nesse sentido, podemos citar dois grandes exemplos da atuação política por meio da educação, da arte e da cultura afro-brasileiras na história recente do nosso país: o Teatro Experimental do Negro (TEN)[461], fundado no Rio de Janeiro em 1944 por Abdias do Nascimento; e o bloco afro Ilê Aiyê[462], fundado na soterópolis em 1974 por Hilda Dias dos Santos (Mãe Hilda) e Antonio Carlos dos Santos Vovô. Barbosa[463] demonstra como este momento histórico foi influente dentro de Cajazeiras:

> A ebulição política em torno das identidades e das diferenças comuns no final dos anos 1970 e dos anos subsequentes se fez ecoar também na vida dos novos moradores de Cajazeiras, seja através do grande sucesso que a musicalidade negra alcançara (especialmente a música dos blocos afro), seja com o processo de redemocratização brasileira e reorganização

---

[459] MARTINS, Franklin. *Quem foi que inventou o Brasil?* A música popular conta a história da República. Rio de Janeiro: Nova Fronteira, 2015. v. 3, p. 29.

[460] R. J. OLIVEIRA, 2016, p. 90.

[461] A respeito do TEN, *cf.* Nascimento (2004).

[462] Sobre a influência política do Ilê, *cf.* Silva (2001).

[463] BARBOSA, 2009, p. 107.

da participação política. Os instrumentos de fala do povo afrodescendente tornaram-se evidentes e cada vez mais populares. A cultura afro-brasileira consolidara-se como uma ferramenta eficaz no processo de afirmação daquele povo sintonizado com as mudanças.

Logo, neste subtópico, apresentaremos as manifestações culturais do Complexo Cajazeiras e suas influências na formação política e social dos moradores da região, possibilitando a construção de *táticas* de conquista do direito à cidade.

Sr. Redator:
Através deste jornal, a comunidade de Cajazeiras elogia a Prefeitura da Cidade do Salvador e a coordenação do Carnaval, pela festa momesca desenvolvida nos bairros desta cidade, principalmente no bairro de Cajazeiras.
José Carlos Neres da Silva, líder comunitário de Cajazeiras, Capital.[464]

A carta *supra* foi publicada na seção destinada aos leitores de *Tribuna da Bahia,* na qual um líder comunitário manifestava a gratidão dos moradores de Cajazeiras pela realização do primeiro Carnaval no complexo. O evento foi realizado no estacionamento do maior supermercado do bairro à época, o Paes Mendonça, estabelecendo a região como uma das oito opções para curtir a folia carnavalesca do ano de 1991. Entre as atrações estavam Tonho Matéria — que havia acabado de sair do Olodum — e o grupo Gera Samba — pouco antes de tornar-se sucesso nacional[465].

Kilson Melo destaca as mudanças que ocorreram no Complexo Cajazeira ao longo dos anos e como isso influenciou a forma pela qual os poderes instituídos olhavam para a região:

Então, Cajazeiras já começou a ganhar respeito, um outro olhar [...] A abertura do Carnaval esse ano foi feita aqui em Cajazeiras. Acho que foi bem importante, né? O olhar, com a presença aí do governador e do prefeito, então foi muito importante pra Cajazeiras.[466]

No trecho destacado, é possível perceber a relevância que os festejos de carnaval alcançaram ao longo da história do complexo, a ponto de, no ano de 2008, a abertura oficial da festa ter sido realizada na localidade com a presença dos principais representantes do município e do estado. Ainda,

---

[464] IGHB. *Tribuna da Bahia,* 19 fev. 1991.

[465] *Ibid.,* 21 jan. 1991.

[466] Entrevista com Kilson Melo, realizada em 20 jun. 2008 por Nelma Barbosa em Salvador. *Cf.* Barbosa (2009).

destaca-se a importância das atividades culturais como meio de transformação das dizibilidades sobre bairros periféricos e seus habitantes no contexto da cidade. Dessa maneira, a ideia de *"ganho de respeito"* está ligada tanto ao reconhecimento por parte dos poderes instituídos quanto à produção de memórias que vinculem a região a fatos e a imagens positivas.

A memória coletiva pode favorecer a compreensão do processo de mudança do olhar sobre a região, pois permite-nos acessar situações que comumente não costumam ser publicadas nas mídias comerciais. O trecho a seguir é de uma conversa entre Nelma Barbosa e Honorato Araújo, morador do complexo:

> *Nós tivemos, no início dos anos 90, a cultura voltada para a questão do Axé [music]. Por que o axé e o grupo de samba? A gente lembra que surgiu [...] um menino aqui, como é que era o nome dele? Pierre! Trabalhando com grupos de meninos batendo latas... Nós tivemos aqui também o Dr. Guedes que tinha um grupo de samba, nós tivemos aqui na Boca da Mata, o Nadinho do Congo, ainda também. Então, a questão da cultura se dava de forma, vamos dizer, espontânea, conforme a moçada tinha necessidade de organizar seus grupos de samba, seu bate-lata.*[467]

Percebe-se, na narrativa citada, que a música popular exerce grande importância no desenvolvimento cultural da população de Cajazeiras, sobretudo na década de 1990, justo quando a festa do Rei Momo chegou ao bairro. É provável que o fortalecimento do *axé music* e do samba na comunidade tenha sido alavancado com a chegada do festejo, já que se apresentar no Carnaval e em outros eventos se tornava uma possibilidade real para os músicos do bairro. Servia também de alternativa para as populações mais jovens, que tiveram a possibilidade de juntar-se a projetos sociais que ofereciam aulas gratuitas de percussão e outros instrumentos musicais.

Quando questionada sobre as ações culturais que acompanhou desde a chegada ao bairro, Maísa também faz referência ao samba junino e às demais rodas de samba:

> *Cajazeira sempre recebia no São João essa visita de algum samba do Engenho Velho de Brotas, uma coisa que hoje não existe mais. Cajazeira agora tem um samba que [os músicos] são do próprio bairro. [...] Na sexta de Carnaval saem dois sambas lá em Cajazeiras. Mas tinha um vizinho nosso chamado Caçote que ele é do Engenho Velho, ele fazia articulação do samba. Caçote era do*

---

[467] BARBOSA, 2009, p. 112-113.

> *Engenho Velho e levava samba pra Cajazeira também. Então tinha isso em Cajazeira, era certo São João desciam cinco sambas ou dois do Engenho Velho, armava ali na 10, fazia ali aquela movimentação e depois eles pegavam o ônibus.*[468]

Verifica-se que a inserção da cultura das rodas de samba em Cajazeiras se dá por intermédio dos moradores que chegavam de outros bairros — a exemplo do Engenho Velho de Brotas[469], que, aliás, tem uma tradição no nomeado samba junino —, trazendo consigo suas práticas para um lugar que foi pensado somente como dormitório das populações trabalhadoras. Desse modo, a formação de grupos de samba do próprio bairro também pode ser compreendida como um movimento de reapropriação do espaço que foi projetado para a região. Das primeiras experiências, ainda com músicos de outras partes da cidade, até a consolidação dos grupos da própria localidade nas festas de Carnaval e São João, há todo um processo de reivindicação e conquista do direito à cultura.

Rosa Pinheiro[470], moradora e líder da Roda de Samba da Descida do Kilombo, em Cajazeiras X, afirma em seu estudo sobre o viés educacional do ritmo afro-brasileiro, que os encontros de sambistas são momentos de fortalecimento de relações cotidianas, pois o núcleo desses movimentos são as relações de amizade e vizinhança. Nesse sentido, os membros de tais grupos "apresentam como elemento comum o estudo, a valorização e a transmissão da memória do samba enquanto manifestação cultural, produzida de forma coletiva, envolvendo a ancestralidade, a oralidade e a solidariedade"[471].

Conforme Honorato, o *axé music* também foi relevante dentro do processo de constituição cultural do complexo. Além dos projetos sociais que promoviam aulas de percussão para as camadas mais jovens, o morador afirma a importância do Afoxé Filhos do Congo dentro da comunidade. Ednaldo Santana, popularmente conhecido por Nadinho do Congo, revisitou suas memórias sobre a criação do grupo:

---

[468] Entrevista com Maísa Flores, realizada em 13 mar. 2008 por Nelma Barbosa em Salvador. *Cf.* Barbosa (2009).

[469] Uma das localidades que pertencem ao maior bairro da capital baiana (Brotas), o Engenho Velho de Brotas, segundo Jonatas Conceição: "É um bairro marcantemente negro, essencialmente africano, é um bairro alegre e, ao lado disso, é um bairro de maioria pobre, mas que já apresenta muitas desigualdades..." (Disponível em: http://www.culturatododia.salvador.ba.gov.br/vivendo-polo.php?cod_area=8&cod_polo=33. Acesso em: 26 nov. 2022).

[470] PINHEIRO, Rosa Bárbara. *"O samba é meu kilombo"*: tramas de identidade, solidariedade e educação em rodas de samba de Salvador. Dissertação (Mestrado em Educação e Contemporaneidade) – Universidade do Estado da Bahia, Salvador, 2019. p. 24.

[471] *Ibid.*, p. 24.

> *Os Filhos do Congo, ele nasceu na Baixa do Curuzu[472], é em 79 e passamos do Curuzu, da baixa do Curuzu, Maria de Jesus, a gente foi a outros bairros como Fonte do Capim, fomos pra Suburbana, São Caetano, Fazenda Grande do Retiro. Em cada ponto a gente ensaiou um ano e em cada local que a gente fazia um trabalho, a gente deixava alguém preparado pra conhecer parte da cultura, né? Na Santa Mônica, na Caixa D'Água. Até que eu recebi minha casa em Cajazeiras, Boca da Mata. E aí transferi tudo pra lá, endereço, enfim. E hoje a gente se mantém lá com um escritoriozinho do lado da minha casa, um espaço pra ensaiar música e a parte de canto e do lado de fora a gente faz sempre programações, convoca as pessoas.[473]*

Observa-se que o Afoxé liderado por Nadinho tem, desde sua origem, o objetivo de transmitir a cultura negra brasileira — sobretudo ligada aos conhecimentos do candomblé —, cumprindo um relevante papel na construção de consciência social, política e racial para as populações negras e/ou pobres de Salvador. A liderança justifica esse viés com base em experiências que teve como membro de outros blocos negros — como o Ilê Aiyê —, o que o influenciou na constituição da identidade negra em sua agremiação.

> *Aí eu resolvi fazer pesquisas em livros, e nessa pesquisa em livros no CEAO que era aqui no Pelourinho, no Centro de Cultura Afro-Oriental, eu fui ver alguns livros e lá eu encontrei alguns nomes como Daomé, Abaomé, Guiné, Congo. E eu achei que o Congo era um nome forte que tocava em mim, sem conhecer muito da origem africana, do país e resolvi botar Congo, mas com algumas interpretações. Eu achei que se você chega em qualquer estado que não é o seu, alguém pergunta de onde você é filho, não é de quem você é filho. E eu fiz essa interpretação, vindo o pessoal da África a gente pergunta de onde é que ele é, e ele vai dizer o nome do país dele assim como nós somos filhos do Brasil, né? Que é a naturalidade. E aí resolvemos colocar Filhos do Congo. Na época não tinha outro Afoxé com o nome de Filhos a não ser os Filhos de Gandhi, né? E nós resolvemos colocar Filhos do Congo e fui trabalhando [...].[474]*

---

[472] Curuzu é uma das principais áreas do bairro da Liberdade, destaca-se pela existência de muitas Comunidades Tradicionais de Terreiros e blocos afro, a exemplo do Ilê Aiyê. Bairro majoritariamente negro, tornou-se um símbolo da luta negra pela cidadania no Brasil. Disponível em: http://www.culturatododia.salvador.ba.gov.br/vivendo-polo.php?cod_area=7&cod_polo=105. Acesso em: 26 nov. 2022.

[473] BARBOSA, 2009, p. 111-112.

[474] *Ibid.*, p. 111-112.

É interessante notar, nas memórias de Nadinho, a influência exercida pelos grupos carnavalescos negros da segunda metade do século XX, sobretudo na transmissão da história e da memória relacionadas ao continente africano para as populações negras. Em sua obra sobre a construção da cidadania negra brasileira no pós-abolição, Wlamyra Albuquerque[475] afirma a importância dos referenciais oriundos de África presentes nos desfiles de Carnaval, já que possibilitam apreender os ajustes culturais e políticos realizados pelas pessoas negras no enfrentamento à sociedade racializada.

Nesse sentido, a busca por nomes de países africanos em acervo de uma instituição pública dedicada a estudos sobre as populações negras é consequência da abordagem de elementos relacionados à África na cultura negra baiana. A construção identitária manifesta-se conforme a ideia de origem na palavra "filho", ultrapassando a individualidade do termo, que é pensado pelo viés da territorialidade, num movimento de (re)construção de pertencimentos: naturais do Brasil, mas *filhas/os* de África. Portanto, pode-se afirmar o Afoxé ou tudo aquilo que lhe é agregado como um dos vários espaços de (re)existência das práticas, dos saberes e das culturas africanas no Brasil. A presença do Afoxé Filhos do Congo no Complexo Cajazeira é uma das várias influências culturais que determinam a identidade negra da região.

> *Eu acho que teve um começo né? [...] tinha um momento depois teve uma descontinuidade na chegada do conjunto entendeu? Agora, por exemplo, é esses movimentos que nós fizemos a dança afro na comunidade, essa Feira de Arte e Cultura tinham várias pessoas, o pessoal da capoeira sempre representativo lá. Quem era da capoeira já chegava lá, fazia a roda, outra pessoa vinha. Então sempre teve essa movimentação da parte da cultura afro no bairro, essa sempre existiu entendeu?[476]*

Percebe-se na fala a existência de um *"começo"*, de uma origem negra na região em que depois foram construídos os conjuntos habitacionais em Cajazeiras. Portanto, as práticas culturais que se baseiam na valorização da população negra e colaboram para a construção da autoestima e identidade positiva da comunidade podem ser consideradas como um movimento de reverência às populações ancestrais que viveram no mesmo espaço. Logo, a negritude pode ser afirmada como um dos elementos de constituição

---

[475] ALBUQUERQUE, Wlamyra Ribeiro de. *O jogo da dissimulação*: abolição e cidadania negra no Brasil. São Paulo: Companhia das Letras, 2009. p. 197.

[476] Entrevista com Maísa Flores, realizada em 13 mar. 2008 por Nelma Barbosa em Salvador. *Cf.* Barbosa (2009).

territorial do Complexo Cajazeiras, pois retoma as investidas e batalhas travadas em busca da liberdade pelas populações negras de outros períodos históricos[477].

A juventude do bairro também foi essencial dentro do contexto de manifestações culturais em Cajazeiras; vejamos:

> [...] nós fizemos o Festival de Arte e Cultura em Cajazeiras, ali em frente ao João Adélio não tinha uns prédios? Tinha umas quadras por trás, fizemos naquele espaço ali e foi uma articulação boa que eles fizeram, porque o pessoal queria mostrar o que o bairro faz. Então quem fazia artesanato levou, quem cantava teve um momento, recitar, cantar, dançar. Nós dançamos inclusive, apresentamos dança e o Samba Fama foi pra lá. Eu nem sabia que tinham convidado eles, era meu primo e eu não sabia. [...] foi um momento importante de Cajazeira num período mais antigo [...].[478]

Valendo-nos das memórias *supra*, é possível verificar as articulações que os grupos de jovens desenvolveram junto aos moradores mais velhos e às instituições públicas. O evento, organizado com apoio de vizinhos que eram membros de grupos artísticos ligados ao Serviço Social da Indústria (Sesi) e à Ufba, representa para a líder comunitária um momento muito marcante, sobretudo por ter oportunizado espaço para que a comunidade pudesse expor suas potencialidades. Desse modo, pode-se perceber que as atividades culturais na região não estavam necessariamente ligadas à música e/ou ao Carnaval, mas apresentavam-se por meio de diversas habilidades e produções.

Outro registro histórico destaca a realização de festivais culturais em Cajazeiras:

> I Grande Noite Cultural de Cajazeiras. Este é o nome do evento que acontece sexta-feira, sábado e domingo sempre a partir das 20 horas na rótula de Cajazeiras V. Grupos de dança afro, samba pagode, bandas marciais e carnavalescas estarão no local animando a festa dos moradores do bairro. Com o apoio da Fundação Gregório de Mattos, o evento conta ainda com a participação do Projeto Boca de Brasa, na abertura, e do Afoxé Kori Efã que encerra, no domingo, a Grande Noite Cultural de Cajazeiras.[479]

---

[477] É importante destacar que a região do atual Complexo Habitacional Cajazeiras ocupa uma área em que durante o período da escravidão existiram os quilombos do Orubu e do Buraco do Tatu. *Cf.* Reis (2012).

[478] Entrevista com Maísa Flores, realizada em 13 mar. 2008 por Nelma Barbosa em Salvador. *Cf.* Barbosa (2009).

[479] IGHB. *Tribuna da Bahia*, 17 abr. 1991.

Novamente, percebe-se uma grande diversidade de atividades culturais durante um festival realizado no complexo, mas é evidente a predominância de manifestações musicais e corporais ligadas à cultura afro-brasileira. Assim como demonstramos em outro momento, o contato entre os moradores de Cajazeiras com habitantes e práticas de outras regiões foi essencial no processo de constituição cultural da área, já que o Afoxé Korin Efan se deslocou do Pelourinho para se apresentar no evento.

Além de ter sido muito importantes para tornar Cajazeiras um "*caldeirão cultural*"[480], as programações culturais eram essenciais no sentido de pacificar as relações entre os jovens do complexo, visto que existiam rivalidades entre os moradores de determinadas localidades:

> *O grupo de jovens Renascer foi um grupo atuante em nossa época, foi inclusive um grupo que conseguiu disseminar a paz entre setores de Cajazeira 10 né? Tinha os meninos do setor 1, não se unia com o setor 2 e não se unia com o setor 3, e quando tinha alguma coisa pública [...] os meninos brigavam né? [...] com esse trabalho do grupo de jovens a gente fazia algumas festas no Conselho de Moradores de Cajazeiras 10, que a gente convidava todos. Até pessoas da 5, da 8 iam pra lá.*[481]

Entretanto, as rivalidades não se restringiram às camadas mais jovens da população de Cajazeiras, já que as disputas políticas foram constantes entre as diversas associações e outros grupos de moradores do complexo.

> *KILSON MELO: Cajaverde, Conselho de Moradores da Fazenda Grande 2, Conselho de Moradores da 11, algumas pessoas da União, alguns empresários, a gente senta, os partidos aqui, PT, PC do B, PDT, é... PSB, a gente senta, começa, mas não termina por conta dos ciúmes, das brigas, aí não consegue fazer isso. Eu penso que trazer o fórum pra aqui seria uma coisa ideal, né? Seria uma coisa plural, né? Com várias ideias, mas que a gente não consegue tirar do papel, né? Já tentamos por diversas vezes desde 92.*
> *NELMA BARBOSA: O quê que emperra que ocorra?*
> *KILSON MELO: Ciúmes, as brigas, as disputas [...].*[482]

É possível afirmar que as diferenças de pensamento político, escolhas partidárias e, em muitas situações, os problemas relacionais entre membros dos movimentos de moradores dificultaram a tomada de decisões coletivas em favor de melhorias que contemplassem a maior da parcela da população.

---

[480]   Entrevista com Kilson Melo, realizada em 20 jun. 2008 por Nelma Barbosa em Salvador. *Cf.* Barbosa (2009).

[481]   Entrevista com Maísa Flores, realizada em 13 mar. 2008 por Nelma Barbosa em Salvador. *Cf.* Barbosa (2009).

[482]   Entrevista com Kilson Melo, realizada em 20 jun. 2008 por Nelma Barbosa em Salvador. *Cf.* Barbosa (2009).

> *Olha, veja bem, o movimento comunitário passou por um desgaste muito grande, né? Período aí de 80 pra 90. Então, isso aí nas periferias, muita gente na minha visão se vendeu por uma coisa ou por outra. Então houve um desgaste muito grande, mas dentro dessa conjuntura hoje, atual, ser de Cajazeiras pra a visão institucional, eu penso que hoje já olham pelas lutas com mais respeito, por conta de algumas lutas que foram travadas aí ao longo do tempo, né? Mas é muito difícil, é difícil, mas, as pessoas já olham com mais respeito.*[483]

Dentro desse contexto, Kilson Melo descreve um processo de desgaste na imagem dos movimentos comunitários de bairros pobres e/ou periféricos tecido entre as décadas de 1980-1990, fator que foi decisivo na forma pela qual os poderes institucionalizados passaram a observar as reivindicações desses grupos. O mobilizador social defende, em outro momento da entrevista, a importância dos partidos políticos na sociedade e nas organizações de bairro, porém fica implícita na narrativa *supra* a influência de interesses individuais diante das demandas comunitárias com motivações político-partidárias[484].

Pode-se observar como essa influência partidária poderia se manifestar no trecho a seguir:

> *Então acaba sendo uma coisa [...] pra todo mundo agora a relação muito próxima das associações e conselhos, isso tudo à direita. Muito ligada, assim, uma coisa muito forte de Cajazeira com essa articulação dos partidos de direita [...] algumas associações faziam movimentos, algumas atividades e convidavam a gente [...] mas você sabia que aquilo ali era trabalho de cooptação? E se não conseguisse cooptar, pelo menos você se queimava. Porque levava lá um candidato desse aí, um cara da direita. Aí ele fazia aquele discurso, todo mundo beijava a nota [...] aquela coisa sabe? Que não é legal da política. Então, apadrinhamento, favorecimento [...].*[485]

É interessante destacar nas memórias de Maísa, assim como já havíamos notado em outras situações, como as questões político-partidárias estavam em pauta no momento de readaptação ao regime democrático. Conforme apontado no capítulo anterior, o estado baiano também esteve sob dominação dos partidos de direita durante o processo de redemocratização e mantinha uma herança política do período ditatorial. Ou seja, as

---

[483] *Id.*

[484] Sobre as disputas e conflitos dentro de movimentos de bairro em Salvador, *cf.* Freitas (2020).

[485] Entrevista com Maísa Flores, realizada em 13 mar. 2008 por Nelma Barbosa em Salvador. *Cf.* Barbosa (2009).

ideologias conservadoras ainda exerciam muita influência política, e os movimentos de bairros pobres e/ou periféricos não fugiram dos conflitos gerados entre as tendências políticas diferentes.

De acordo com Garcia[486], o período de transição política vivenciado no Brasil foi marcado pela manutenção de relações clientelistas entre os movimentos de bairros de Salvador e as autoridades políticas de outrora. Gonçalves[487] também observa as mesmas mudanças no contexto da cidade do Rio de Janeiro, afirmando que a Nova República "significou a falência do projeto político implícito dos movimentos sociais e provocou seu refluxo, 'pois as perspectivas' de mudança não correspondiam 'nem às expectativas, nem ao plano de participação popular, nem mesmo na esfera das realizações'".

Maísa descreve um evento promovido por organizações sociais de moradores de Cajazeiras, sob influência de partidos políticos de direita, em que o objetivo foi atrair simpatizantes de ideologias mais conservadoras na região. Nota-se que o "trabalho de cooptação" era realizado mediante relações clientelistas, perceptíveis no modo pelo qual as relações de poder foram bem definidas na narrativa. Logo, aqueles que detinham a representatividade política e a capacidade de influenciar financeiramente apadrinhavam e prestavam favores para alguns mobilizadores comunitários em troca de votos.

Entretanto, apesar das ações dos partidos de direita na região, é possível afirmar que as ideologias contrárias também possuíam grande força nos núcleos de mobilização popular do complexo. O posicionamento crítico diante das negociatas e politicagens demonstrado na última narrativa é significativo, pois evidencia a trajetória política da narradora, tecida em torno da religiosidade de matriz africana, do Movimento Negro e dos grupos comunitários.

> [...] fiquei sempre ligada ao movimento estudantil e ao movimento sindical. Também porque eu trabalhei no sindicato dos trabalhadores de limpeza urbana. E a questão racial pra mim, porque já nasci numa família [...] dentro do terreiro [...] a nossa educação enquanto pessoa de consciência de mundo era educação afro. Que era um pouco diferente dos nossos colegas lá do Renascer. Do nosso grupo na verdade só quem é da comunidade de terreiro era só eu e minha irmã, os outros eram católicos, outros não eram nada [...].

---

[486] GARCIA, 2006, p. 137.
[487] GONÇALVES, 2013, p. 281.

> Mas também isso provoca um diferencial porque aí a gente tinha
> [uma visão mais crítica] do ponto de vista [racial] que a maior
> parte do grupo que era ligado a Igreja Católica.[488]

Assim, nota-se que o fato de crescer dentro de uma comunidade de terreiro foi importante para a construção de uma leitura racializada da sociedade por parte de Maísa diante das relações com os grupos políticos compatíveis e não compatíveis com suas ideologias. Tal situação é exposta dentro do grupo comunitário de que fez parte, em que somente ela e a irmã pertenciam a religiosidades de matriz africana e, por conta disso, representavam as pessoas que tencionavam o debate das questões étnico-raciais no movimento de bairro. Para Sidnei Nogueira[489], é

> [...] a existência dessas epistemologias culturais pretas que
> reafirmam a existência de corpos e memórias pretas [...]
> que evidenciam a escravidão como crime e ò processo de
> desumanização de memórias existenciais pretas.

Dinho Melo também destaca a influência do Movimento Negro em Cajazeiras:

> Hoje dentro de Cajazeiras, eu acredito que o 20 de Novembro não
> passa mais em branco. Eu acredito que o mês todo de novembro
> é dedicado ao Movimento Negro em si. Agora nos anos 90, eu
> acredito que tínhamos [...] mais afinidade, entendeu? Mais afi-
> nidade porque a gente conseguia se reunir, fazer palestras e vinha
> pessoas de fora para fazer palestras. Mas ultimamente não. [...]
> em torno da política tem sido difícil reunir todos os segmentos,
> porque sabemos que dentro do movimento tem vários segmentos,
> várias tendências, várias ideologias, mas todos estão ligados à
> Consciência Negra.[490]

Apesar de considerar a importância do Dia Nacional da Consciência Negra (20 de novembro) como um legado do Movimento Negro Unificado (MNU) no bairro, a narrativa anterior destaca a desmobilização dos debates sobre a questão racial no complexo. Diante disso, a década de 1990 é vista como ápice dos eventos destinados a pensar as relações étnico-raciais. Para o narrador, as diversas tendências políticas são apontadas como possível causa desse processo de arrefecimento das ações em prol da equidade racial pelos movimentos de bairro no período em que ocorreu a entrevista.

---

[488] Entrevista com Maísa Flores, realizada em 13 mar. 2008 por Nelma Barbosa em Salvador. *Cf.* Barbosa (2009).

[489] NOGUEIRA, 2020, p. 123.

[490] Entrevista com Dinho Melo, realizada em 20 jun. 2008 por Nelma Barbosa em Salvador. *Cf.* Barbosa (2009).

Ao ser questionado sobre as manifestações negras em Cajazeiras, Alfredo Venceslau afirmou:

> *Tem, tem tido... Tem tido caminhadas aqui em relação [ao dia da] Consciência Negra, que não deixa de ser uma forma de... Uma presença, uma expressão do sentimento, é... Têm algumas realizações, algumas ações da própria comunidade nesse sentido! É... já temos, por exemplo, tem pessoas aqui que... que fazem artesanato e etc., agora não temos espaço, que nessa parte exatamente que eu falo do poder público, porque nós precisaríamos de um centro cultural, o qual nós estamos reivindicando, estamos lutando há muito tempo por um núcleo de integração social aqui em Cajazeiras.*[491]

Outra vez, o 20 de novembro desponta como principal memória relacionada às lutas sociais organizadas pela população negra. Um momento para manifestar o sentimento de revolta em face dos efeitos do racismo estrutural e cotidiano. Ainda, a questão étnico-racial é relacionada às realizações culturais e políticas, na medida em que são rememoradas reivindicações coletivas dos habitantes da localidade.

> *[...] nós conseguimos então, contra a intolerância religiosa, reunir até alguns grupos, algumas pessoas para discutir o 20 de novembro [...]. Mas digamos, aqui dentro de Cajazeiras tem entidades, [...] como o Afoxé Filhos do Congo. Existe dentro de Cajazeiras um pré-vestibular grátis, aqui na Igreja Católica, na Cajazeiras V, [...] chama-se Quilombo do Urubu, que é ligado para afro descendente, entende? Então existe várias entidades que temos aqui. A Cajaverde ela é uma associação cultural, mas ela tem abrangido, tem dado foco ao Movimento Negro, à luta da consciência negra.*[492]

O complexo Cajazeiras é marcado pela existência de muitas comunidades tradicionais de terreiro, fator que constituiu tensões e conflitos entre os membros de outras religiões, sobretudo das igrejas evangélicas neopentecostais. Por conta disso, Dinho Melo afirma que uma das questões que engajaram os movimentos culturais a promover a luta antirracista no bairro foram os casos de intolerância religiosa. Nogueira[493] recomenda o uso da definição "racismo religioso", pois, "no caso das violências praticadas contra as religiões de origem africana no Brasil, o componente nuclear desse tipo de violência contra as CTTro é o racismo".

---

[491] Entrevista com Alfredo Venceslau, realizada em 9 jul. 2008 por Nelma Barbosa em Salvador. *Cf.* Barbosa (2009).

[492] Entrevista com Dinho Melo, realizada em 20 jun. 2008 por Nelma Barbosa em Salvador. *Cf.* Barbosa (2009).

[493] NOGUEIRA, 2020, p. 83.

Dessa maneira, é possível afirmar que o combate ao racismo é um dos elementos estruturantes dos movimentos políticos e culturais do Complexo Cajazeiras, ainda que discursos vinculados ao mito da democracia racial pudessem fazer parte do repertório de muitas lideranças. Portanto, é notável que os membros de grupos comunitários que mantinham relações com instituições religiosas, culturais e/ou políticas negras evidenciam em suas falas não somente a existência de práticas racistas na região, mas também o enfrentamento a essa problemática.

Entretanto, o fato de existir um engajamento popular perante as questões raciais não foi suficiente para efetivar lideranças políticas negras nos cargos representativos municipais, estaduais ou federais. Durante algum tempo, foi cogitada até mesmo uma tentativa de emancipação da região em relação a Salvador. Em entrevista, Kilson Melo citou algumas pessoas politicamente importantes no contexto do complexo:

> *É, tem o Alfredo Venceslau, ele não sei se ainda tá com a mesma opinião, mas, tinha essa visão também de emancipação, né, de Cajazeiras. É comerciante, também uma grande liderança aqui, filiado ao Partido dos Trabalhadores. É, o Dinho Melo, que é uma figura assim, que na minha opinião é a pessoa mais centrada e fala com uma visão mais aberta dentro do Partido dos Trabalhadores aqui na 8ª Zona. Tem aqui Luiz Carlos que também não compartilha dessa visão [de Cajazeiras se emancipar], do Partido dos Trabalhadores. Tem Evanir Borges que é da União, que é a favor da emancipação de Cajazeiras. Uma figura assim que tem uma visão muito ampla, né? Um visionário em termo de política, em termo de Cajazeiras, figura assim que eu tenho um respeito muito grande por ele. Tem Nadinho do Congo que se debruça pra questão cultural, tem o Filhos do Congo, já com 20 poucos anos, né? Filhos do Congo aí que é a favor da emancipação de Cajazeiras. Tem Jorge Eduardo, né? Que é do Conselho do Moradores da Fazenda Grande II, do PC do B, também compartilha com a mesma opinião que a minha, né? Tem que se estruturar primeiro pra depois [tentar emancipar]. Jorge Eduardo hoje é gestor do Centro Social Urbano de Castelo Branco. Cleide Avelino, também compartilha que Cajazeiras deve ser emancipada, da Mude, Salvador!, o próprio Avelino que é o esposo de Cleide também compartilha dessa opinião. Tem Irmã Sabina que é da igreja de Águas Claras, compartilha com essa opinião também que deve ser [emancipada]. Isso tudo são pessoas que tirando Jorge Eduardo e Dinho Melo, são pré-candidatos aqui de Cajazeiras, Irmã Sabina já foi candidata por 3 vezes.[494]*

---

[494] Entrevista com Kilson Melo, realizada em 20 jun. 2008 por Nelma Barbosa em Salvador. *Cf.* Barbosa (2009).

Observa-se que a possibilidade de emancipação da cidade de Salvador foi bastante discutida entre as organizações comunitárias. Ainda, pode-se perceber a quantidade de pessoas que despontaram como lideranças e possíveis representantes do bairro em cargos eletivos; uma delas, Sabina Oliveira, contou-nos sobre suas tentativas de fazer parte da Câmara de Vereadores de Salvador representando o Partido dos Trabalhadores (PT):

> [...] eu fui candidata a vereadora, fui muito bem votada, mas não tinha dinheiro, na época o povo roubava voto. As pessoas que me apoiaram disse que meus votos foram roubados. Eu não sei como foi roubado, eu acho que o povo que não votou. Mas eu sei que teve uma das eleições, que as meninas vieram do [Colégio Estadual] Renan para cá, acho que foi 2000, comemorando minha vitória. Quando foi ver, fui bem votada, mas não deu, tem a coisa do coeficiente, né? E eu tive, teve gente com menos voto que foi eleito e eu não fui.[495]

No trecho *supra*, pode-se apreender as dificuldades enfrentadas por uma mulher negra e pobre que almejava tornar-se vereadora. Durante toda a entrevista, Sabina se descreve como uma liderança politicamente habilidosa e que consegue estabelecer diálogos com todos os públicos, sobretudo quando o objetivo era alcançar melhorias na vida da população de Cajazeiras. Porém, percebe-se também, muitas vezes, a afirmação de algumas injustiças que ela sofreu enquanto esteve na frente da luta comunitária, principalmente quando se tratava de lidar com homens que desmereciam suas habilidades políticas.

A descrença de Sabina quanto a uma possível fraude numa das eleições evidencia a percepção de falta de confiança popular na sua capacidade política, possivelmente embasada na quantidade de pessoas que afirmavam apoiá-la em comparação às derrotas eleitorais. Ademais, destaca-se outra vez o protagonismo das mulheres, pois há um silenciamento da presença de homens nas comemorações de sua eleição, que não foi efetivada por conta do quociente eleitoral[496].

Vejamos uma memória de Humberto sobre o período eleitoral:

> [...] teve uma vez chegou um vereador no campo [do Loteamento Condor], aí o pessoal me chamou. Quando tem esse negócio de reunião a associação sempre me chama. Aí, todo mundo falando

---

495   Entrevista com Sabina Oliveira, realizada em 27 maio 2021 por Vitor Santos em Salvador.

496   Quociente eleitoral é um método pelo qual se distribuem as cadeiras nas eleições pelo sistema proporcional de votos em conjunto com o quociente partidário e a distribuição das sobras. Disponível em: https://www.tse.jus.br/eleitor/glossario/termos/quociente-eleitoral. Acesso em: 29 nov. 2022.

> *uma coisa, fala outra, eu pedi a palavra, aí me deram a oportunidade para eu falar. Aí eu me apresentei e tal, aí perguntei onde o rapaz morava: "Onde você mora?". Ele: "Eu moro na Pituba". "Então você não conhece o povo de Águas Claras, porque o problema aqui é rede esgoto, saneamento básico e tudo. Então esses candidatos que vêm de quatro em quatro anos aqui já tá cheio, é melhor que o senhor volte pelo mesmo lugar". Porque pega os votos todos e depois vai embora, você pode ver um bocado de candidato aí que vem aqui geralmente só faz pegar os votos.*[497]

O protesto que afirma ter realizado durante reunião de associação de moradores junto a um candidato ao cargo de vereador nos revela a desconfiança popular em relação aos políticos. O fato utilizado como argumento para desmascarar o homem foi a pertença dele a uma região com vivências totalmente opostas às que os moradores de Águas Claras enfrentavam diariamente. Portanto, apesar de uma pessoa negra e/ou pobre da comunidade nunca ter sido eleita, é possível inferir que os habitantes da região tinham uma visão crítica e um discurso de rejeição aos candidatos que frequentavam o complexo com a intenção de "*pegar os votos*" da população e nunca mais aparecer.

Sobre a escassez de representantes na câmara de vereadores, Kilson Melo afirma:

> *Cajazeiras reclama também essa questão de um nome pra Cajazeiras, pelo tamanho, né? Hoje tem um grito, um apelo muito grande sobre a questão de se ter alguém de Cajazeiras que seja vereador, tem um apelo muito grande. Cajazeiras já teve Geraldão, que passou aí 4 anos com votos daqui e não soube, não teve visão política, né? Pra poder se reeleger. E hoje tem um apelo muito forte das pessoas pra que se tenha um representante daqui.*[498]

A necessidade de representação por parte do bairro é destacada na narrativa *supra*, sobretudo pelo tamanho geográfico e populacional do Complexo Habitacional Cajazeiras. Na década de 1990 os moradores conseguiram se mobilizar na eleição de Geraldão Rocha, porém a falta de "*visão política*" é apontada como um dos fatores que favoreceram o encerramento do ciclo do político no primeiro mandato sem ao menos conseguir apoio para outras lideranças da região.

Encontramos algumas cartas divulgadas em *Tribuna da Bahia* agradecendo as ações de Geraldão durante seu mandato. Vejamos uma delas:

---

[497] Entrevista com Humberto Gomes, realizada em 1 jul. 2019 por Vitor Santos em Salvador.

[498] Entrevista com Kilson Melo, realizada em 20 jun. 2008 por Nelma Barbosa em Salvador. *Cf.* Barbosa (2009).

Finalmente Cajazeiras encontrou a sorte através do vereador Geraldão, pois há muito tempo o bairro estava abandonado, só não estava pior graças a este morador, que mesmo antes de ser eleito trabalhava e lutava pelo bairro, e como morador tinha certeza que quando ele fosse eleito o bairro ia melhorar, por isso valeu o meu voto e de todos aqueles que nele votaram. Cajazeiras hoje conta com transporte escolar gratuito para as crianças do bairro, eventos como o Carnaval criado por ele e que a cada ano tem sido melhor e mais selecionado, através do governo do Estado, maternidade, colégios, creches, um posto da Caixa Econômica Federal, através da prefeitura, obtivemos uma melhora bastante considerável no transporte coletivo e na limpeza do bairro, manutenção intensa nas ruas do bairro, asfalto, etc... Com certeza mais melhorias estão por vir, pelo menos enquanto o vereador Geraldão estiver na ativa. Dentro ou fora do poder ele sempre prestará bons serviços a Cajazeiras.

Enquanto depender de mim e da maioria dos moradores, Geraldão sempre será o grande líder do bairro, que sem ele seria incompleto. Através dele nós conseguimos uma atenção maior das autoridades baianas, que antes esqueciam o nosso bairro.[499]

O missivista deixa explicita a sua opinião sobre o trabalho realizado pelo vereador que o representava na Câmara Municipal de Salvador; além disso, expõe a principal motivação de ter confiado seu voto a Geraldão. Destaca-se que o então vereador é apresentado como um morador muito atuante nas lutas do bairro, mesmo que tenha sido poucas vezes citado nas entrevistas das outras lideranças comunitárias. Ainda, chama atenção o teor propagandístico do texto que descreve diversas melhorias feitas pelo político, não compatíveis com o cargo ocupado por ele[500]. Vamos observar outra carta:

Gostaria de agradecer a luta do vereador Geraldão, junto com a prefeita Lídice da Mata e o presidente da Transur Valdson Cruz pela melhoria do transporte coletivo em Cajazeiras, salientando que hoje o transporte coletivo naquela área, já melhorou cerca de 40% em relação ao que era antes.

---

[499] IGHB. *Tribuna da Bahia*, 23 abr. 1994.

[500] "Ao vereador cabe elaborar as leis municipais e fiscalizar a atuação do Executivo – no caso, o prefeito. São os vereadores que propõem, discutem e aprovam as leis a serem aplicadas no município. Entre essas leis, está a Lei Orçamentária Anual, que define em que deverão ser aplicados os recursos provenientes dos impostos pagos pelos cidadãos. Também é dever do vereador acompanhar as ações do Executivo, verificando se estão sendo cumpridas as metas de governo e se estão sendo atendidas as normas legais" (Disponível em: https://www.tse.jus.br/comunicacao/noticias/2016/Setembro/vereador-conheca-o-papel-e-as-funcoes-desse-representante--politico. Acesso em: 30 nov. 2022).

Gostaria também de pedir aos vizinhos, que tenham paciência e deem tempo às nossas autoridades, pois muito pior já esteve antes. Sou moradora do bairro e também dependo do transporte coletivo diariamente, por isso, gostaria ainda de agradecer, reconhecer e apoiar as melhorias, que em tão pouco tempo já estão nos beneficiando grandemente.

Tenho certeza de que os moradores das Cajazeiras – I a XI – que tem bom senso concordam, apoiam e agradecem mais uma vez o trabalho exemplar e a atenção que o citado vereador tem dispensado a nós moradores de Cajazeira.[501]

A escritora também deixa sua opinião em relação ao político eleito pela população do Complexo Cajazeiras. Mais uma vez, as benesses conquistadas por meio da influência do vereador são destacadas pela leitora de *Tribuna*, que ainda faz um apelo para que seus vizinhos tivessem paciência com as autoridades que parabeniza na carta. É interessante atentar que a pertença da autora ao bairro e as vivências cotidianas são utilizadas com o objetivo de legitimar as ideias expostas. Ademais, há um erro, já que não existe a Cajazeira I.

Pode-se afirmar que o início da década de 1990, após o processo de ocupação dos conjuntos habitacionais ocorrido nos dez anos anteriores, é um momento que consolida a integração prevista no Projeto Cajazeira. Entretanto, esse caráter integrador na prática foi exercido pelas diversas ocupações informais que foram ocorrendo na região, fator que é observado também em notícias sobre outros programas habitacionais desenvolvidos durante o período do BNH em Salvador[502].

O aumento populacional com a precariedade na oferta de alguns serviços básicos no complexo foram motivações para a construção de diversos modos de combate ao descaso governamental. Portanto, as ações culturais e políticas que tecem a identidade do bairro ligada às manifestações africanas e afro-brasileiras evidenciam a importância das lutas comunitárias realizadas nos bairros periféricos, favelas, subúrbios e demais ocupações urbanas para conquistar os direitos fundamentais que compõem a cidadania. Foi a alternativa para superar a pouca quantidade de atividades culturais na região, de enfrentamento ao racismo, assim como a ferramenta utilizada para eleger um representante local na política da capital baiana.

---

[501] IGHB. *Tribuna da Bahia*, 31 ago. 1994.

[502] *Ibid.*, 13 nov. 1993.

4.3 "Me dê uma escola, quem sabe melhora essa minha cultura. E um bom hospital, pois eu sei que este mal de repente tem cura"[503]

A página principal do caderno "Cidade" de *Tribuna da Bahia* apresentou um levantamento feito com base em dados do IBGE, destacando: "Cajazeiras supera a Liberdade como a área mais populosa de Salvador". Porém, em contraste com o aumento populacional do bairro, a reportagem indicava a existência de apenas 5 escolas da rede municipal e 13 instituições da rede estadual de ensino na região[504].

Uma das escolas que atendiam os moradores do complexo no mês seguinte foi assunto de outra matéria do mesmo periódico. Na ocasião, o jornal denunciou:

> Cerca de 1.300 estudantes residentes em Águas Claras continuarão sem aulas, até que a Superintendência de Manutenção e Conservação da Cidade (Sumac) e a Secretaria de Saúde procedam à limpeza e dedetização da grande área do Colégio Estadual Renan Baleeiro, onde na última quarta-feira foi encontrado um escorpião. [...]
> O matagal que cerca a escola e a falta de manutenção na limpeza da área propiciam o surgimento do inseto peçonhento, que normalmente nessa época está em fase de reprodução. Segundo explicou o diretor-assistente Gilmar Prado de Oliveira, tem-se conhecimento que os escorpiões preferem lugares sujos, úmidos e quentes – o que não falta na região do colégio. O problema é antigo e há três anos os funcionários daquele estabelecimento de ensino lutam com isso.[505]

Em ambas as reportagens publicadas em *Tribuna*, é notável a deficiência existente nos equipamentos voltados para educação pública no complexo. Ainda, pode-se afirmar que a segunda matéria constrói um discurso que enquadra a localidade em que a escola estava como um lugar de sujeira e insalubridade. Dessa maneira, apesar de indicar a responsabilidade do Estado no problema que estava ocorrendo, o articulista deixa explícito que a área em que a instituição de ensino se situava — incluindo o entorno e as pessoas que ali habitavam — era propício para a proliferação de animais peçonhentos.

---

[503] É A LEI, é a lei. *In*: ANJOS da guarda. Intérprete: Leci Brandão. [*S. l.*]: RGE, 1995. 1 CD. (3 m). Para uma análise historiográfica sobre a música *Cf.* Martins (2015, p. 491-492).

[504] IGHB. *Tribuna da Bahia*, 28 abr. 1990.

[505] *Ibid.*, 7 maio. 1990.

Em entrevista, Dilza Farias, que lecionou durante oito anos no Renan Baleeiro, também falou sobre o matagal que existia em volta da escola:

> VITOR SANTOS: Na época que a senhora começou a dar aula lá, como é que era ali? Já tinha aquelas casas ou só tinha a escola?
> DILZA FARIAS: Não, não, não, não. Quando nós começamos, o Renan começou, a área atrás do Renan, na frente do Renan era um matagal. Tanto é que o pessoal dizia que era local de desova. As pessoas matavam outros, bandidos [...] e aí jogavam o corpo lá. Então diziam que era local de desova.[506]

Antes de reproduzir a memória coletiva sobre a mata que rodeava a escola pública, a entrevistada pontua que ouviu falar, por intermédio de outra pessoa, que se tratava de um cemitério clandestino onde eram jogados os corpos de supostos bandidos que foram assassinados, possivelmente pela polícia. Portanto, assim como no texto publicado pela mídia comercial, as mediações do equipamento educacional são enquadradas em narrativas que o identificam como lugar de insegurança e desordem.

As narrativas negativas sobre a área em que estava instalada o colégio estadual não são por acaso, pois existiam nas imediações algumas ocupações informais como a do Loteamento Condor — urbanizada no fim da década de 1980 pela gestão de Waldir Pires — e da Baixa do Tubo, também realizada na mesma década. Entretanto, o segundo movimento tinha uma característica que o tornava ainda mais sujeito a sofrer remoções, já que se localizava nos 300 metros finais que não foram construídos da Avenida Vale do Cascão[507]. A seguir um trecho da reportagem de página inteira sobre a ocupação, assinada por Gabriela Rossi Maia em *Tribuna*:

> O que deveria ser uma importante ligação entre a BR-324 e a avenida Paralela, a Rodovia Vale do Cascão, é hoje a mais completa tradução do descaso oficial para com os recursos públicos. Num autêntico desperdício, a pista abriga de maneira absolutamente insalubre, 50 famílias cujos barracos impedem hoje que a estrada chegue a qualquer lugar.
> [...]
> Morar em cima do asfalto é um item que valoriza o barraco. "Fiquei num trecho ruim, porque metade do chão é de barro batido e vira lama quando a água da chuva entra em casa",

---

[506] Entrevista com Dilza Farias, realizada em 22 maio 2021 por Vitor Santos em Salvador.

[507] Também conhecida por Via Regional, foi construída na passagem da década de 1970 e 1980, responsável por ligar as duas principais vias de acesso da cidade — BR-324 e av. Luis Viana Filho (Paralela) —, cortando as regiões de Pau da Lima, Castelo Branco e Cajazeiras. Por problemas na licitação, a obra foi abandonada em 1983 com o último trecho, em Águas Claras, por fazer.

queixa-se Regina dos Santos. No finalzinho inconcluído da rodovia, formam-se poças de lama misturadas com água de esgoto e mato. [...]

Somente a rua de asfalto é sinal do progresso na Baixa do Tubo. A rua não tem água encanada, rede de esgoto ou luz. O abastecimento de água e energia elétrica é feito através de ligações clandestinas (os "gatos") com o Loteamento Nogueira, da Urbis. O acesso pela estrada não facilitou a vida dos moradores. Como o matagal e os próprios barracos tomaram parte da rua, o caminhão de entrega de gás não entra ali [...].[508]

Percebe-se que o bairro novamente é apresentado como lugar da ilegalidade, falta de segurança e insalubridade. O subtítulo demarca a intenção da repórter, já que as pessoas que faziam parte da ocupação são descritas como o fator que impede a rodovia de cumprir o seu papel, apesar de o abandono da obra pelos poderes públicos ser a motivação real da inutilidade da estrada. O elemento asfalto é apresentado como único sinal de progresso diante do atraso que aquela "invasão" representava para os anseios modernizadores defendidos pelas mídias comerciais. Logo, a lama, o esgoto a céu aberto e o mato são destacados como atributos que ferem a imagem da cidade ideal, e não sinais de desrespeito aos direitos básicos de acesso à cidadania dos habitantes da ocupação informal.

Além disso, outras problemáticas são colocadas em segundo plano para destacar-se a suposta clandestinidade da área e, por consequência, dos seus moradores. A alternativa aos "gatos" para atender a ausência de serviços básicos, como água encanada e luz elétrica, é utilizada como argumento para criminalizar os ocupantes dos barracos. Ainda, o matagal é mais uma vez utilizado como argumento para enquadrar a localidade como perigosa, violenta e suja. Portanto, os discursos observados na mídia e na memória coletiva são tecidos sob o estigma de que a região onde estava o Colégio Estadual Renan Baleeiro seria "um lugar sem regras e que 'se pode tudo'"[509].

Em outro trecho da entrevista, Dilza fala um pouco mais sobre outras escolas em que foi professora na localidade:

No Renan, fiquei no Renan durante uns... mais ou menos uns oito anos ensinando no Renan. Do Renan eu fui transferida [...] porque foi fundado uma nova escola primária em Águas Claras, que era o Santa Rita de Cássia, no fim de linha. Então o Renan só foi trabalhar com Ginásio. Como eu era professora primária, eu

---

[508] IGHB. MAIA, Gabriela Rossi. Fronteira do desperdício. *Tribuna da Bahia*, 26 jun. 1991.

[509] BRUM, 2013, p. 211.

> *pedi transferência para ir trabalhar no Colégio do Preventório, que era o Clarita Mariani. E lá no Clarita Mariani [...] fiquei durante uns [...] vinte e oito anos mais ou menos no Clarita ensinando, ensinei gerações.*[510]

A Escola Clarita Mariani foi uma das principais instituições estaduais de ensino da região de Águas Claras e Cajazeiras III até o encerramento de suas atividades em 2017[511]. Na narrativa da professora nota-se que a mudança de instituição ocorreu após a construção de novas escolas e a chegada do Ginásio (atual Ensino Fundamental II) ao Renan Baleeiro. Assim, o aumento populacional e a quantidade de crianças e adolescentes que, assim como Maísa Flores, necessitavam ir para o centro da cidade para acessar os níveis mais altos da educação básica foram algumas das motivações que tornaram indispensáveis a construção de outras instituições de ensino público no complexo.

Podemos destacar também o vínculo com as várias gerações da comunidade, conforme citado por Dilza. Perguntamos sobre esse assunto:

> *VITOR SANTOS: A senhora foi professora, né? Então a senhora viu muitos jovens daqui crescendo...*
> *DILZA FARIAS: Muito jovem... É, fui professora de avós, pais e netos, é... De gerações, né?*
> *VITOR SANTOS: E como foi para a senhora ver essas gerações crescendo junto com o bairro?*
> *DILZA FARIAS: Era aquele tipo da coisa, né? Prazeroso, como é até hoje quando às vezes eu encontro, por exemplo, outro dia mesmo um rapaz [...] confundiu minha irmã comigo e mandou uma mensagem no Face, né? Me agradecendo, porque não sei o que... Mas eu não sei onde esse rapaz mora. Mas eu lembro que eu fui professora de um rapaz chamado Abraão, que era o nome dele. Que é um nome difícil de se encontrar, mas eu me lembro que tinha esse rapaz. Então você fica satisfeita de saber que muita gente boa passou por sua mão. Mas também perdi muito, muito menino para as drogas. Muito menino, muito aluno meu que eu sabia que era... morreu, foi assassinado [...].*[512]

O relato da professora é muito significativo, pois revela a importância da profissão exercida na construção de um sentimento de pertencimento à comunidade e o reconhecimento das pessoas que fizeram parte desse

---

[510] Entrevista com Dilza Farias, realizada em 22 maio 2021 por Vitor Santos em Salvador.

[511] NOBRE. Juliana. Estudantes protestam contra fechamento de escola em Águas Claras. *BNews*, 23 nov. 2017. Disponível em: https://www.bnews.com.br/noticias/educacao/192066-estudantes-protestam-contra-fechamento-de-escola-em-aguas-claras.html. Acesso em: 8 dez. 2022.

[512] Entrevista com Dilza Farias, realizada em 22 maio 2021 por Vitor Santos em Salvador.

processo. É perceptível, mais uma vez, que o fato de ter lecionado para várias gerações que viveram nas proximidades de Águas Claras é citado como um feito muito relevante para a sua história profissional e pessoal, já que, mesmo após a aposentadoria receber as reverências de seus antigos discentes, continua sendo algo prazeroso. Porém, outra parte dessa mesma realidade estabelece um contraste na memória de Dilza: a "perda" de jovens para a criminalidade. Há de se destacar que parte significativa da população que frequenta as escolas públicas em Salvador é negra[513].

Dessa maneira, a convivência muito próxima dessa juventude pobre e/ou negra com o tráfico de drogas, e a tudo aquilo que está inserido na dinâmica de atividades deste tipo, por vezes, apresentou-se como alternativa de superação das dificuldades enfrentadas por suas famílias no cotidiano. Em seu estudo sobre um complexo habitacional da cidade do Rio de Janeiro, Brum[514] afirma que "a violência urbana derivada do tráfico, fortemente associada à condição de favela, foi mais um elemento que as novas gerações tiveram que lidar". Em sua entrevista, Dinho Melo problematiza essa questão:

> E o agravante disso é que [...] a maioria da população de Cajazeiras, 80% é de afrodescendente. E aí a gente pega todo o legado que ficou durante a construção da História da escravidão, dos direitos dos afrodescendentes, das políticas públicas, da política de reparação. Todos esses agravantes vêm para essa região de Cajazeiras. [...] Ou seja, o jovem de Cajazeiras se você olhar esse horário, três, quatro horas [da tarde], ele não tem assim, um centro social urbano, ele não tem um centro cultural, ele não tem nada oferecido pelo governo municipal, estadual que possa vir reparar toda essa exclusão social.[515]

O mobilizador social destaca como a construção histórica do Brasil influencia a vida dos habitantes do complexo Cajazeiras, já que este é formado em sua grande maioria por pessoas pardas e pretas. Logo, observa-se que há uma crítica em relação àquilo que os jovens do bairro faziam no turno oposto ao da escola, que seria um dos motivos que levaria muitas crianças e adolescentes a aventurar-se no uso ou tráfico de drogas. Diante disso, é possível afirmar que há a defesa da educação para além do ambiente escolar, em que atividades extracurriculares se apresentam como alternativas importantes para manter as populações mais novas afastadas da realidade violenta que os circundava.

---

[513] GARCIA, Antonia dos Santos. Relações de gênero, raça e classe na cidade d'Oxum. *In*: OLIVEIRA, Reinaldo José de. *A cidade e o negro no Brasil*: cidadania e território. São Paulo: Alameda, 2013. p. 133.

[514] BRUM, 2013, p. 276.

[515] Entrevista com Dinho Melo, realizada em 20 jun. 2008 por Nelma Barbosa em Salvador. *Cf.* Barbosa (2009).

É perceptível, ainda, a influência que a formação política nos movimentos negros exerce no discurso de Dinho. De acordo com Luiz Alberto Gonçalves[516], um dos pontos que marcaram a construção política das associações negras a partir da primeira metade do século XX foi o papel que a educação formal tinha para as famílias negras. Destarte, estudar apresenta-se como uma das *táticas* que podem possibilitar ascensão social e transformação da realidade. Os trechos das entrevistas a seguir evidenciam esse papel dos estudos:

> [...] *mãe solteira, eu tive que trabalhar para criar os dois filhos. E aí passou... Eu cuidava dos dois, aí é muito difícil... Aí chegou uma época que eu tive que vir para aqui para Salvador trabalhar. Mas trabalhar como, se eu não sabia fazer um "o" com um copo? [...] Mas aí eu lavava roupa dos outros, eu capinava quintal dos outros. Eu fui morar numa casa que eu consegui plantar no quintal e sobrevivia praticamente com aquilo ali, que era aipim, era tomate, era andu, essas coisas. Eu plantava. E, assim, meus filhos, foi muito difícil, mas aí eu tive o cuidado de colocar na escola, porque eu não queria que meus filhos tivesse aquele destino que eu tinha naquela época. Aí, resultado, já cheguei aqui em Águas Claras, meus filhos já estudando.*[517]

> [...] *só aqui dentro do [Loteamento] Condor eu tenho trinta e três anos mais ou menos. [...] Posso dizer que criei todos meus filhos aqui dentro, graças a Deus, dignamente, né? Trabalhando, eles estudaram no Renan Baleeiro esse tempo todo aí. Se formaram, hoje é todo mundo é pai de família, casado, graças a Deus, só posso agradecer a Deus, né? Porque você criar filho no lugar que dizem que só tem ladrão e maconheiro, dizem que é difícil, né? Mas aqui nós temos pessoas de bem, pessoas que somam na sociedade, porque é todo mundo acostumado a classificar o pessoal que mora na periferia como pobre e como ladrão, e não é assim. Temos pessoas dignas da sociedade. Tem pessoas que vai para o lado errado, tem quem parte pro lado errado, né? Mas tem tantas coisas boas que oferece nosso bairro, né?*[518]

Por meio das memórias de Sabina e Humberto, é possível perceber a relevância que a educação formal tomou na constituição das suas vidas e de seus filhos. Para ambos, estudar é um caminho que oferece oportunidades

---

[516] GONÇALVES, Luiz Alberto Oliveira. Pensar a educação, pensar o racismo no Brasil. *In*: FONSECA, Marcus Vinícius; SILVA, Carolina Mostaro Neves da; FERNANDES, Alexsandra Borges (org.). *Relações étnico-raciais e educação do Brasil*. Belo Horizonte: Mazza Edições, 2011. p. 107.

[517] Entrevista com Sabina Oliveira, realizada em 27 maio 2021 por Vitor Santos em Salvador.

[518] Entrevista com Humberto Gomes, realizada em 1 jul. 2019 por Vitor Santos em Salvador.

dentro do contexto urbano, não somente pela possibilidade de empregar-se, mas também de acessar a cidadania e lutar pela mudança dos preconceitos e estigmas relacionados às pessoas e comunidades negras e/ou pobres. Portanto, ainda que tais populações vivenciem contextos de violência e problemas sociais, há muitas coisas positivas a serem ressaltadas.

Por outro lado, é notável que o lado negativo se destacava mais nas páginas das mídias comerciais, a exemplo da reportagem a seguir:

> Para que seus filhos [...] tenham o direito de estudar, os moradores de Cajazeiras estão optando este ano em matricular seus filhos nas escolas do bairro. Mas a tarefa não tem sido fácil. Existe poucas vagas para os cursos do 2º grau e nenhuma para o 1º grau. Com as matrículas encerradas desde o primeiro dia, o Naomar Alcântara tem recebido em média oito pedidos de transferência por dia, mas apesar disso quase não surgem vagas. A diretoria justifica que o estabelecimento está superlotado. As salas da 5ª série estão com 55 alunos. Aglomeração – A preferência por escolas próximas da residência pelos pais e estudantes está provocando, desde segunda-feira, uma aglomeração de milhares de pessoas em frente do Colégio Mora Guimarães, na Fazenda Grande, em busca de uma vaga nas duas escolas que serão inauguradas em março, na área. Até o meio-dia de ontem somente restavam 400 vagas para os cursos do 2º grau e dez vagas para 8ª série. As outras séries do 1º grau, principalmente o primário, tiveram matrículas encerradas na terça-feira.[519]

Ao mesmo tempo que a educação formal é considerada pela população como uma importante ferramenta na transformação social, pode-se perceber que a instituição escolar é precarizada: poucas vagas, dificuldades na matrícula, salas superlotadas, entre outros problemas. Nesse sentido, levando-se em consideração que o processo formativo do cidadão não acontece somente dentro dos muros das escolas, as problemáticas vivenciadas no cotidiano pelas crianças e pelos adolescentes (tanto em casa como no bairro) afetam diretamente o aprendizado e desenvolvimento das populações mais jovens.

Valendo-se de uma visão que pensa a educação como reprodutora do racismo e do sexismo, assim como espaço de transformações na estrutura social, Garcia[520] afirma que:

---

[519] IGHB. *Tribuna da Bahia*, 20 jan. 1994.
[520] GARCIA, 2013, p. 133-134.

[...] os problemas fundamentais das desigualdades que atingem grande parcela da população, mas sobretudo a população negra e indígena no Brasil, podem ser compreendidos no processo histórico de introjeção da inferioridade imposta ao longo de gerações, impedindo o protagonismo de amplos segmentos sociais. Ora, a interiorização da ideologia dominante, da ideologia racial e sexual pelas classes subalternas favorece a persistência das desigualdades no Brasil, e particularmente em Salvador, que diferentemente de outras cidades no mundo fora da África, é negra, com cerca de 77% de sua população negra e, portanto, trata-se de uma maioria oprimida pela minoria branca (23%).

É nesse contexto de desigualdades de gênero, raça e classe que a luta comunitária é forjada como *tática* de sobrevivência pelas populações subalternizadas. O enfrentamento aos discursos que atribuem inferioridade àquelas pessoas que não pertencem à ideologia dominante é responsável por dar o pontapé inicial das ações coletivas. Ainda que sejam pequenas diante das imensas demandas, as mobilizações populares são essenciais para a compreensão das disputas empreendidas dentro do contexto urbano com a finalidade de conquistar o direito à cidade. Sobre a questão, Dinho Melo afirma:

É necessário que a gente tenha a tudo, tudo. Lutar por uma qualidade de vida, essa qualidade de vida passa por uma consciência coletiva, primeiro plano que eu, a gente vem a discutir é o número de escolas se é suficiente para os alunos, o posto médico se é suficiente para a população de Cajazeiras. [...] a realidade que as pessoas vivem aqui, está dentro de uma grande metrópole, e passa por todos os problemas que ela passa, ou seja, na saúde, na educação, na violência, tudo isso passa, do desemprego, do mercado informal, toda essa população vive. [521]

A qualidade de vida descrita pelo líder comunitário está intimamente ligada ao atendimento das necessidades básicas dos habitantes do complexo, ou seja: soluções para os problemas enfrentados na educação, saúde, segurança, emprego e renda, entre outros. Entretanto, é possível afirmar que nenhuma dessas demandas populares é considerada satisfatoriamente atendida pelos poderes institucionalizados, o que gera a imprescindível luta popular. Logo, os benefícios que garantem o acesso à cidadania plena são afirmados como resultado da mobilização popular no sentido de conquistar algo que é garantido pela Carta Magna brasileira.

---

[521] Entrevista com Dinho Melo, realizada em 20 jun. 2008 por Nelma Barbosa em Salvador. *Cf.* Barbosa (2009).

Por conta disso, verifica-se a necessidade em afirmar o Complexo Cajazeiras como pertencente à grande metrópole Salvador, sobretudo como indicativo de reconhecimento por parte dos poderes públicos dos problemas enfrentados por seus habitantes no cotidiano. Assim, constata-se que Dinho constrói um contradiscurso em face das visões estigmatizadas que enquadram a localidade como um lugar que não pertencia à cidade soteropolitana, demarcando a relevância dos direitos básicos também como um processo de reconhecimento dos demais habitantes da urbe.

Vamos observar outra reportagem que narra um ocorrido em instituição pública de ensino da região:

> A ocorrência de três casos de meningite meningocócica com o registro de um óbito em Cajazeiras XI criou um clima de sobressalto no conjunto residencial com mais de 300 mil habitantes. [...]
> O medo de contrair a doença já se espalhou por becos e ruas apertadas de Cajazeiras XI, a ponto de as mães estarem evitando que seus filhos frequentem as escolas para fugir do contágio. Isso já está acontecendo em relação ao Colégio Municipal Cajazeiras XI, onde uma das crianças afetadas pela meningite, Débora Kelly Souza de Jesus, 10 anos, estuda. A menina ficou internada por três dias em observação no Hospital Couto Maia, mas agora está em casa. A irmã Ariele Cristina, dois anos, permanece internada no Couto Maia. O irmão Elias Adriano Souza de Jesus, três anos, não resistiu à doença, morreu no dia 24 último.[522]

A matéria publicada em 1 abril de 1991 por *Tribuna da Bahia* informa sobre três casos de meningite que ocorreram numa família que residia em Cajazeiras XI. Apesar de ter sido uma versão não contagiosa da doença, o escritor dá grande destaque ao fechamento temporário de uma escola municipal por conta do temor de mães e pais que não queriam ver suas crianças infectadas pela enfermidade. A situação é mais um indício da precariedade enfrentada por crianças e adolescentes na rede pública municipal e estadual de ensino do complexo, pois indica que os responsáveis pelos jovens tinham conhecimento da superlotação das salas de aula.

Evidencia-se também a insegurança dos moradores da região em relação à saúde pública, já que a falta de informações sobre a doença gerou um clima de desespero entre as várias famílias que tinham contato direto

---

[522] IGHB. *Tribuna da Bahia*, 1 abr. 1991.

ou indireto com o colégio municipal Cajazeiras XI. Em outro trecho, temos a possibilidade de apreender uma das motivações do temor popular ante a questão:

> Os moradores de Cajazeiras XI também enfrentam dificul-dades para conseguir atendimento médico de emergência. O posto mais próximo fica na Cajazeiras VIII e a comunidade reclama da assistência deficitária fornecida pela unidade. Foi para o posto de Cajazeiras VIII que o menor Elias Adriano foi levado às pressas pela mãe no domingo passado. Na ocasião, apresentava forte dor de cabeça, febre e manchas vermelhas por todo o corpo. Lá, recebeu duas injeções de Fernegan com medicação, na segunda aplicação entrou em coma e morreu, relatou Maria da Conceição. "Se meu filho recebesse assistência adequada teria sobrevivido".[523]

O pânico popular em relação à morte do menino de 3 anos é compreen-sível mediante a narrativa jornalística, que destaca a deficiência das políticas de atendimento à saúde pública no complexo. A descrição do tratamento dado à criança e o resultado do atendimento são enunciados como comprovação da incompetência institucional perante as necessidades que garantem o direito à vida da população negra e/ou pobre. A citação direta no fim do parágrafo exerce a função de legitimar o discurso produzido pelo escritor, dando ênfase à dor sentida pela mãe ao perder seu filho por conta de uma possível falha médica. É provável que, antes mesmo de ser publicizada no jornal, tal narrativa já havia sido repercutida por conversas informais entre vizinhos.

Segundo Jurema Werneck[524], o Sistema Único de Saúde (SUS), desde sua regulamentação em 1990, é marcado pela deficiência na oferta de aten-dimento nas regiões habitadas pelas camadas de menor renda. Dentro desse contexto, a médica afirma que os estudos realizados na área da saúde para a população negra no Brasil indicam uma forte correlação

> [...] entre raça, racismo, discriminação racial (incluindo suas interseccionalidades) e renda, cabendo aos grupos racialmente discriminados ocupar patamares inferiores e estando sujeitos a ofertas de ações de saúde pública ou privada precárias.[525]

Em outra matéria sobre o mesmo caso, afirmou-se que:

---

[523] *Ibid.*, 1 abr. 1991.

[524] WERNECK, Jurema. Racismo institucional e saúde da população negra. *Saúde Soc.*, São Paulo, v. 25, n. 3, 2016. p. 543-544.

[525] *Ibid.*, 543-544.

> As sanitaristas levaram cerca de meia hora conversando com professores e pais de alunos e se comprometeram até, se for do interesse da direção, fazer uma palestra na escola para tirar todas as dúvidas dos pais. [...]
>
> Apesar das explicações os pais não estavam tranquilos. Eles achavam "muita coincidência uma criança se internar por ter contraído meningite e outra da mesma família morrer". As especulações cresciam e muitos achavam que a grande quantidade de lixo no bairro poderia ter contribuído para o aparecimento da doença, o que é falso.[526]

Pelo trecho *supra*, pode-se verificar possíveis consequências das informações trocadas entre os moradores, pois, apesar da orientação dada por funcionários da vigilância sanitária a mães e pais de crianças que estudavam no colégio municipal Cajazeiras XI, a credibilidade dada aos informes dos servidores públicos não foi suficiente para superar o clima de desconfiança que se instaurou diante da situação. Mesmo indicando a falta de fundamentos da narrativa popular, o jornalista aponta quais eram as prováveis causas atribuídas pelos moradores para a enfermidade que atingira as três crianças: a deficiência na coleta de lixo no bairro.

A desconfiança popular diante das instituições de saúde pública e seus representantes não é por acaso. Sobre a problemática, Werneck[527] afirma:

> É importante recordar que o racismo e a longa trajetória de discriminações, combinados à persistência da precariedade e baixa qualidade dos serviços destinados a determinadas camadas da população, interpõem-se entre profissionais e usuários, influenciando visões preconceituosas e estereotipadas por parte de profissionais em relação a integrantes de grupos subordinados e dificultando o estabelecimento de relações de confiança, seja entre profissionais e usuários, ou entre estes e os serviços e todo o sistema de saúde.

Destarte, a responsabilidade continuou sendo imputada pelos moradores ao Estado e sua incapacidade de atender aos direitos básicos que conferem o acesso à cidadania da população. Em contrapartida, outro trecho da matéria publicada em 1 de abril de 1991 enfatiza:

> Dona Onélia apontou para a necessidade de se fazer também uma campanha de higiene em Cajazeiras XI, forma preventiva contra focos de bactérias e, em consequência de prolifera-

---

[526] IGHB. *Tribuna da Bahia*, 27 mar. 1991.

[527] WERNECK, 2016, p. 544-545.

> ção de doenças. "O problema é que tem gente aqui que não cuida da higiene das casas. O lixo espalhado nas ruas ajuda a piorar a situação". O conjunto habitacional reúne várias escolas infantis, o número de crianças no local é elevado.[528]

Esse último trecho frisa a opinião de uma mulher negra — a matéria apresenta uma pequena foto da depoente — sobre a situação do bairro e, consequentemente, de seus habitantes. Sobressai no texto jornalístico a ideia de que a proliferação de doenças causadas por bactérias é de grande responsabilidade dos moradores, que, além de não manter as áreas de convivência coletiva limpas, também não cuidavam da higiene das suas residências. Constata-se que "o racismo internalizado traduz a "aceitação" dos padrões racistas pelos indivíduos, incorporando visões e estigmas. O racismo interpessoal se expressa em preconceito e discriminação, condutas intencionais ou não entre pessoas".[529]

Alguns dias antes do ocorrido no colégio municipal Cajazeiras XI, uma pequena nota foi publicada no mesmo periódico:

> A prefeitura abrirá no próximo mês licitação pública para a construção do Hospital Municipal de Cajazeiras. O anúncio foi feito pelo prefeito Fernando José, após reunião que manteve no dia 8, no Palácio Thomé de Souza, com o gerente de Projetos do Ministério da Saúde, Fernando Galindo, e *com representantes do bairro*.
> Na reunião, o prefeito recebeu o projeto arquitetônico do hospital e as instruções para proceder à licitação. O acordo para a construção da unidade, já havia sido firmado em dezembro do ano passado e agora a concorrência foi aprovada pelo ministro Alceni Guerra.[530]

Com base na publicação, é possível observar que já existiam movimentações das lideranças populares junto aos poderes institucionalizados no sentido de reivindicar a construção de um hospital que atendesse às necessidades da população do Complexo Cajazeira e suas adjacências. Apesar da promessa de abertura para licitação, construção de projetos e estudos, acordo entre o poder municipal e a União, a edificação do hospital não se efetivou. Tanto que, no ano seguinte, o mesmo jornal tornou público:

> Moradores de Cajazeiras estão solicitando, com urgência, a construção de hospital na área, que já deixou de ser um bairro para se constituir numa verdadeira cidade, super-

---

[528] IGHB. *Tribuna da Bahia*, 1 abr. 1991.

[529] JONES, 2002 *apud* WERNECK, 2016, p. 541.

[530] IGHB. *Tribuna da Bahia*, 12 mar. 1991, grifo nosso.

populosa e carente de serviços de saúde. Na Unidade de Emergência Cajazeira VIII, a demanda chega a uma média de 160 atendimentos por dia. A diretora da unidade de saúde, Eárate Góes Marins, mostrou que medicamentos, higiene e boa vontade não faltam, mas o problema de espaço é muito grave, pois o número de solicitações para todos os tipos de atendimentos, desde um simples mal estar por embriaguez aos casos de emergência por acidente com facadas, tiros ou quedas, está aquém da estrutura existente.

Os seis leitos da unidade de saúde de Cajazeira VIII estavam todos ocupados ontem pela manhã. [...] é sobrecarregada devido à limitação das outras unidades, que funcionam nas Cajazeiras IV, V e X e Águas Claras e Fazenda Grande I. Na unidade de Cajazeira V não havia sequer um só médico ontem pela manhã. Somente o sanitarista responsável pelo controle do Distrito de Cajazeira estava no local, lendo jornal por falta do que fazer.[531]

É possível verificar, mais uma vez, a reprodução da ideia de que Cajazeiras se apresentava como uma cidade dentro do contexto da capital baiana. Porém, apesar do grande contingente populacional, a oferta de serviços de saúde pública era insuficiente diante das demandas cotidianas. Os atendimentos indicados na matéria estão intimamente ligados a estigmas sobre as populações negras e/ou pobres, sobretudo à violência: facadas, tiros, embriaguez. Apesar da "boa vontade" (que demarca a visão de que a saúde pública seria um favor/concessão e não um direito dos habitantes da região), a falta de estrutura das unidades de saúde do complexo é apontada como a principal causa da precariedade do SUS na região.

Na mesma edição do jornal, na seção voltada para a manifestação dos leitores, foi publicada a seguinte carta:

Através desse conceituado jornal, agradeço ao Exmº Sr. Governador pela abertura da concorrência pública nª 010/92 da Sesab para a construção da maternidade no Bairro de Cajazeiras. Este era um anseio antigo da população de Cajazeiras – tantas vezes tornado público pelos moradores – e por mim formulado e publicado neste espaço. [...]

Na certeza de que o bairro de Cajazeiras conseguirá a sua independência, agradeço antecipadamente.

Alderico Sena, Salvador.

---

[531] *Ibid.*, 1 set. 1992.

A missiva apresenta um agradecimento do político baiano Alderico Sena ao então governador do estado da Bahia, Antônio Carlos Magalhães — em seu primeiro mandato por eleição direta. Apesar de utilizar um tom representativo em relação aos moradores de Cajazeiras, o político não é citado em nenhuma das entrevistas utilizadas neste trabalho. Além disso, na biografia disponível em seu site, não é citado o Complexo Cajazeiras, tampouco um de seus grupos populares[532]. Portanto, é possível afirmar que o escrito foi uma maneira de exaltar o trabalho do governador no periódico, já que a *Tribuna da Bahia* exercia grande oposição à gestão de ACM — bem como apresentar-se como uma possível liderança no caso de um processo de emancipação da área em relação a Salvador, que acabou não ocorrendo.

Em pesquisa com homens e mulheres militantes e não militantes dos movimentos de bairros de Salvador, Garcia[533] demonstra que a saúde é considerada o principal problema pelas pessoas do gênero feminino da cidade d'Oxum. Em entrevista, Sabina citou o processo de conquista da construção de um hospital em Cajazeiras:

> SABINA OLIVEIRA: [...] eu reivindiquei a maternidade de Cajazeira com Abigail Feitosa, era deputada federal. Eu fui pra Brasília levar um abaixo-assinado pedindo a comissão de orçamento pra liberar verba pra maternidade. Para construir uma maternidade. Aí na época, quando a gente pediu, era um Hospital Geral pra Cajazeira. Mas aí terminou numa maternidade. E aí eu fui para Brasília, cheguei lá, dormi mal, comia mal, mas passei oito dias para ir entregar esse abaixo-assinado.
> VITOR SANTOS: Entregar onde, no Ministério da Saúde?
> SABINA OLIVEIRA: Não, eu entreguei no Congresso para a deputada federal que era daqui da Bahia. Aí ela conseguiu essa verba, repassou essa verba... Olhe, Vitor, e nunca saía, nunca saía. Veio sair essa verba acumulada, ela morreu e não viu. Quando ACM entrou foi que reativou essa verba [...] e construiu a maternidade. Essa maternidade era para se chamar Abigail Feitosa, mas, como ela era esquerda [...], a gente não conseguiu. Aí botaram, felizmente não botaram nome de... botou Albert Sabin.[534]

Em uma das mais de 20 viagens à capital federal que afirmou ter realizado representando Águas Claras, a líder comunitária descreve o processo coletivo de reivindicação de um hospital para o Complexo Cajazeiras, por

---

[532] SENA, Alderico. *Biografia*. Disponível em: https://www.aldericosena.com/aldericosenaperfil. Acesso em: 14 dez. 2022.

[533] GARCIA, 2006, p. 72.

[534] Entrevista com Sabina Oliveira, realizada em 27 maio 2021 por Vitor Santos em Salvador.

meio de abaixo-assinado, que acabou se efetivando na edificação da Maternidade Albert Sabin, inaugurada em 1993. Destacam-se, ainda, as disputas pelos lugares de memória, pois houve um pedido da comunidade para que a instituição recebesse o nome da médica e deputada federal Abigail Feitosa[535]. Entretanto, o fato de ser considerada uma política de esquerda fez com que a homenagem fosse rechaçada, adotando-se o nome do pesquisador e médico estadunidense criador da vacina oral contra a paralisia infantil.

Sabina deixa explícito o seu descontentamento com a escolha do nome da instituição de saúde pública, e chama atenção a interrupção de uma de suas ideias durante a entrevista: *"felizmente não botaram nome de... botou Albert Sabin"*. Possivelmente, referia-se a políticos coligados ao então governador do estado e suas ideologias conservadoras, fator que indica novamente as disputas pelos lugares de memória. Afinal, tratava-se não somente de alguém da *"esquerda"*, mas de uma mulher que teve sua trajetória voltada para as lutas do feminismo, de trabalhadoras/es e que se posicionava politicamente diante da questão da discriminação racial[536].

Portanto, de posse das fontes analisadas, é possível verificar que o acesso à educação e à saúde públicas pelos habitantes do Complexo Cajazeiras, durante os primeiros cinco anos da década de 1990, também foi deficitário e, por consequência, apresentou-se como entrave ao acesso a cidadania plena para os seus moradores. Entretanto, novamente observamos que a ação conjunta da população foi uma das alternativas para, se não solucionar, reduzir os danos causados pela ineficácia estatal. Assim, as reivindicações populares configuram-se como *táticas* de enfrentamento à negação do direito à cidade.

4.4 "Estamos jogados nas favelas da vida. Pendurados lá no morro, velho pai, só nos resta teu socorro"[537]

Em 3 de junho de 1990, a reportagem que ocupou toda a primeira página do caderno "Cidade" de *Tribuna da Bahia* trazia dados que informavam sobre a violência na capital baiana, destacando que "Salvador registra quatro casos de

---

[535] Médica e política baiana. Atuou como deputada estadual entre 1983-1987 pelo PMDB; foi coordenadora-geral do Movimento de Unidade Popular (MUP) em 1985; participou da Assembleia Nacional Constituinte (1987-1988) quando exerceu o mandato de deputada federal pelo PSB entre 1987-1991. Faleceu em 14 de agosto de 1991. FGV. *Biografia de Maria Abigail Freitas Feitosa.* Disponível em: https://www18.fgv.br//cpdoc/acervo/dicionarios/verbete-biografico/maria-abigail-freitas-feitosa. Acesso em: 14 dez. 2022.

[536] Entrevista com Sabina Oliveira, realizada em 27 maio 2021 por Vitor Santos em Salvador.

[537] SISTEMA do vampiro. *In*: REGGAE e resistência. Intérprete: Edson Gomes. [*S. l.*]: EMI-Odeon, 1988. 1 LP. (3 m). Para uma análise historiográfica sobre a música, *cf.* Martins (2015, p. 439-440).

polícia por hora ou 97 por dia"[538]. A matéria, assinada por Gabriela Rossi Maia, utilizando informações fornecidas pela PM-BA, identificou os 15 bairros com maior número de registros de ocorrência policial da cidade. Na classificação, Cajazeiras ocupa a quinta colocação, com 66 casos (Quadro 4), atrás somente das localidades da Pituba (160), Brotas (104), Barra (97) e Cabula (75)[539].

Quadro 4 – Os números da violência no Complexo Cajazeiras em 1990

Total	Tipo de ocorrência	Registros	A mais frequente	Quantidade
66 registros	Contra o patrimônio	18 casos	Furto de veículo	6
			Assalto a casa comercial	3
			Assalto a transeunte	3
	Contra os costumes	15 casos	Desordem	8
			Vadiagem/pessoa suspeita	5
			Estupro	1
	Contra a pessoa	8 casos	Agressão verbal/física	6
			Ameaça	1
			Tentativa de homicídio	1

Fonte: MAIA, Gabriela Rossi. *Tribuna da Bahia*. Caderno Cidade, p. 1, 3 jun. 1990

Conforme observado no Quadro 4, as 66 ocorrências registradas pelo órgão de segurança pública estavam subdivididas em três seções: delitos "contra o patrimônio" (18), "contra os costumes" (15) e "contra a pessoa" (8). Destacam-se nessa subdivisão as que dizem respeito aos crimes contra o patrimônio, que detêm a maior parte do total de registros, e entre as mais frequentes ocupam o segundo e quinto lugares, nas modalidades "furto de veículos" (6) e "assalto a casa comercial/transeunte" (3), respectivamente. Com base nesses números, a repórter afirma que Cajazeiras era uma das regiões que estavam na "mira dos ladrões"[540].

Outra matéria, então assinada por Vanda Amorim e publicada no mesmo periódico alguns meses antes, afirma:

---

[538] IGHB. MAIA, Gabriela Rossi. Os números da violência. *Tribuna da Bahia*, 3 jun. 1990.

[539] *Ibid.*, 3 jun. 1990.

[540] *Ibid.*, 3 jun. 1990.

Em Fazenda Grande II, a vítima preferida dos marginais tem sido Benedito Santos Leoni, proprietário da Panificadora Leoni Ltda, localizada na entrada do bairro. Somente no ano passado, foi assaltado quatro vezes, a última no mês de dezembro, quando levaram NCz$10 mil, 30 pacotes de cigarro e o relógio de Benedito e do seu filho. [...]

Das duas primeiras vezes em que foi assaltado, seu Benedito prestou queixa na 10ª Delegacia. Nas últimas, porém, preferiu não falar nada. "Não adianta ir na delegacia nem no módulo policial porque eles não podem resolver meu problema", justificou. [...] Na sua opinião não adianta ter medo. O que tem a fazer é continuar a trabalhar, pedir ajuda a deus e seguir em frente.

Outros comerciantes de Fazenda Grande II, também sentiram o desprazer de receber a visita dos gatunos, que não mandam aviso nem respeitam o seu espaço. Mas nenhum com a constância de Benedito Leoni, que neste ano (há oito dias) teve seu carro roubado – uma D-20 branca, cabine simples, sem capota, ano 90 (comprada há três meses) e placa UN-9343. [...] Para todos os que passaram por essa experiência, contudo, não adianta ficar amedrontado nem deixar de sair de casa.[541]

A repórter apresenta no mesmo texto dois dos três principais tipos de ocorrência mais frequentes contra o patrimônio na matéria analisada anteriormente, já que descreve os assaltos à padaria e ao veículo pertencente ao personagem principal da narrativa. O fato de ter sofrido com a ação de assaltantes por quatro vezes é utilizado para construir um discurso que afirma o estabelecimento comercial, e, por conseguinte, seu proprietário, como uma "carta marcada" na região devido à deficiência da segurança pública. É importante frisar a descrença do comerciante quanto ao trabalho da polícia na solução da insegurança em que vivia, pois registrar dois boletins de ocorrências não foi o suficiente para evitar que sofresse com o mesmo problema outras duas vezes.

Dessa maneira, a falta de segurança que o proprietário da padaria vivenciava é apontada como resultado da ineficácia dos órgãos de segurança pública em duas instâncias: na prevenção, mediante a presença de policiais e viaturas com constância; e na inteligência, por meio da investigação das denúncias realizadas na delegacia. Diante disso, é possível apreender a aceitação daquele contexto de intranquilidade por parte do vendedor de

---

[541] IGHB. AMORIM, Vanda. Marginais desafiam a polícia no bairro da Fazenda Grande. *Tribuna da Bahia*, 20 jan. 1990.

pães, que, para enfrentar a situação, apegava-se ao trabalho e à fé a fim de superar as adversidades constantes que havia relatado, já que o Estado não era eficaz no sentido de assegurar os direitos da população.

Nota-se também que, apesar de construir toda a narrativa por meio do discurso do medo coletivo, a repórter tenta minimizar a insegurança popular por meio de afirmações motivacionais que em nada alterariam a conjuntura em que aquelas pessoas estavam inseridas. Ainda, para concluir o texto relativiza a responsabilidade das instituições estatais voltadas para a segurança e naturaliza a convivência dos habitantes de periferias com a criminalidade e a violência na urbe: "Para todos os que passaram [ou por ventura passariam] por essa experiência, contudo, não adianta ficar amedrontado nem deixar de sair de casa"[542].

Voltando aos dados apresentados no Quadro 4, outra subdivisão dos registros policiais é a dos delitos "contra os costumes", no qual duas categorias de ocorrências frequentes registradas no Complexo Cajazeira ocupam o primeiro e o quarto lugares, nas modalidades "desordem" (8) e "vadiagem/pessoa suspeita" (5), respectivamente. Tais rótulos têm sua origem no processo de abolição do sistema escravista no Brasil.

De acordo com Boris Fausto[543], as tipificações criminais "desordem" e "vadiagem" foram construídas segundo o temor policial com a ordem pública durante a transição das populações africanas e afro-brasileiras da escravidão para a liberdade no contexto citadino. Isto posto, tais distinções foram utilizadas de modo a atribuir uma falsa predisposição dessas populações à delinquência e ao comportamento inurbano. Considerando o Código Penal de 1890[544], o historiador afirma que a descrição das contravenções citadas são um exemplo da criminalização de uma parte específica da sociedade, reprimida por seu pertencimento étnico-racial.

Com esta leitura sobre a legislação criminal brasileira, Juliana Borges[545] historiciza como o racismo brasileiro se reatualiza até a contemporaneidade:

> Se a legislação sobre o negro é limpa do Código de 1940, isso não acontece nas práticas das instituições do Estado brasileiro já impregnadas nas décadas anteriores. Portanto,

---

[542] *Ibid.*, 20 jan. 1990.

[543] FAUSTO, Boris. Controle Social e criminalidade em São Paulo: um apanhado geral (1890-1924). *In*: PINHEIRO, Paulo Sérgio (org.). *Crime, violência e poder*. São Paulo: Editora Brasiliense, 1983. p. 199.

[544] Primeiro Código Penal após a Abolição da Escravidão (1888) e a Proclamação da República (1889), perdurou até a década de 1940, quando foi instituída a Lei Penal vigente até os dias atuais.

[545] BORGES, Juliana. *Encarceramento em massa*. São Paulo: Sueli Carneiro; Jandaíra, 2020. p. 84-85.

é uma engrenagem de repressão que segue em forte atuação. Com o passar das décadas, essa criminalização vai se modificando e avançando sobre outras características, inclusive sob o verniz de uma criminalização da pobreza em um esforço de limpar o elemento racial como sustentação do sistema de desigualdades brasileiro. É sabido, por exemplo, da forte criminalização às religiões de matriz africana que se seguiram, adentrando, inclusive, a ditadura militar brasileira.[546]

Assim, não surpreende a utilização de categorias racistas por parte de órgãos públicos responsáveis pela segurança em fins do século XX. O componente étnico-racial é imprescindível na análise das ações populares que se configuram para a polícia como "desordem" e "vadiagem", enquadradas como violações "contra os costumes" da sociedade branca da capital baiana, que, conforme já indicado anteriormente, representa a minoria da população na cidade mais negra fora do continente africano.

Os casos de "vadiagem/pessoa suspeita" podem ter sido registrados por membros da polícia e/ou moradores com base na simples presença de pessoas negras (mais especificamente do gênero masculino) em locais de convivência pública e/ou estabelecimentos comerciais. O comportamento considerado "suspeito" de crianças, jovens e homens negros para a polícia pode apresentar-se de diversas formas: seja passando pela rua, seja sentado numa praça, reunido com as amizades, indo ao trabalho ou até mesmo à escola. Não por acaso, Garcia[547] demonstra que o maior problema da cidade é a segurança/violência para os homens militantes e não militantes de movimentos de bairro em Salvador que participaram de sua pesquisa — a maioria negra. Tais situações estão intimamente ligadas à política de guerra às drogas:

> Uma das ações de que mais se tem notícia na guerra às drogas são as paradas de suspeitos. As pessoas pouco sabem sobre seus direitos de ficarem em silêncio ou de se recusarem a responder determinados questionamentos. Pior ainda, a polícia, agindo como a própria lei, e tendo o poder do Estado investido em si naquele território, obviamente deixa as pessoas intimidadas. Ao crescer aprendendo que a polícia é um agente repressor que mata, dificilmente um jovem negro, mesmo sabendo de seus direitos, terá coragem de não responder a perguntas ou questionar alguma abordagem.

---

[546] Sobre a relação entre polícia e os candomblés em Salvador, *cf.* Rosário (2019).

[547] GARCIA, 2006, p. 47.

> Não responder pode ampliar a suspeição sobre o indivíduo em uma sociedade do senso comum de "quem não deve não teme". Com isso, vemos muitas mortes de jovens negros sendo descritas como consequências de resistência à prisão, os autos de resistência.[548]

Quanto às práticas de "desordem", possivelmente estavam ligadas às manifestações populares por direitos não atendidos (como já observamos alguns neste capítulo), assim como também podem ter correlação com os movimentos de conquista pelo espaço para morar ou com as ocupações de imóveis desabitados, como veremos a seguir:

> Violência. Esse foi o método adotado pelos funcionários da Urbis e policiais do 5º Batalhão da Polícia Militar para expulsar os ocupantes das casas dos conjuntos habitacionais Fazenda Grande III e IV. A ação de despejo, autorizada pelo presidente da Urbis, Daniel Gomes, começou ontem pela manhã, prosseguindo até o final da tarde, com a intenção de expulsar todos os que invadiram as casas há pouco mais de dois meses. Os arrombamentos com chutes nas portas e empurrões nos ocupantes só amenizaram após a chegada da imprensa, que permaneceu no local até que as expulsões cessassem.[549]

O trecho da reportagem *supra* enfatiza a violência utilizada pelos funcionários da Urbis, junto à Polícia Militar, na expulsão de famílias que ocupavam algumas residências que estavam vazias em dois conjuntos habitacionais à época, estes recém-construídos no Complexo Cajazeiras. A resistência popular em face do despejo foi mais um fator que motivou a agressividade dos agentes do Estado, que, com determinação, arrombaram as portas das casas e atiraram os pertences dos ocupantes na rua. A matéria ressalta também a imprensa como uma espécie de defensora da população, pois a presença de seus representantes é apresentada como relevante no sentido de coibir a violência empregada. Em contrapartida, a mesma reportagem reforça diversos estigmas sobre os "invasores".

Quase quatro anos depois, uma outra "derruba"[550] foi marcada pela repressão policialesca:

> Existe uma guerra declarada em Cajazeiras XI. De um lado os mutuários da Urbis que exigem a expulsão imediata dos invasores da única área livre existente no bairro. Eles se

---

[548] BORGES, 2020, p. 108-109.

[549] IGHB. *Tribuna da Bahia*, 27 jun. 1990.

[550] Termo utilizado pelos poderes policiais para denominar as remoções de assentamentos informais em Salvador.

mostram dispostos até a suspender os pagamentos dos carnês. E do outro, os sem-teto da invasão Jardim Santa Bárbara que já tiveram seus barracos derrubados com violência 13 vezes pelos policiais do 5º Batalhão, apesar de o presidente da Urbis, Luís Osório, ter prometido legalizar o loteamento. A maioria das invasões é de retirantes, que fogem da seca e garantem que não vão sair do local.

[...]

Entre as 150 famílias que moram na invasão Jardim Santa Bárbara, o clima também é de revolta com a polícia e com os mutuários. Segundo Sônia Lima dos Santos, os policiais derrubaram na segunda-feira barracos em cima de crianças e espancaram quase todo mundo. A líder da invasão, Lenira Dias, e Nadjane Rodrigues de Almeida chegaram a ser presas e levadas para a 10ª Delegacia. Nadjane se queixava ontem de dores no braço esquerdo, que amanheceu inchado, e nas costas onde recebeu dois chutes dos policiais.

[...]

Os moradores do Conjunto Habitacional Cajazeira XI se queixam que a criação da invasão Jardim Santa Bárbara só tem causado prejuízo para a comunidade. Os "gatos" puxados pelos sem-tetos estão sobrecarregando a energia. É raro o dia em que não é queimado um aparelho eletrodoméstico. Também não existe mais segurança. Os arrombamentos são constantes. Obrigando até os moradores a mudar de hábitos e instalar grades nas portas e janelas das casas e apartamentos. Os assaltos a ônibus também cresceram na área provocando a manifestação de rodoviários que pedem a transferência do fim de linha da quadra F para a C.[551]

Sobressai, mais uma vez, a violência aplicada pela Urbis junto à tropa de choque da PM-BA — representada novamente pelo mesmo batalhão observado anteriormente — na ação que colocou abaixo um movimento de conquista pelo espaço para morar em Cajazeiras XI. O ato foi realizado após as denúncias dos moradores do conjunto habitacional localizado no mesmo bairro na imprensa[552], gerando uma rápida resposta dos órgãos públicos na solução de um conflito que iniciara seis meses antes, quando os primeiros barracos foram levantados. É importante salientar o perfil traçado em relação aos moradores da ocupação, que seriam em sua maioria migrantes do sertão que fugiam das agruras causadas pela seca — discurso já

---

[551] BCEB. *Tribuna da Bahia*, 2 mar. 1994.
[552] *Ibid.*, 25 fev. 1994.

analisado no segundo capítulo. Ainda se observa a relevância das lideranças femininas diante da ocupação e resistência ao poderio dos policiais, que acabou levando duas delas a serem detidas e violentadas.

A justificativa para 13ª remoção consecutiva apresenta um estereótipo bastante utilizado para criminalizar movimentos deste tipo, alegando-se que estava ocorrendo um aumento da violência na região. O argumento utilizado por um dos denunciantes é bem significativo, pois enquadra os participantes da mobilização como pessoas inferiores àquelas que habitavam a parte formal do bairro, com as quais seria "absurdo" ter de conviver. Ainda, o fato de pagar impostos é aplicado como uma prerrogativa da superioridade dos moradores dos conjuntos habitacionais construído para pessoas de baixa renda. A presença dos "invasores" é afirmada como parte de um processo de "degradação" local[553].

É evidente a formação de um processo de "clivagem interna", já que se trata de pessoas que muitas vezes vivenciam realidades de vida muito próximas[554]. Nesse sentido, o lugar ocupado dentro do contexto citadino serve como parâmetro para classificar as pessoas, revelando que "na cidade não há unidade. Não há uma cidade para todos. A cidade é partida, dividida e não compartilhada. Na mínima fronteira entre a rua, o asfalto e a viela da favela há diferenças drásticas"[555].

Entretanto, é necessário ressaltar que as agruras vivenciadas pelos habitantes de ocupações informais no Complexo Cajazeiras não estão interligadas somente às violências sofridas por parte da polícia e/ou vizinhança. O cotidiano dessas pessoas também estava vinculado à superação de outros contratempos que afetavam de maneira incisiva o acesso a condições dignas de sobrevivência na cidade. Em entrevista, Dinho Melo aponta uma dessas facetas da exclusão urbana:

> A segunda luta é que pra preservar aquilo que quando a gente chegou aqui, o bairro pra fazer jus ao nome de Cajazeiras, era uma área verde, por todo lado tinha pé de cajazeira aqui, muito. Hoje pra você ver um pé de cajazeira aqui é uma raridade porque alguns deles foram derrubados pra se construir casas, ocupação ou invasão. E as áreas verdes que nós tínhamos, hoje nós não temos mais porque a população cresceu, teve a especulação imobiliária, as ocupações,

---

[553] BRUM, 2012, p. 245.

[554] *Ibid.*, p. 256.

[555] OLIVEIRA, Regina Marques de Souza. Identidade o jovem negro e metrópoles: enunciados da diáspora em São Paulo e Paris. *In*: OLIVEIRA, Reinaldo José de. *A cidade e o negro no Brasil*: cidadania e território. São Paulo: Alameda, 2013. p. 164.

construíram novos blocos de apartamentos. Tecnicamente só ficou no nome aquele paraíso verde, as áreas verdes que nós tínhamos, não temos mais. Pra onde a gente olhar, a gente vê casa, e cada dia nasce mais, ou conjunto construído pela Urbis ou pela Conder, ou pelas ocupações ou loteamentos. [...] Então, a nossa grande luta hoje é para remanescer o que é remanescente das águas, das matas auxiliares, da Mata Atlântica e uma conscientização de que Cajazeiras com 600 mil habitantes, que daqui há mais dois, cinco ou dez anos terá 800 ou um milhão de habitantes, como é que vai viver essa população se viver dentro de uma selva de pedras? Aí pode se transformar em uma grande favela, os conjuntos habitacionais sem manutenção, os blocos de apartamentos sem manutenção, ela poderá viver, digamos assim, todas as doenças, todas as sequelas de uma grande metrópole, de um grande conjunto habitacional. Se não tiver preservação da Mata Atlântica, se não tiver um projeto habitacional, se não tiver um estudo ou de um planejamento das áreas, o que serão dessas pessoas?[556]

O mobilizador social tece uma crítica à devastação do bioma Mata Atlântica, que a cidade de Salvador presenciou durante toda sua história, sobretudo após a industrialização ocorrida na segunda metade do século XX, que significou terra arrasada para a região do Miolo — onde se concentravam muitas áreas de preservação — com a construção das diversas obras públicas que visavam modernizar a soterópolis. Nesse sentido, as "invasões" realizadas no complexo Cajazeiras figuram na narrativa como continuidade de um processo iniciado com a edificação dos conjuntos habitacionais, que é apontado como sintoma da "favelização" na região. Durante a entrevista, fica evidente que Dinho foi leitor do jornal *A Tarde* durante algum tempo, logo a reprodução do temor de que Cajazeiras se tornasse uma "grande favela" possivelmente seria influenciada pelo acesso aos informes do periódico.

Questionado sobre os principais entraves vivenciados na localidade, Kilson Melo destaca mais um viés da problemática ambiental:

[...] as grandes ocupações que tem aqui sem estrutura nenhuma. A gente fala hoje de saneamento básico, a gente tem que ter saneamento de qualidade, mas nem o básico se tem hoje nessas ocupações. [...]

A questão ambiental de Cajazeiras hoje, está uma guerra. Primeiro tem essa questão [...] do assoreamento. Mais de 5 km de assoreamento aí, dessa, as pedreiras Valéria, Ipitanga, Caji. Mais

---

556 Entrevista com Dinho Melo, realizada em 20 jun. 2008 por Nelma Barbosa em Salvador. *Cf.* Barbosa (2009).

de 30 anos com a poluição silenciosa jogando detritos de pedras. Tem as ocupações, cada dia mais avança pra questão do entorno do Rio Ipitanga, que eu já falei anteriormente, fornece 40% da água que toda Salvador bebe e nós estamos travando uma luta pra questão do parque ecológico de Cajazeiras.
[...]
Então a nossa ideia é mostrar pra Cajazeiras, pra Salvador, e pra outros: [em Cajazeiras] tem locais muito bonitos, dá pra fazer trilha. Dá pra discutir a questão de um Centro de Convivência nesse espaço, onde a gente possa pegar jovens que estejam em áreas de risco pra poder fazer trilhas né? [...] Pensamos num parque sustentável, que possa trazer emprego e renda e que não seja degradado, não seja ocupado, como está sendo ocupada também nas ocupações, na maneira que está.[557]

O discurso do líder comunitário revela uma visão menos preconceituosa, se comparada às veiculadas pela mídia comercial soteropolitana, pois não são utilizados juízos de valor na identificação das ocupações existentes no bairro. O uso do termo "ocupação" em lugar de "invasão" é muito significativo nesse sentido, assim como ainda é perceptível a sensibilidade do narrador quanto às necessidades básicas das pessoas que viviam em tais áreas do complexo. Em vista disso, são indicadas como incômodo: a falta de atendimento aos direitos básicos dessas populações marginalizadas e a influência negativa dessa precariedade para o Complexo Cajazeiras e para a cidade de Salvador, levando em consideração que na região encontramos boa parte das fontes hídricas que abastecem a urbe com água potável.

Percebe-se igualmente que as *táticas* tecidas em comunidade para lidar com os infortúnios ambientais são capazes de atender a outros direitos dos habitantes da região, pois uma das soluções indicadas por Kilson insere, dentro do contexto de preservação ambiental, a construção de projetos que integram atividades relacionadas à cultura, educação, lazer, emprego e renda, turismo, segurança, habitação, entre outros. Vejamos um exemplo dessa habilidade constituída coletivamente pelos habitantes do complexo:

A descoberta de um criatório natural de jacarés num riacho da periferia de Salvador em 92 despertou o senso ecológico dos moradores do Parque Sílvio Leal, uma invasão localizada atrás do conjunto habitacional Cajazeira VI, e hoje eles se orgulham de ter dado um passo importante para a despoluição do rio, garantindo a vida dos répteis. Com o

---

[557] Entrevista com Kilson Melo, realizada em 20 de junho de 2008 por Nelma Barbosa em Salvador. *Cf.* Barbosa (2009).

apoio de duas entidades filantrópica da Suíça – a Tedesom (Terra dos Homens) e o Projeto Plataforma -, a Associação dos Moradores do Parque Sílvio Leal e o Cenamp (Centro de Apoio ao Movimento Popular) concluíram a segunda etapa do projeto de despoluição, construindo uma fossa comunitária que beneficia 50 casas do loteamento. Até o fim do ano, o sistema de esgotamento sanitário deverá ser estendido para toda a comunidade, segundo informaram João Avelino Gabriel, vice-presidente da Associação dos Moradores do Parque Sílvio Leal e Sílvio Roberto da Silva, diretor do Cenamp.[558]

A matéria publicada em *Tribuna da Bahia* dá ênfase ao projeto construído pelos moradores da ocupação Parque Sílvio Leal em conjunto com a Urbis e outras organizações da sociedade civil nacional e internacional, visando à despoluição de fontes hídricas, inserção de esgotamento sanitário e manutenção do habitat de animais como jacarés, patos, cutias, raposas e cobras[559]. É importante destacar a capacidade dos moradores em tecer relações com pessoas ou organizações na luta pelo direito ao acesso à cidadania, sobretudo quando dizia respeito à consolidação de movimentos pela conquista do espaço para morar.

Porém, apesar do êxito inicial do projeto, dois anos depois o mesmo periódico afirma:

Os moradores (cerca de 4 mil) do Parque Sílvio Leal, em Cajazeira IV, estão vivendo no mais completo abandono. Ali, os esgotos correm a céu aberto e as águas, fétidas, nos dias de chuvas invadem as casas. Falta ainda luz e água encanada. O lixo está amontoado por todos os cantos. Pior: cobras venenosas e jacarés habitam o local servindo, inclusive, de alimentos para centenas de famintos. "Já fizemos várias reivindicações à prefeitura, através da Secretaria de Infra-Estrutura, que, alegando falta de recursos, não tomou qualquer providência", disse o presidente da Associação de Moradores do Parque Sílvio Leal, Ademir de Oliveira Santana.
[...]
Para andar entre as enlameadas e enladeiradas ruas do Parque Sílvio leal, é preciso dar uma de equilibrista. Por todos os cantos existem pequenas passarelas de madeira velha, feitas artesanalmente pelos moradores. Só assim é possível passar por cima dos esgotos e do riacho.[560]

---

[558] IGHB. *Tribuna da Bahia*, 7 jun. 1993.
[559] *Ibid.*, 9 jun. 1992.
[560] *Ibid.*, 11 jul. 1994.

A reportagem que tomou metade de uma das páginas dedicadas a falar da capital baiana é rica em detalhes. Além do trecho destacado anteriormente, são apresentadas fotos que enquadram a ocupação como um lugar insalubre e que reflete a miséria da população. É perceptível que os detalhes da paisagem do local são utilizados como referencial para descrever a vida dos moradores da "invasão"; dessa forma, o autor reproduz estigmas constituídos pelas mídias conservadoras desde a primeira ocorrência de ocupações informais na cidade de Salvador na década de 1940. Ao comparar as últimas duas matérias observadas, é importante frisar que a primeira — que revelava uma questão positiva da luta comunitária no Parque Sílvio Leal — recebe um tratamento pouco minucioso, como é verificado na segunda reportagem.

Não obstante, é possível apurar que a conquista de melhores condições de habitabilidade por parte dos membros da ocupação no complexo Cajazeiras junto a organizações da sociedade civil nacional e internacional revela a importância dos movimentos sociais em bairros periféricos soteropolitanos, assim como demonstra o modo como essas populações se utilizavam muitas vezes das mídias para que suas reclamações atingissem mais pessoas dentro do contexto urbano. Ainda que reproduzindo diversos preconceitos, a publicidade era imprescindível para que os direitos básicos e uma vida digna pudessem ser alcançadas, mesmo que de maneira muito distante das condições ideais, constituindo o que Milton Santos[561] designou de "cidadania mutilada".

No ano seguinte, a ocupação Parque Sílvio Leal foi destaque novamente nas páginas de *Tribuna da Bahia*, quando ocorreu um deslizamento de terras que soterrou 22 pessoas. Entre as vítimas, estavam Augusto Silva Santana — à época com 45 anos de idade e funcionário da Empresa de Limpeza Urbana de Salvador (Limpurb) —, sua companheira e sete filhos. A história do gari foi utilizada como plano de fundo para a narrativa sobre a tragédia do periódico, pois antes do ocorrido ele havia trabalhado em outro acidente que acontecera no bairro de São Gonçalo do Retiro[562]:

---

[561] SANTOS, 2020, p. 31.

[562] "O bairro de São Gonçalo do Retiro, localizado entre a Estrada das Barreiras e a BR 324, próximo ao bairro do Cabula, guarda em suas terras um dos mais importantes patrimônios da religião africana - O terreiro do Ilê Axé Opô Afonjá, comandado pela Ialorixá Mãe Stella de Oxóssi. Antigamente no bairro, havia uma pedreira que explorava o seu solo, mas o seu abandono deixou exposta sua encosta às chuvas, o que tem provocado deslizamentos de terra" (Disponível em: http://www.culturatododia.salvador.ba.gov.br/vivendo-polo.php?-cod_area=4&cod_polo=83. Acesso em: 8 jan. 2023).

> Os funcionários da Limpurb fizeram um minuto de silêncio, ontem pela manhã, no São Gonçalo do Retiro, em memória ao companheiro morto na tragédia de Cajazeiras. Augusto Silva Santana, que morava no loteamento Parque Sílvio Leal, fazia parte da equipe de resgate das vítimas do Arraial. Naquela mesma noite, ele havia permanecido no local da tragédia de São Gonçalo, que comoveu Salvador. Poucas horas depois, ele mesmo mulher e sete filhos, foram vítimas de outra semelhante. Augusto chegou em casa poucas horas antes do acidente pronto para voltar, no outro dia, para a frente de trabalho.[563]

O acidente ocorreu às 22 h do primeiro dia de junho de 1995, quando parte de uma encosta de quase 50 metros altura, que havia sido ocupada por um movimento de conquista pelo espaço para morar, foi abaixo, soterrando 20 imóveis e destruindo parcialmente outros dois. Estima-se que o volume de terras deslizadas foi de 4.000 m³, deslocando-se por cerca de 60 m da base da encosta (Ver Figura 26 e 27). De acordo com relatório apresentado pela Coordenadoria de Defesa Civil (Codesal), órgão da PMS, os fatores que contribuíram para o ocorrido — além da chuva — foram: 1. ocupação indevida da encosta; 2. existência de descargas de águas servidas; 3. existência de árvores de grande porte; 4. corte indevido da encosta em 90º; 5. construção precária das edificações[564].

Figura 26 – Parque Sílvio Leal em 1995

Fonte: FMLF. SALVADOR, Prefeitura Municipal. *Relatório de Operação:* Cajazeiras VI. Salvador: Codesal, 1995

---

[563] IGHB. *Tribuna da Bahia*, 3 jun. 1995, grifo nosso.

[564] FMLF. SALVADOR. *Relatório de operação*: Cajazeiras VI. Salvador: Codesal, 1995. p. 4, 21-22.

Figura 27 – Parque Sílvio Leal em 1995

Fonte: FMLF. SALVADOR, Prefeitura Municipal. *Relatório de Operação:* Cajazeiras VI. Salvador: Codesal, 1995

É interessante notar que o documento destacado anteriormente em nenhum momento cita a incumbência dos órgãos públicos diante dos casos e situações semelhantes a esta. Pelo contrário, percebe-se que, além das causas naturais, todos os itens citados como causadores do deslizamento em Cajazeiras VI estão ligados ao processo de ocupação informal do terreno, ou seja, a responsabilidade é indiretamente atribuída aos ocupantes do local acidentado. Uma das reportagens veiculada afirmou o seguinte:

> A doméstica Rita Duarte Ribeiro, 26, uma das sobreviventes do deslizamento, revela que a casa já tinha sido condenada pela Defesa Civil. Na semana passada algumas famílias foram retiradas do local por causa de um deslocamento de terra da barreira: "Fui avisada, mas teimei em não sair com meus filhos aqui na minha casa", conta Rita e os três filhos conseguiram se salvar. Sorte igual não teve uma família com nove pessoas, dois adultos e sete crianças", lamenta ela se referindo à família do funcionário da Limpurb, Augusto Silva Santos. Novamente, os órgãos envolvidos no resgate dos corpos contaram com a colaboração dos vizinhos e amigos das vítimas. Foram eles os responsáveis pelo levantamento das famílias e identificação dos corpos. O presidente da Associação dos Moradores do Parque Sílvio Leal, Ademir Oliveira, informou que a Urbis já registrou cerca de seis mil pessoas das invasões do bairro. Até o momento, contudo, não havia sido acenada nenhuma possibilidade de realocação.[565]

---

[565] IGHB. *Tribuna da Bahia*, 3 jun. 1995.

Assim, é possível aferir que os moradores da localidade em que ocorreu o deslizamento tinham conhecimento de que o terreno onde estabeleceram suas moradas era considerado uma área de risco. Consequentemente, o líder comunitário do Parque Sílvio Leal em sua narrativa demonstra que, conscientes do risco, os habitantes da região já haviam procurado a instituição responsável pela habitação na Bahia. Em contrapartida, percebe-se a inércia desses órgãos estatais, já que as questões que diziam respeito a posse e uso dos terrenos da ocupação eram uma pauta antiga na Urbis. Cinco anos antes, ainda em 1990, o mesmo periódico destacou uma reunião entre as lideranças da comunidade e a empresa estatal de habitação, que acabou terminando em confusão e nada foi resolvido. Portanto, torna-se importante afirmar o ocorrido como resultado da negação da cidadania aos moradores da ocupação localizada entre as Cajazeiras IV e VI[566].

A história da capital baiana é marcada por deslizamentos de encostas, sobretudo entre os meses de março e junho, quando comumente é tomada por fortes chuvas. Além do fator natural na constituição do solo, no relevo e nos níveis pluviométricos, uma questão social marca a ocorrência deste tipo de tragédia, pois historicamente as populações que ocupam os terrenos mais perigosos e suscetíveis a deslocamentos de terras são pobres e/ou negras[567]. Vejamos como estão descritas as condições dos terrenos onde se localiza o Complexo Habitacional Cajazeiras:

> As condições climáticas caracterizam-se por estação seca de pequena duração, compensada por médias pluviométricas elevadas, com chuvas de grande intensidade no inverno. Os declives bastante íngremes das encostas favorecem um intenso escorrimento superficial de águas pluviais, *influindo favoravelmente nos processos erosivos do solo, principalmente em áreas desnudas de vegetação.*
>
> Tendo em vista essas características físicas da Área de Estudo, os núcleos habitacionais previstos pelo Projeto Urbanístico foram localizados em áreas com declives inferiores a 20%, *posto que os de declividades maiores são extremamente suscetíveis à erosão, exigindo medidas severas para sua conservação.* As obras envolvidas apresentariam custos elevados que, mesmo se justificáveis em condições especiais, mostram-se entretanto incompatíveis com o caráter do Projeto, destinado às populações de baixa renda.[568]

---

[566] *Ibid.*, 18 set. 1990.

[567] GARCIA, 2006, p. 90.

[568] FMLF. BAHIA. *Projeto urbanístico integrado Cajazeira*: síntese. São Paulo: Hidroservice, 1977. v. 3. p. 9, grifo nosso.

Considerando o projeto desenvolvido pela Hidroservice para o Governo do Estado da Bahia, pode-se afirmar que as autoridades responsáveis pela habitação possuíam material que descrevia as condições e restrições para o uso do solo no Complexo Cajazeiras. Ademais, o mesmo documento indica algumas medidas necessárias para evitar a ocorrência de erosão e outras situações que pudessem representar risco para os moradores da região. Não obstante, ao comparar os mapas anexos ao relatório produzido pela Codesal e ao estudo de declividade realizado durante o Projeto Urbanístico Integrado Cajazeiras, é possível identificar que o terreno em que ocorreu o deslizamento em 1995 estava em região de alta declividade, entre 60 m e 100 m (Figura 28).

Figura 28 – Mapa do estudo de declividade: Projeto Cajazeira

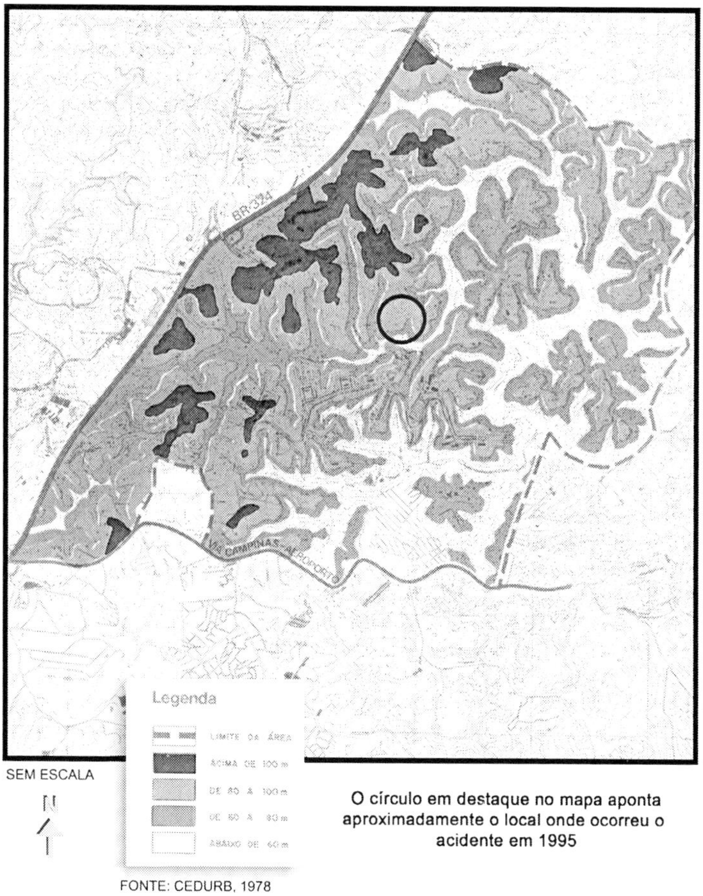

Fonte: Almeida (2005)

Portanto, era de conhecimento dos órgãos públicos responsáveis pela habitação na Bahia e em Salvador que se tratava de uma região, assim como boa parte do Complexo Cajazeiras, muito suscetível a tragédias como a que ocorrera em 1995. Aliás, como destacado anteriormente, o próprio projeto deu ênfase à necessidade de "medidas severas" para a conservação da vegetação e do solo das áreas com grande declividade. Resta-nos questionar: por que não foram tomadas as medidas de prevenção das 22 vidas e das 118 famílias atingidas pelo acidente que também poderiam ter sido soterradas?

O filósofo e historiador camaronês Achille Mbembe[569], assente em uma visão contemporânea da necropolítica, fornece-nos possibilidades para compreender as sociedades que se edificaram por meio da escravidão, do colonialismo, das ditaduras, da inexistência ou precariedade do Estado de direitos, entre outros. Nesse sentido, é necessário levar em consideração que no Brasil convivemos durante toda a nossa formação histórica com a violência contra as pessoas não brancas, as mulheres, a população LGBT-QIAPN+ e os demais povos não considerados hegemônicos socialmente, fator que influencia a forma como encaramos a morte. Dentro desse contexto, a necropolítica demarca aquelas pessoas que podem morrer, assim como aquelas que podem viver.

Nesse sentido, ao pensar o contexto de segregação racial urbana no Brasil, Oliveira[570] afirma:

> Na hierarquia socioeconômica do país, a população negra vive a necropolítica em diferentes quadros sociais: o acesso aos serviços e equipamentos de saúde, desde o nascimento, desenvolvimento e morte, a população não alcança as condições semelhantes aos seus pares brancos; no percurso histórico da educação nacional, os segmentos sociais brancos acumularam os principais postos no mercado de trabalho, em serviços públicos e privados; e o lugar de morar, em geral, para a população negra e pobre, resta-lhes o lugar da vulnerabilidade e da segregação.

Destarte, tomando o mesmo ponto de vista, é possível inferir que, para os poderes institucionalizados, a morte das 22 pessoas e o risco que correram as mais de cem famílias que poderiam ser atingidas no Parque Sílvio Leal seriam algo natural[571]. Afinal, as populações negras e/ou pobres

---

[569] MBEMBE, Achille. *Necropolítica*: biopoder, soberania, estado de exceção, política da morte. Tradução de Renata Santini. São Paulo: n-1 edições, 2018.

[570] R. J. OLIVEIRA, 2020, p. 143-144.

[571] FMLF. SALVADOR. *Relatório de operação*: Cajazeiras VI. Salvador: Codesal, 1995. p. 5-7.

da soterópolis eram rodeadas pela morte todo o tempo, fosse pelas condições precárias de habitação, fosse pelas operações policiais, pela falta de atendimento médico, pela insuficiência de alimentos, entre outros. Tais pessoas já estavam nas trincheiras da cidade, expostas à morte e a fatos parecidos que haviam ocorrido muitas vezes em Salvador; assim, mesmo chocando a população num primeiro momento, as mortes por conta da inércia estatal cairiam logo no esquecimento[572].

A cidadania negada não dizia respeito somente a transporte público, lazer, cultura, educação, participação política, segurança ou habitação. A conquista pelas condições mínimas de sobrevivência diz respeito ao direito à vida, à dignidade e à possibilidade de um futuro melhor para as próximas gerações. O cidadão não é constituído somente de deveres — sobretudo os eleitorais, os direitos são indispensáveis para o reconhecimento da humanidade de todas as pessoas. Porém, conforme notamos durante todo o capítulo, os moradores do Complexo Cajazeiras, principalmente os que integravam a parte informal do bairro, eram concebidos pelos poderes públicos como pessoas de segunda classe, sem relevância, mera mão de obra barata e descartável.

Ainda assim, é notável como visões estigmatizadas observadas em documentos oficiais, jornais e entrevistas são reapropriadas. Assim como fizeram com o espaço, os habitantes se (re)organizam, formam grupos e associações, tecem novas sociabilidades, trazem suas práticas de outros territórios, instituem resistências, constroem lugares de memória e lutam por tudo aquilo que lhe é negado em face do direito à cidade.

---

[572] ALMEIDA, Silvio. *Racismo estrutural*. São Paulo: Sueli Carneiro; Jandaíra, 2020. p. 124-125.

5

CONCLUSÃO

De acordo com Alistair Thomson[573], o contexto de integração social em que os sujeitos estão inseridos proporciona a oportunidade de verificar as variadas visões de mundo e experiências que geralmente não são registradas pela história oficial. Portanto, pensar as periferias da capital soteropolitana somente pelo viés das memórias apresentadas pelos projetos urbanísticos e veículos de difusão da informação demonstra-se insuficiente para analisar o contexto em que as pessoas que habitam esse espaço estão inseridas. Como já observamos, havia uma preocupação dos meios letrados em relação à perda do patrimônio cultural, temia-se que a cidade deixasse de referenciar aqueles que supostamente construíram a urbe.

Por conseguinte, se essas pessoas — em sua maioria, negras, pobres e femininas — são tão perigosas a ponto de serem ameaçadoras à memória e ao patrimônio cultural institucionalizados, ao ouvirmos as pessoas marginalizadas temos a possibilidade de analisar as construções humanas por outras perspectivas. Além disso, conseguimos retirar seus discursos do isolamento, levá-los ao conhecimento de outras pessoas e comunidades e, consequentemente, despedaçar as "verdades" cristalizadas pelas narrativas oficiais.

Enquanto a mídia comercial conservadora segue no sentido de criar estigmas valendo-se da repetição de visões estereotipadas sobre a região e, consequentemente, sobre seus habitantes, é notável que os relatos dos moradores seguem no sentido contrário. Destacam-se, em boa parte das memórias de quem vive o cotidiano no complexo, as lutas, as disputas, os confrontos necessários para superar a realidade gerada pelas desigualdades sociais e raciais de uma cidade dividida.

A divisão histórica da capital baiana em Cidade Alta — a parte dos ricos e brancos — e Cidade Baixa — a parte dos pobres e negros — já não predomina como outrora. A urbe segregada se expandiu para além dos limites da antiga São Salvador da Bahia de Todos os Santos, revelando mais

---

573 THOMSON, 2000.

algumas faces de uma cidade estabelecida em bases escravistas. Numa versão mais sofisticada, permanece segregando pessoas de acordo com sua raça e classe, estabelecendo cidadanias mutiladas.

Neste contexto que surgem vários "bairros-cidades" dentro de Salvador, o estigma da exclusão e segregação urbana não é reservado apenas ao nosso objeto de estudo. Entretanto, é notável que este discurso foi mais propalado sobre os bairros do Complexo Habitacional Cajazeiras: antes da construção dos conjuntos pelo BNH, no processo de habitação e urbanização da localidade, até os dias atuais com a reprodução e reapropriação feita pelos moradores. Por conta disso, é possível afirmar que o termo "Cajacity" se tornou um dos símbolos da identidade dos habitantes da região.

Apesar da relevância que o termo alcançou, como afirmamos no início deste estudo, é relevante questionar as ideias preestabelecidas e procurar entender a origem de determinadas dizibilidades. Portanto, diante do exposto, é possível aferir que a nossa hipótese inicial nos possibilitou compreender as diversas nuances que podem conter uma leitura estereotipada sobre grupos humanos específicos.

Nesta obra evidenciamos as diversas disputas em torno das problemáticas relacionadas a apropriação e uso do solo urbano, porém pensamos ser essencial referenciar as várias resistências que constituem o território atual de Cajazeiras. Elas estão nos processos de luta dos moradores em busca de melhores condições de habitabilidade[574], na constituição do comércio formal e informal[575], na luta dos povos de terreiro pela manutenção e pelo tombamento da Pedra de Xangô[576], nos movimentos sociais[577], no Quilombo Educacional, que possibilita o acesso de jovens periféricos à universidade[578], nos sambas de roda[579], entre outras manifestações populares.

Todas essas manifestações de resistência que observamos até aqui não são por acaso, elas refletem movimentos, astúcias e reapropriações de tempos antigos. Os caminhos trilhados por nós hoje foram abertos há muito tempo e independem do reconhecimento daqueles que detêm as ferramentas de poder e que acreditam possuir o direito de julgar aquilo que é

---

[574] *Cf.* Barbosa, 2009 e Borges, 2020.

[575] *Cf.* Santos, 2015.

[576] *Cf.* Silva, 2019.

[577] *Cf.* Araujo, 2018.

[578] *Cf.* Rodrigues, 2008 e Santos, 2018.

[579] *Cf.* Pinheiro, 2019.

certo ou errado. Esses caminhos estão sendo pensados e repensados todos os dias por cada um de nós, até mesmo aqueles que conscientemente nunca pensaram sobre a trilha. Estamos aqui só para dar continuidade àquilo que já está encaminhado[580].

---

[580] REIS, 2012.

LISTA DE FONTES

Arquivo Público do Estado da Bahia (Apeb)

Acervo Colonial. *Registro eclesiásticos de terras.* Freguesia de São Bartholomeo de Pirajá, 1854-1862. v. 4774.

Acervo Judiciário. *Escrituras,* n° 1.421/162, 1937. fl. 54v-56.

Acervo Judiciário. *Escrituras,* n° 3.599/826, 1979. fl. 93-95.

Biblioteca Central da Bahia (BCEB)

Tribuna da Bahia, 12 ago. 1992; 17 ago. 1992; 25 fev. 1994; 2 mar. 1994; 6 fev. 1995; 3 jun. 1995.

Biblioteca Nacional Digital (BNDigital)

A Luta Democrática, 31 mar. 1978. Disponível em: http://memoria.bn.br/docreader/ DocReader.aspx?bib=030678&pagfis=64196. Acesso em: 27 jul. 2021.

Correio de Notícias, 24 mar. 1978. Disponível em: http://memoria.bn.br/docreader/ DocReader.aspx?bib=325538_00&pagfis=4083. Acesso em: 27 jul. 2021.

Jornal do Brasil, 29 mar. 1978. Disponível em: http://memoria.bn.br/docreader/ DocReader.aspx?bib=030015_09&pagfis=121889. Acesso em: 27 jul. 2021.

Manchete, Rio de Janeiro, ano 25, n. 1.251, 10 abr. 1976. Disponível em: http:// memoria.bn.br/docreader/DocReader.aspx?bib=004120&pagfis=158200. Acesso em: 27 jul. 2021; ano 27, n. 1.370, 22 jul. 1978. Disponível em: http://memoria.bn.br/ docreader/DocReader.aspx?bib=004120&pagfis=178745. Acesso em: 27 jul. 2021.

Módulo Brasil Arquitetura, jul./ago. 1981. Disponível em: http://memoria.bn.br/ docreader/DocReader.aspx?bib=006173&pagfis=6288. Acesso em: 27 jul. 2021.

Entrevistas

Alfredo Venceslau, comerciante e líder comunitário, 51 anos. Entrevista realizada na cidade de Salvador, em 9 jul. 2008, por Nelma Barbosa. *Cf.* BARBOSA, 2009.

Apolônia Gomes, Iyalorixá, 92 anos. Entrevista realizada na cidade de Salvador, em 12 jun. 2021, por Vitor Santos.

Dilza Farias, professora aposentada, 69 anos. Entrevista realizada na cidade de Salvador, em 22 maio 2021, por Vitor Santos.

Dinho Melo, líder comunitário. Entrevista realizada na cidade de Salvador, em 20 jun. 2008, por Nelma Barbosa. *Cf.* BARBOSA, 2009.

Humberto Gomes, comerciante, 53 anos. Entrevista realizada na cidade de Salvador, em 1 jul. 2019, por Vitor Santos.

Kilson Melo, líder comunitário. Entrevista realizada na cidade de Salvador, em 20 jun. 2008, por Nelma Barbosa. *Cf.* BARBOSA, 2009.

Maísa Flores, líder comunitária, 38 anos. Entrevista realizada na cidade de Salvador, em 13 mar. 2008, por Nelma Barbosa. *Cf.* BARBOSA, 2009.

Sabina Oliveira, líder comunitária e servidora pública aposentada, 70 anos. Entrevista realizada na cidade de Salvador, em 27 maio 2021, por Vitor Santos.

Sebastião de Souza, pedreiro, 60 anos. Entrevista realizada na cidade de Salvador, em 22 maio 2021, por Vitor Santos.

Tânia Almeida, arquiteta, 69 anos. Entrevista realizada na cidade de Salvador, em 21 out. 2021, por Vitor Santos.

Fundação Gregório de Mattos (FGM)

Salvador Cultura Todo Dia. Área Cultural: Cajazeiras. Disponível em: http://www.culturatododia.salvador.ba.gov.br/vivendo-polo.php?cod_area=4&cod_polo=29. Acesso em: 13 ago. 2018.

A Tarde, 6 out. 1983. Disponível em: http://www.culturatododia.salvador.ba.gov.br/doc-polo/projetocajazeirasvaiter22.pdf. Acesso em: 13 ago. 2018; 2 jun. 2001. Disponível em: http://www.culturatododia.salvador.ba.gov.br/doc-polo/bucolismoquealegra.pdf. Acesso em: 13 ago. 2018.

Tribuna da Bahia, 20 mar. 1988. Disponível em: http://www.culturatododia.salvador.ba.gov.br/doc-polo/cajazeirasumbairroqueviroucidade.pdf. Acesso em: 13 ago. 2018; 30 out. 2001. Disponível em: http://www.culturatododia.salvador.ba.gov.br/doc-polo/cajazeirascapitalcomjeito.pdf. Acesso em: 13 ago. 2018.

Correio da Bahia, 6 set. 1997. Disponível em: http://www.culturatododia.salvador. ba.gov.br/doc-polo/cidadedemedioporte.pdf. Acesso em: 13 ago. 2018.

Fundação Getulio Vargas (FGV)

ARAGÃO, Miriam; CORREIA, Maria Leticia; VELASQUÉZ, Musa. *Biografia de Francisco Waldir Pires de Sousa*. Disponível em: http://www.fgv.br/cpdoc/acervo/ dicionarios/verbete-biografico/francisco-waldir-pires-de-sousa. Acesso em: 16 jun. 2022.

CARNEIRO, Alan. *Biografia de Rômulo Barreto de Almeida*. Disponível em: http:// www.fgv.br/cpdoc/acervo/dicionarios/verbete-biografico/romulo-barreto-de- -almeida. Acesso em: 21 jul. 2022.

GUIMARÃES, Maria Beatriz; SOUSA, Márcia Cristina. *Biografia de Roberto Figueira Santos*. Disponível em: http://www.fgv.br/cpdoc/acervo/dicionarios/verbete-bio- grafico/roberto-figueira-santos. Acesso em: 16 jun. 2022.

LEMOS, Renato. *Biografia de Antônio Carlos Peixoto de Magalhães*. Disponível em: http://www.fgv.br/cpdoc/acervo/dicionarios/verbete-biografico/antonio-car- los-peixoto-de-magalhaes. Acesso em: 16 jun. 2022.

MARQUES, Ana Amélia; ZYLBERBERG, Sônia. *Biografia de João Durval Carneiro*. Disponível em: http://www.fgv.br/cpdoc/acervo/dicionarios/verbete-biografico/ joao-durval-carneiro. Acesso em: 16 jun. 2022.

Biografia de Maria Abigail Freitas Feitosa. Disponível em: https://www18.fgv.br// cpdoc/acervo/dicionarios/verbete-biografico/maria-abigail-freitas-feitosa. Acesso em: 14 dez. 2022.

Fundação Mário Leal Filho (FMLF)

BAHIA. *Política habitacional do estado da Bahia*: programa governamental para o quadriênio 79/83. Salvador: Setrabes, 1979. Disponível em: http://biblioteca. fmlf.salvador.ba.gov.br/phl82/pdf/livros/HAB-99.pdf. Acesso em: 13 maio 2021.

BAHIA. *Projeto urbanístico integrado Cajazeira*: síntese. São Paulo: Hidroservice; Cedurb, 1977. v. 3. Disponível em: http://biblioteca.fmlf.salvador.ba.gov.br/phl82/ pdf/livros/URB-156_v3.pdf. Acesso em: 13 maio 2021.

SALVADOR. *Caderno informativo dos bairros de baixa renda*: dados básicos. Salvador: CDS, 1980. Disponível em: http://biblioteca.fmlf.salvador.ba.gov.br/phl82/pdf/livros/SOC-170.pdf. Acesso em: 8 jun. 2021.

SALVADOR. *Diagnóstico do Complexo Habitacional Cajazeira/Fazenda Grande.* Salvador: SMP; Duop, 1987. Disponível em: http://biblioteca.fmlf.salvador.ba.gov.br/phl82/pdf/livros/HAB-33.pdf. Acesso em: 16 abr. 2021.

SALVADOR. *Disponibilidade de terras*: inventário de loteamentos. Salvador: Oceplan; Plandurb; Finep, 1977. v. 16. Disponível em: http://biblioteca.fmlf.salvador.ba.gov.br/phl82/pdf/livros/URB-177_v2-tabelas_plantas_p_1a24.pdf. Acesso em: 17 mar. 2021.

SALVADOR. *Informações sistematizadas bairros de baixa renda.* Salvador: CDS, 1983. v. 1. Disponível em: http://biblioteca.fmlf.salvador.ba.gov.br/phl82/pdf/livros/SOC-158v1.pdf. Acesso em: 7 abr. 2021.

SALVADOR. *Relatório de operação*: Cajazeiras VI. Salvador: Codesal, 1995. Disponível em: http://biblioteca.fmlf.salvador.ba.gov.br/phl82/pdf/livros/MAD-126.pdf. Acesso em: 5 maio 2021.

SALVADOR. *Salvador*: informações sócio-econômicas. Salvador: Oceplan; Plandurb; Finep, 1976. v. 29. Disponível em: http://biblioteca.fmlf.salvador.ba.gov.br/phl82/pdf/livros/EST-27.pdf. Acesso em: 17 mar. 2021.

Instituto Brasileiro de Geografia e Estatística (IBGE)

Censo demográfico: Bahia. 1970. Série Regional, v. 1, t. 13. Disponível em: https://biblioteca.ibge.gov.br/visualizacao/periodicos/69/cd_1970_v1_t13_ba.pdf. Acesso em: 11 fev. 2022.

Censo demográfico: dados gerais, migração, instrução, fecundidade, mortalidade. Bahia; Rio de Janeiro: Fundação IBGE, 1983. v. 1, t. 4, n. 15. Disponível em: https://biblioteca.ibge.gov.br/visualizacao/periodicos/72/cd_1980_v1_t4_n15_ba.pdf. Acesso em: 11 fev. 2022.

Censo demográfico 1980: tabelas selecionadas sobre rendimentos: pessoas, famílias, domicílios: áreas de ponderação para amostra de 25%. Rio de Janeiro: Fundação IBGE, 1991. Disponível em: https://biblioteca.ibge.gov.br/visualizacao/livros/liv83650.pdf. Acesso em: 11 fev. 2022.

Instituto Geográfico e Histórico da Bahia (IGHB)

A Tarde, 28 mar. 1949; 25 fev. 1975; 17 jul. 1975; 22 set. 1975; 23 dez. 1975; 26 jan. 1976; 25 mar. 1976; 8 out. 1976; 11 nov. 1976; 3 fev. 1977; 11 fev. 1977; 28 fev. 1977; 16 mar. 1977; 21 mar. 1977; 7 abr. 1977; 3 maio 1977; 24 maio 1977; 25 maio 1977; 12 ago. 1977; 27 ago. 1977; 27 dez. 1977; 18 jan. 1978; 2 mar. 1978; 14 abr. 1978; 16 ago. 1978; 21 ago. 1978; 22 ago. 1978; 25 ago. 1978; 14 nov. 1978; 14 jan. 1979; 21 mar. 1979; 29 mar. 1979; 31 mar. 1979; 9 abr. 1979; 8 maio 1979; 9 maio 1979; 8 jun. 1979; 22 ago. 1979; 23 ago. 1979; 25 ago. 1979; 15 set. 1979; 29 set. 1979; 22 out. 1979; 7 jan. 1980; 14 jan. 1980; 6 fev. 1980; 1 mar. 1980; 14 mar. 1980; 30 mar. 1980; 18 maio 1980; 27 maio 1980; 24 jul. 1980; 18 ago. 1980; 19 ago. 1980; 27 ago. 1980; 28 ago. 1980; 19 nov. 1980; 21 nov. 1980; 5 mar. 1981; 11 abr. 1981; 6 ago. 1981; 27 fev. 1982; 7 nov. 1982; 7 fev. 1983; 17 set. 1983; 6 out. 1983; 11 out. 1983; 18 out. 1983; 21 out. 1983; 27 out. 1983; 11 nov. 1983; 29 nov. 1983; 17 jan. 1984; 1 fev. 1984; 18 fev. 1984; 17 mar. 1984; 25 abr. 1984; 27 jun. 1984; 28 jun. 1984; 24 jul. 1984; 30 ago. 1984; 4 jan. 1985; 18 jan. 1985; 9 fev. 1985; 7 mar. 1985; 9 mar. 1985; 12 mar. 1985; 14 mar. 1985; 9 out. 1985; 6 abr. 1987; 12 jul. 1987; 14 jul. 1987; 17 jul. 1987; 23 jul. 1987.

Tribuna da Bahia, 20 jan. 1990; 22 mar. 1990; 28 abr. 1990; 7 maio 1990; 3 jun. 1990; 27 jun. 1990; 28 jul. 1990; 18 set. 1990; 21 jan. 1991; 19 fev. 1991; 12 mar. 1991; 27 mar. 1991; 1 abr. 1991; 17 abr. 1991; 23 maio 1991; 26 jun. 1991; 9 jun. 1992; 1 set. 1992; 7 jun. 1993; 20 jan. 1994; 23 abr. 1994; 11 jul. 1994; 31 ago. 1994.

REFERÊNCIAS

ALBERTI, Verena. *Ouvir contar*: textos em história oral. Rio de Janeiro: FGV, 2004.

ALBUQUERQUE, Wlamyra Ribeiro de. *O jogo da dissimulação*: abolição e cidadania negra no Brasil. São Paulo: Companhia das Letras, 2009.

ALBUQUERQUE JÚNIOR, Durval Muniz de. *A invenção do Nordeste e outras artes*. 5. ed. São Paulo: Cortez, 2011.

ALBUQUERQUE JÚNIOR, Durval Muniz de. *História*: a arte de inventar o passado (ensaios de teoria da história). Curitiba: Editora Appris, 2019a.

ALBUQUERQUE JÚNIOR, Durval Muniz de. *O tecelão dos tempos*: novos ensaios de teoria da História. São Paulo: Intermeios, 2019b.

ALMEIDA, Silvio. *Racismo estrutural*. São Paulo: Sueli Carneiro; Jandaíra, 2020.

ALMEIDA, Tania Maria Scofield Souza. *Cajazeira*: planejamento, processos de ocupação e contradições. Um percurso entre os discursos e as práticas que configuraram o território Cajazeira. Dissertação (Mestrado em Arquitetura e Urbanismo) – Universidade Federal da Bahia, Salvador, 2005.

AMOROSO, Mauro. *"Nunca é tarde para ser feliz?"*: a imagem das favelas pelas lentes do Correio da Manhã. Curitiba: CRV, 2011.

ARAUJO, Heraclides César de Souza. *História da lepra no Brasil*: período republicano (1889-1946). Rio de Janeiro: Imprensa Nacional, 1948. v. 2.

ARAUJO, Jamille Santos de. *Movimentos sociais de jovens em Cajazeiras*: práticas sociais cotidianas de educação popular. Dissertação (Mestrado em Educação e Contemporaneidade) – Universidade do Estado da Bahia, Salvador, 2018.

BACELLAR, Carlos. Uso e mau uso dos arquivos. *In*: PINSKY, Carla (org.). *Fontes históricas*. São Paulo: Contexto, 2010. p. 23-79.

BAHIA. *A Grande Salvador*: posse e uso da terra. Salvador: Cedurb, 1978.

BAHIA. *Painel de informações*: dados socioeconômicos do município de Salvador por bairros e prefeituras-bairro. 5. ed. Salvador: Conder; Informs, 2016.

BAIRROS, Luiza. Pecados no "paraíso racial": o negro na força de trabalho da Bahia, 1950-1980. *In*: REIS, João José. *Escravidão e invenção da liberdade*: estudos sobre o negro no Brasil. São Paulo: Brasiliense; CNPq, 1988. p. 289-323.

BARBOSA, Nelma Cristina Silva. *Um texto identitário negro*: tensões e possibilidades em Cajazeiras, periferia de Salvador (Bahia). Dissertação (Mestrado em Comunicação) –Universidade Federal da Bahia, Salvador, 2009.

BORGES, Juliana. *Encarceramento em massa.* São Paulo: Sueli Carneiro; Jandaíra, 2020.

BORGES, Lon Martin de Jesus Silva. *Políticas públicas de acessibilidade e inclusão*: um estudo com cadeirantes no bairro Rótulo de Cajazeiras 10 em Salvador. Monografia (Graduação em Administração Pública) – Instituto de Ciências Sociais Aplicadas, Universidade da Integração Internacional da Lusofonia Afro-Brasileira, São Francisco do Conde, 2020.

BRUM, Mario. *Cidade Alta*: história, memórias e estigma de favela num conjunto habitacional do Rio de Janeiro. Rio de Janeiro: Ponteio, 2012.

CAETANO, Carlos Alberto. *Geografia da rua*: revelando a gestão de bens territoriais em recorte do espaço urbano de Salvador-BA. Tese (Doutorado em Geografia) – Instituto de Geociências, Universidade Estadual de Campinas, Campinas, 2019.

CARPINTERÓ, Marisa Varanda Teixeira; CERASOLI, Josianne Francia. A cidade como história. *História*: Questões & Debates, Curitiba, n. 50, p. 61-101, jan./jun. 2009.

CARVALHO, Inaiá Maria Moreira de Carvalho; BARRETO, Vanda Sá. Segregação residencial, condição social e raça em Salvador. *Cadernos Metrópole*, São Paulo, n. 18, p. 251-273, jul./dez. 2007.

CASTELLS, Manuel. *A questão urbana*. Tradução de Arlete Caetano. 7. ed. São Paulo: Paz e Terra, 2020.

CERTEAU, Michel de. *A escrita da história.* Tradução de Maria de Lourdes Menezes. 3. ed. Rio de Janeiro: Forense, 2017.

CERTEAU, Michel de. *A invenção do cotidiano*. 22. ed. Tradução de Ephraim Ferreira Alves. Petrópolis: Vozes, 2014. v. 1.

COELHO, Suely dos Santos. *Elementos de valorização imobiliária em conjuntos habitacionais verticalizados:* o caso de Cajazeiras V e XI em Salvador - BA. Dissertação

(Mestrado em Geografia) – Instituto de Geociências, Universidade Federal da Bahia, Salvador, 2005.

COELHO, Suely dos Santos; SERPA, Angelo. Transporte coletivo nas periferias metropolitanas. *In*: SERPA, Angelo (org.). *Fala periferia!* Uma reflexão sobre a produção do espaço periférico metropolitano. Salvador: Edufba, 2001. p. 69-111.

COSTA, Alberson Silva. *A dinâmica espacial da microrregião de Cajazeiras no período de 1980 até a primeira década de 2000.* Dissertação (Mestrado em Desenvolvimento Regional e Urbano) – Universidade Salvador, Salvador, 2014.

FAUSTO, Boris. Controle Social e criminalidade em São Paulo: um apanhado geral (1890-1924). *In*: PINHEIRO, Paulo Sérgio (org.). *Crime, violência e poder.* São Paulo: Editora Brasiliense, 1983. p. 193-224.

FERREIRA, Edemir Brasil. *A multidão rouba a cena*: o quebra-quebra em Salvador (1981). Dissertação (Mestrado em História) – Universidade Federal da Bahia, Salvador, 2008.

FISCHER, Brodwyn. Do mocambo à favela: estatística e políticas sociais na cidade informal brasileira. *In*: GONÇALVES, Rafael Soares; BRUM, Mario; AMOROSO, Mauro (org.). *Pensando as favelas do Rio de Janeiro*: história e questões urbanas. Rio de Janeiro: Ed. PUC-Rio; Pallas, 2021. p. 87-115.

FONSECA, Marcus Vinícius; SILVA, Carolina Mostaro Neves da; FERNANDES, Alexsandra Borges (org.). *Relações étnico-raciais e educação do Brasil.* Belo Horizonte: Mazza Edições, 2011. p. 93-144.

FOUCAULT, Michel. *A ordem do discurso*: aula inaugural no Collège de France, pronunciada em 2 de dezembro de 1970. Tradução de Laura Fraga de Almeida Sampaio. 24. ed. São Paulo: Edições Loyola, 2014.

FOUCAULT, Michel. *Microfísica do poder.* 11. ed. São Paulo: Paz e Terra, 2021.

FREITAS, Samuel Santos. *Jovens Unidos do Calabar (JUC)*: experiência de um movimento de bairro de Salvador (1977-1985). Dissertação (Mestrado em História) –Universidade Federal da Bahia, Salvador, 2020.

GARCIA, Antonia dos Santos. *Desigualdades sociais e segregação urbana em antigas capitais*: Salvador, cidade D'Oxum e Rio de Janeiro, cidade de Ogum. Rio de Janeiro: Garamond; Faperj, 2009.

GARCIA, Antonia dos Santos. *Mulheres da cidade d'Oxum*: relações de gênero, raça e classe e organização espacial dos movimentos de bairro em Salvador. Salvador: Edufba, 2006.

GARCIA, Antonia dos Santos. Relações de gênero, raça e classe na cidade d'Oxum. *In*: OLIVEIRA, Reinaldo José de. *A cidade e o negro no Brasil*: cidadania e território. São Paulo: Alameda, 2013. p. 130-144.

GONÇALVES, Luiz Alberto Oliveira. Pensar a educação, pensar o racismo no Brasil. *In*: FONSECA, Marcus Vinícius; SILVA, Carolina Mostaro Neves da; FERNANDES, Alexsandra Borges (orgs.). *Relações étnico-raciais e educação do Brasil*. Belo Horizonte: Mazza Edições, 2011. p. 93-144.

GONÇALVES, Rafael Soares. *Favelas do Rio de Janeiro*: história e direito. Rio de Janeiro: Pallas; Ed. PUC-Rio, 2013.

GONZALEZ, Lélia. O movimento negro na última década. *In*: GONZALEZ, Lélia; HASENBALG, Carlos. *Lugar de negro.* Rio de Janeiro: Zahar, 2022.

GONZALEZ, Lélia. Racismo e sexismos na cultura brasileira. *In*: GONZALEZ, Lélia; RIOS, Flavia; LEITE, Márcia (org.). *Por um feminismo afro-latino-americano*: ensaios, intervenções e diálogos. Rio de Janeiro, Zahar, 2020. p. 75-95.

HADLER, Maria Sílvia Duarte. *Trilhos da modernidade*: memórias e educação urbana dos sentidos. São Paulo: Letra e Voz, 2018a.

HADLER, Maria Sílvia Duarte. Modernização urbana, patrimônio e história: algumas considerações. *In*: ALMEIDA, Juniele Rabêlo de; MENESES, Sônia (org.). *História pública em debate*: patrimônio, educação e mediações do passado. São Paulo: Letra e Voz, 2018b. p. 75-92.

HALBWACHS, Maurice. *A memória coletiva.* São Paulo: Vértice, 1990.

HASENBALG, Carlos. Raça, classe e mobilidade. *In*: GONZALEZ, Lélia; HASENBALG, Carlos. *Lugar de negro.* Rio de Janeiro: Zahar, 2022.

KILOMBA, Grada. *Memórias da plantação*: episódios de racismo cotidiano. Tradução de Jess Oliveira. Rio de Janeiro: Cobogó, 2019.

KOHLSDORF, Maria Elaine. *Ensaio sobre o pensamento urbanístico*. Brasília: Manuscrito, 1996. p. 1-22.

LE GOFF, Jacques. *História e memória*. Tradução de Bernardo Leitão, Irene Ferreira e Suzana Ferreira Borges. 7. ed. Campinas: Editora da Unicamp, 2013.

LEFEBVRE, Henri. *O direito à cidade.* Tradução de Cristina C. Oliveira. Itapevi: Nebli, 2016.

LIMA, Cristiane. Cajazeiras Guerreira. *In*: SAMPAIO, Alessandra (org.). *Afluentes poéticos.* Campos dos Goytacazes: Darda Editora, 2018.

LIMA, Gisele Oliveira de. *Movimento Baixa do Marotinho*: a luta pela moradia em Salvador (1974-1976). Dissertação (Mestrado em História) – Universidade Federal da Bahia. Salvador, 2009.

LOPES, Bruno Mota. *Microcrédito na cidade de Salvador*: um estudo de caso em Cajazeiras. Dissertação (Mestrado em Desenvolvimento Regional e Urbano) – Universidade Salvador, Salvador, 2015.

LORDE, Audre. *Irmã outsider.* Tradução de Stephanie Borges. Belo Horizonte: Autêntica Editora, 2019.

LUCA, Tania Regina de. História dos, nos e por meio dos periódicos. *In*: PINSKY, Carla (org.). *Fontes históricas.* São Paulo: Contexto, 2010. p. 111-142.

LUCENA, Célia Toledo. *Artes de lembrar e de inventar*: (re)lembranças de migrantes. São Paulo: Arte & Ciência, 1999.

MACIEL, Laurinda Rosa. *'Em proveito dos sãos, perde o lázaro a liberdade'*: uma história das políticas públicas de combate à lepra no Brasil (1941-1962). Tese (Doutorado em História) – Universidade Federal Fluminense, Niterói, 2007.

MANDINGO, Fábio. *Salvador negro rancor.* 2. ed. São Paulo: Ciclo Contínuo, 2018.

MARICATO, Ermínia. *Política habitacional no regime militar*: do milagre brasileiro à crise econômica. Petrópolis: Vozes, 1987.

MARQUES, António Pedro Sousa. Da construção do espaço à construção do território. *Fluxos & Riscos*, n. 1, p. 75-88, 2010.

MARTINS, Franklin. *Quem foi que inventou o Brasil?* A música popular conta a história da República. Rio de Janeiro: Nova Fronteira, 2015. v. 3.

MAYOL, Pierre. O bairro. *In*: CERTEAU, Michel de; GIARD, Luce; MAYOL, Pierre. *A invenção do cotidiano.* Tradução de Ephraim F Alves e Lúcia Endlich Orth. 12. ed. Petrópolis: Vozes, 2013. v. 2, p. 35-43.

MBEMBE, Achille. *Necropolítica*: biopoder, soberania, estado de exceção, política da morte. Tradução de Renata Santini. São Paulo: n-1 edições, 2018.

MENDONÇA, Frederico Augusto Rodrigues da Costa. A estratégia de localização dos conjuntos habitacionais da Urbis em Salvador, entre 1964 e 1984. *Rua,* Salvador, n. 2, p. 61-83, 1989.

MONTENEGRO, Antônio Torres. Combates pela história: história e memória. *Revista História Oral,* v. 10, n. 1, p. 27-42, 2007.

MONTENEGRO, Antônio Torres. *História, metodologia, memória.* São Paulo: Contexto, 2010.

NASCIMENTO, Abdias do. Teatro experimental do negro: trajetória e reflexões. *Estudos Avançados,* São Paulo, v. 18, n. 50, p. 209-224, 2004.

NAZARÉ, Manuella Mirna Enéas de. Construindo uma região: imagem e imaginário sobre o Nordeste brasileiro. *Inter Faces,* Rio de Janeiro, v. 1, n. 29, jan./jun. 2019.

NEVES, Erivaldo Fagundes. *Invasões em Salvador*: um movimento de conquista do espaço para morar (1946-1950). Dissertação (Mestrado em História) – Pontifícia Universidade Católica de São Paulo, São Paulo, 1985.

NOGUEIRA, Sidnei. *Intolerância religiosa.* São Paulo: Sueli Carneiro; Editora Jandaíra, 2020.

NORA, Pierre. Entre memória e história: a problemática dos lugares. Tradução de Yara Khoury. *Projeto História,* São Paulo, n. 10, p. 7-28, dez. 1993.

OAKIM, Juliana; PEDRETTI, Lucas; PESTANA, Marco M. As favelas do Rio de Janeiro e a ditadura militar: remoções forçadas, repressão ao associativismo e o controle social. *In*: GONÇALVES, Rafael Soares; BRUM, Mario; AMOROSO, Mauro (org.). *Pensando as favelas do Rio de Janeiro*: história e questões urbanas. Rio de Janeiro: Ed. PUC-Rio; Pallas, 2021.

OLIVEIRA, Clóvis Ramaiana Moraes. *Canções da cidade amanhecente*: urbanização, memórias e silenciamentos em Feira de Santana, 1920-1960. Salvador: Edufba, 2016.

OLIVEIRA, Denilson Araújo de. A questão racial brasileira: apontamentos teóricos para compreensão do genocídio negro. *Revista da Associação Brasileira de Pesquisadores/as Negros/as (ABPN).* Goiânia, v. 12, n. 34, set-nov. 2020, p. 73-98.

OLIVEIRA, Regina Marques de Souza. Identidade o jovem negro e metrópoles: enunciados da diáspora em São Paulo e Paris. *In*: OLIVEIRA, Reinaldo José de. *A cidade e o negro no Brasil*: cidadania e território. São Paulo: Alameda, 2013. p. 159-226.

OLIVEIRA, Reinaldo José de. Segregação racial e desigualdades urbanas nas cidades brasileiras: elementos para uma observação da necropolítica. *Revista da Associação Brasileira de Pesquisadores/as Negros/as (ABPN)*, Goiânia, v. 12, n. 34, p. 131-156, set./nov. 2020.

OLIVEIRA, Reinaldo José de. *Territorialidade negra e segregação racial na cidade de São Paulo*: a luta por cidadania no século XX. São Paulo: Alameda, 2016.

PALMA, Rogério da; TRUZZI, Oswaldo. Renomear para recomeçar: lógicas onomásticas no pós-abolição. *Dados*: Revista de Ciências Sociais, Rio de Janeiro, v. 61, n. 2, p. 311-340, 2018.

PAVANI, Elaine Cristina Rossi. *O controle da lepra e o papel dos preventórios*: exclusão social e interações socioespaciais dos egressos do Educandário Alzira Bley no Espírito Santo. Tese (Doutorado em Geografia) – Instituto de Geociências, Universidade Federal do Espírito Santo, Vitória, 2019.

PESAVENTO, Sandra Jatahy. História, memória e centralidade urbana. *Novo Mundo Mundos Novos (online)*, Paris, 2007.

PINHEIRO, Rosa Bárbara. *"O samba é meu kilombo"*: tramas de identidade, solidariedade e educação em rodas de samba de Salvador. Dissertação (Mestrado em Educação e Contemporaneidade) – Universidade do Estado da Bahia, Salvador, 2019.

PINHO, Osmundo de Araújo. Espaço, poder e relações raciais: o caso do Centro Histórico de Salvador. *Afro-Ásia*, Salvador, n. 21-22, p. 257-274, 1998-1999.

POLLAK, Michael. Memória e identidade social. *Estudos Históricos*, Rio de Janeiro, v. 5, n. 10, p. 200-212, 1992.

POLLAK, Michael. Memória, esquecimento, silêncio. *Estudos Históricos*, Rio de Janeiro, v. 2 n. 3, p. 3-15, 1989.

PORTELLI, Alessandro. Tentando aprender um pouquinho: algumas reflexões sobre a ética na história oral. *Projeto História*, São Paulo, n. 15, p. 13-49, abr. 1997.

REIS, João José. O mapa do Buraco do Tatu. *In*: REIS, João José; GOMES, Flávio dos Santos (org.). *Liberdade por um fio*: história dos quilombos no Brasil. São Paulo: Claro Enigma, 2012. p. 573-578.

ROLNIK, Raquel. Territórios negros nas cidades brasileiras: etnicidades e cidade em São Paulo e Rio de Janeiro. *In*: SANTOS, Renato Emerson dos (org.). *Diversi-*

dade, espaço e relações étnico-raciais: o negro na geografia do Brasil. Belo Horizonte: Autêntica, 2007. 75-91.

ROSÁRIO, Silvio. *Entre batidas e batuques*: a polícia e os candomblés da Bahia. Salvador: Pinaúna Editora, 2019.

RUFINO, Luis. *Pedagogia das encruzilhadas.* Rio de Janeiro: Mórula Editorial, 2019.

SALVADOR. *Cadernos da cidade*: uso e ocupação do solo. Salvador: Sedham; Copi, 2009.

SANTANA, Charles D'Almeida. *Fartura e ventura camponesas*: trabalho, cotidiano e migrações – Bahia. 1950-1980. São Paulo: Annablume, 1998.

SANTOS, Elisabete *et al.* (org.). *O caminho das águas em Salvador*: bacias hidrográficas, bairros e fontes. Salvador: Ciags/Ufba; Sema, 2010.

SANTOS, Jânio Laurentino de Jesus; SERPA, Angelo. A produção espacial do comércio e dos serviços nas periferias urbanas. *In*: SERPA, Angelo (org.). *Fala periferia!* Uma reflexão sobre a produção do espaço periférico metropolitano. Salvador: Edufba, 2001. p. 31-68.

SANTOS, Milton. *O espaço do cidadão.* 7. ed. São Paulo: Editora da Universidade de São Paulo, 2020.

SANTOS, Milton. *Por uma geografia nova*: da crítica da geografia a uma geografia crítica. 6. ed. São Paulo: Editora da Universidade de São Paulo, 2004.

SANTOS, Paulo Roberto de Souza. *História e ousadia, resistência na periferia*: o caso do quilombo educacional do Orobu. Dissertação (Mestrado em Educação e Contemporaneidade) – Universidade do Estado da Bahia, Salvador, 2018.

SANTOS, Saionara Bonfim. *O labor nas ruas de Salvador*: as experiências dos trabalhadores do bairro de Cajazeiras. Dissertação (Mestrado em Políticas Sociais e Cidadania) – Universidade Católica do Salvador, Salvador, 2015.

SILVA, Francisco Carlos Cardoso da. *Construção e des construção de identidade racial em Salvador*: MNU e Ilê Ayê no combate ao racismo. Dissertação (Mestrado em Sociologia) – Universidade Federal da Paraíba, Campina Grande, 2001.

SILVA, Maria Alice. *Pedra de Xangô*: um lugar sagrado afro-brasileiro na cidade de Salvador. Recife: Liceu, 2019.

SOARES, Antonio Mateus de Carvalho. "Territorialização" e pobreza em Salvador-BA. *Estudos Geográficos*, Rio Claro, v. 4, n. 2, p. 17-30, dez. 2006.

SOUZA, Ângela Gordilho. *Limites do habitar*: segregação e exclusão na configuração urbana contemporânea de Salvador e perspectivas no final do século XX. Salvador: Edufba, 2000.

TANNOUS, Simão Alves. A imprensa baiana do regime constitucional de João Goulart (1963-1964). *In*: ZACHARIADHES, Grimaldo Carneiro (org.). *Ditadura militar na Bahia*: histórias de autoritarismo, conciliação e resistência. Salvador: Edufba, 2014.

THOMSON, Alistair. Aos cinquenta anos: uma perspectiva internacional da história oral. *In*: FERREIRA, Marieta de Moraes; FERNANDES, Tania Maria; ALBERTI, Verena (org.). *História oral*: desafios para o século XXI. Rio de Janeiro: Fiocruz; Casa de Oswaldo Cruz/CPDOC – FGV, 2000.

VALLADARES, Lícia do Prado. *A invenção da favela*: do mito de origem a favela. com. Rio de Janeiro: Editora FGV, 2005.

VARGAS, João Helion Costa. Apartheid brasileiro: raça e segregação residencial no Rio de Janeiro. *Revista de Antropologia USP*, São Paulo, v. 48, n. 1, p. 75-131, 2005.

VIDAL, Vitória. Respira e grita. *In*: JUVENTUDE ATIVISTA DE CAJAZEIRAS (JACA). *Cajazeiras*: plantando versos & colhendo poesias. Salvador: Coletivo Jaca, 2022. p. 46-47.

WERNECK, Jurema. Racismo institucional e saúde da população negra. *Saúde Soc.*, São Paulo, v. 25, n. 3, p. 535-549, 2016.

WILLIAM, Rodney. *Apropriação cultural.* São Paulo: Editora Jandaíra, 2020.